U0680030

# "两化"互动、城乡统筹体制机制创新

## ——来自四川省的实践

丁任重　邱　健/主编

科学出版社

北　京

# 内 容 简 介

　　"两化"互动、城乡统筹发展战略，是四川在全面总结统筹城乡综合配套改革试点经验的基础上，结合四川正处于工业化城镇化的加速期、经济大省向经济强省跨越的攻坚期、全面建成小康社会的关键期，提出的立足于四川实际、把握科学发展规律的重大决策部署。本书首先明晰"两化"互动、城乡统筹发展战略的概念和内涵，梳理"两化"互动、城乡统筹发展战略的理论渊源和时代背景，阐释"两化"互动、城乡统筹发展战略四个方面的重要内容，即建设多点多级支撑的现代城镇体系，发展具有竞争力的城乡现代产业体系，实现城乡协调发展的新格局和推进"四化"同步发展，并归纳"两化"互动、城乡统筹发展战略的历史演进规律和实践经验，在此基础上提出"两化"互动、城乡统筹发展体制机制创新的总体思路，进而提出以"六项"机制体制创新为核心的创新体系，分别是创新"四化"同步与"两化"互动体制机制、完善城乡基本公共服务均等化制度安排、创新城乡基层治理体制机制、完善城乡统筹的土地制度、完善财政金融体制机制、完善城乡一体的组织与人才体制。

　　本书适用于广大从事区域经济学与发展经济学教学和科研的人员，也可作为相关管理部门的研究参考书。

**图书在版编目（CIP）数据**

"两化"互动、城乡统筹体制机制创新：来自四川省的实践/丁任重，邱健主编. —北京：科学出版社，2017.11

　　ISBN 978-7-03-055007-1

　　Ⅰ．①两… Ⅱ．①丁… ②邱… Ⅲ．①城乡建设-研究-四川
Ⅳ．①F299.277.1

中国版本图书馆 CIP 数据核字（2017）第 263997 号

责任编辑：马　跃 / 责任校对：彭珍珍
责任印制：霍　兵 / 封面设计：无级书装

**斜 学 出 版 社** 出版

北京东黄城根北街 16 号
邮政编码：100717
http://www.sciencep.com

**北京通州皇家印刷厂**印刷
科学出版社发行　各地新华书店经销
*
2017 年 11 月第 一 版　开本：B5（720×1000）
2017 年 11 月第一次印刷　印张：18
字数：350 000

定价：138.00 元

（如有印装质量问题，我社负责调换）

# 前　　言

　　"两化"互动、城乡统筹发展，是四川在全面总结统筹城乡综合配套改革试点经验基础上，结合四川正处于工业化、城镇化的加速期，经济大省向经济强省跨越的攻坚期，全面建成小康社会的关键期，提出的立足于四川实际、把握科学发展规律的重大决策部署。这一部署贯彻落实了中央精神、抓住了关系经济社会发展全局的关键，是历届四川省委、省政府领导班子潜心思考、认真研究、大胆创新的结果，对于推动四川"科学发展、加快发展"、全面建成小康社会，具有重大而深远的意义。"两化"互动、城乡统筹发展以"创新、协调、绿色、开放、共享"为主旨，为四川在新的历史条件下实现"两个跨越"提供了科学理论指引。

　　创新是引领发展的第一动力。"两化"互动、城乡统筹需要创新发展，在工业化和城镇化互动中全面推进大众创业、万众创新。通过借助"互联网+"，加快发展高端电子、装备制造、新材料、节能环保材料等集群产业，综合考虑四川省不同地区资源优势、区位条件、产业基础和发展阶段，构建现代农业、新型工业和现代服务业三次产业融合发展体系，实施"工业强省、产业兴省"，加快推进首位城市、次级突破城市、底部基础县域现代产业体系构建。

　　协调是持续健康发展的内在要求。"两化"互动、城乡统筹体现了新型工业化、新型城镇化的协调推进，城市和乡村的协调发展。"两化"互动、城乡统筹将新型工业化、新型城镇化作为一个整体，以工业化为主导推进城镇化，促使产业发展和城镇建设相互配合、协调同步、整体推进。以产业园区建设发展为切入点，依托城市建设产业园区，依托产业园区拓展城市空间，做到生产力布局与城镇体系相匹配，与四川省人口城镇化进程相适应，协调处理好产业和城市的空间关系；通过加速产业结构转型，扭转就业方式，优化人居环境，落实社会保障等方面，实现从"乡"到"城"的重要转变。

　　绿色是人们对美好生活追求的重要体现。"两化"互动、城乡统筹要求将坚持绿色发展，努力让青山常在、绿水长流，建设宜居宜业美好家园。走新型工业化道路就体现了绿色发展的要求。近年来通过不断的发展进步，四川工业能效整体提高较大，清洁生产得以进一步落实，环境保护效果明显，但总体上工业能耗及排放总量较大的矛盾仍为突出。通过优化产业结构，明确新型工业化道路，优化投入产出比，建立低耗能、高收益的两型工业结构，形成节约资源、保护环境的产业结构、生产方式。

开放是欠发达地区实现繁荣的必由之路。"两化"互动、城乡统筹发展要求全面扩大开放合作，着力构建开放型经济。积极主动融入"一带一路"、长江经济带和成渝经济区一体化建设，推动与周边区域的经贸合作，通过"合作园区""飞地经济"等形式，将"引进来"和"走出去"更好地结合起来，以更灵活的资源配置、更优质的政务服务、更良好的投资环境，吸引投资客商，打造西部地区内陆外向的开放发展新高地。

共享体现社会公平正义。"两化"互动、城乡统筹坚持以人为本，把人民群众的根本利益作为推进"两化"互动、城乡统筹的出发点和落脚点。紧紧依靠群众，充分尊重群众，保障合法权益，发挥群众首创精神，努力实现成果共享、全面惠民的发展成果。在推进城镇化过程中，以保障民生、改善民生为首要任务，深入推进收入分配制度改革，努力缩小城乡差距，关注公益事业，落实社会保障，使城乡居民生活水平全面提高。

"两化"互动、城乡统筹发展是一个复杂的多面体，是多种矛盾和多种问题的对立统一，其中既有工业化与城镇化的对立统一，又有城市和农村之间的对立统一，还存在着三次产业之间的对立统一，问题面广，协调推进难度大，取得预期成效更是不易。在面对复杂问题和多目标挑战的时候，一定要抓住"牛鼻子"，通过抓住关键问题来推进工作的系统展开。党的十八大、十八届三中全会、十八届四中全会、十八届五中全会为四川推进"两化"互动、城乡统筹这一系统工程指出了重心所在、关键所系。全面深化改革和体制机制创新是有效推动"两化"互动、城乡统筹发展的必然选择。习近平总书记在主持召开的中央全面深化改革领导小组第四次会议中指出，党的十八届三中全会重要改革举措实施规划（2014—2020年）……是指导今后一个时期改革的总施工图和总台账……做好下一步工作，关键是要抓住突出问题和关键环节，找出体制机制症结，拿出解决办法，重大改革方案制定要确保质量。习近平总书记在中共中央政治局第二十二次集体学习时进一步强调加快推进城乡发展一体化，是党的十八大提出的战略任务，也是落实"四个全面"战略布局的必然要求，成功的关键在于健全城乡发展一体化体制机制。体制机制创新就是顺利推进"两化"互动、城乡统筹的"牛鼻子"。

政策和机制体制创新研究要以理论总结与实践梳理为前提，以时代背景和宏观环境为基础，以政策目标和实施战略为导向，构建与时俱进、因地制宜的机制体制创新政策体系。本书在梳理"两化"互动、城乡统筹发展背景和相关理论的基础上，全面阐述"两化"互动、城乡统筹的丰富内涵，并探讨过去一段时期四川"两化"互动、城乡统筹在实践中的体制机制创新过程，在此基础上，提出未来机制体制创新的思路，并构建以六项机制体制创新为主体的政策创新体系，分别是创新"四化"同步与"两化"互动体制机制、完善城乡基本公共服务均等化制度安排、创新城乡基层治理体制机制、完善城乡统筹的土地制度、完善财政金融体制机制和完善城乡一体的组织与人才体制。希望上述思考能对四川省顺利实现"两个跨越",顺利推进"两化"互动、城乡统筹发展有所裨益。

丁任重

2017 年 5 月于成都狮子山

# 目　　录

# 第一章　"两化"互动、城乡统筹的相关概念

"两化"互动、城乡统筹发展是近年来历届四川省委在全面把握四川省省情的基础上，立足于四川特定历史阶段的经济社会发展规律，盱衡全局、统筹兼顾，提出的科学重大决策部署。"两化"互动、城乡统筹发展问题是一个复杂的多面体，是多种矛盾的对立统一，涉及面宽，问题面广，这就要求对"两化"互动、城乡统筹的一系列概念认真辨析。

## 第一节　"两化"互动的相关概念

如果要对"两化"互动的概念进行清晰的界定，那么必须对新型工业化、工业现代化的外延和内涵进行系统梳理，对新型工业化、工业现代化以及新型工业化、新型城镇化互动三组概念予以辨析。

### 一、工业、工业化、工业现代化

#### （一）工业

工业是指从事自然资源的开采，对采掘品和农产品进行加工与再加工的物质生产部门。它包括对自然资源的开采（但不包括捕猎和水产捕捞），对农副产品的加工和再加工，对采掘品的加工和再加工，对工业品的修理和翻新等方面内容。与农业相比，它受自然条件的影响小得多，具有季节上连续生产和地域上的灵活性两大时空特征。至18世纪60年代英国出现第一次技术革命，机器的发明完成了工场劳动同农业劳动的分离[1]。它最终从农业中分离出来成为独立的物质生产部门。工业和第二产业两个概念略有区别，按照我国的划分，第二产业包括工业和建筑业。目前我国对于工业生产一般采用生产法计量其产值。

#### （二）工业化

工业化一般指工业或第二产业产值（或收入）在国民生产总值（或国民收入）中的比重不断上升的过程，以及工业（或第二产业）从业人数在总就业人数中的

比重不断上升的过程。它是人类生产方式的深刻转型，意味着传统农业社会向现代工业社会的转变。工业发展是工业化的一个显著特征，但工业化同时伴随着农业现代化和服务业发展、城镇化、人均收入提高、促进社会分工、贸易发展、市场范围扩大等特征，不能狭隘地仅从工业发展的角度理解。

工业化进程伴随着诸多特征，重点选择其中一个或一些指标来评价工业化进程，也就形成多种不同的工业化评价标准。有的学者（钱纳里）注重从人均国民生产总值的角度评价工业化进程，有的学者（科迪）根据制造业增加值在总商品生产部门增值额中所占的份额来评价等。我国影响较大和比较权威的评价方法是中国社会科学院陈佳贵等提出的工业化水平综合指数，该指数综合了经济发展水平、产业结构、工业结构、就业结构、空间结构等多方面对我国工业化水平进行评价[2]。

## （三）工业现代化

工业现代化是把工业建立在当代技术基础之上，使工业生产经营的各项技术经济指标达到世界先进水平的过程。工业现代化的主要标志有：第一，劳动资料的现代化，如在工业生产过程中采用新材料、新技术、新工艺，不断实现机械化、自动化；第二，工业部门结构的现代化，要求技术（知识）密集型工业占较大比重；第三，职工知识结构的现代化，包括职工科学文化水平和专业知识普遍提高，科技人员比重不断提高，有专业知识的管理人员比重增加等；第四，管理的现代化，如广泛采用电子计算机和其他现代化的管理手段与方法；第五，主要技术经济指标和人均国民生产总值达到当代世界先进水平；第六，形成绿色工业生产体系，保证工业发展与环境相协调，是一个国家或地区实现工业现代化的环境标志。

在我国，影响较大和比较权威的工业现代化评价指标仍然是中国社会科学院陈佳贵和黄群慧提出的工业现代化综合指数。该指数是从工业增长效率、工业结构和工业环境三大方面，构造的一套评价工业现代化水平的指标体系[3]。中国社会科学院《工业化蓝皮书》系列一直坚持使用该指标评价中国工业现代化进程。

## （四）概念的区别和联系

工业、工业化和工业现代化三个概念既相互联系又有所区别。三者的联系表现在：无论工业化和工业现代化所表示的具体状态有何不同，工业发展总是其中的主线和重要内容。三者的区别主要表现在：第一，三者指称的对象不同。工业是指人类生产过程中某个独立的物质生产部门，工业化是指该生产部门的产值在整个社会生产总值中比重逐步提高的过程，工业现代化则强调将工业化建设在当代先进技术基础上。第二，根据前面的论述，三者的评价标准不同。第三，从中国共产党的认识历程来看，三个概念的提出也经历了一个递进的过程。1945 年党的七大之前，党的正式文件中只有"工业""现代工业"等提法。同年，毛泽东在党的七大的政治报告《论联合政府》中第一次提出了实现"工业化"的任务：在抗日战争结束以后……中国工人阶级的任务，不但是为着建立新民主主义的国家而奋斗，而且是为着中国的工业化和农业近代化而斗争[4]。1954 年召开的第一届全国人民代表大会，中国共产党又明确提出要实现工业、农业、交通运输业和国防四个现代化，第一次提出"工业现代化"的概念。1979 年，邓小平在会见日本首相大平正芳时进一步提出，我们要实现的四个现代化，是中国式的四个现代化，即 20 世纪末达到人均国民生产总值 1000 美元的"小康的状态"[5]。这个探索过程也生动地反映出中国共产党实事求是、与时俱进、求真务实的理论品格。

## 二、新型工业化

新型工业化是指随着技术进步与发展，在传统工业形态上融合信息技术、智能技术，以工业化促进信息化，就是科技含量高、经济效益好、资源消耗低、环境污染少、人力资源优势得到充分发挥的工业化新路子[6]，我国是在党的十六大提出的新型工业化概念。

与发达国家已经实现的传统工业化相比，新型工业化具有如下特点：第一，发达国家是在完成工业化后推进信息化，新型工业化要实现工业化、后工业化和信息化三化合一；第二，传统工业化大多以消耗能源和牺牲环境为代价，新型工业化不能再走这个老路，要为建设资源节约型和环境友好型社会服务；第三，发达国家在工业化过程中注重机械化和自动化，但也导致失业人口大量增加，造成了严重的社会问题。新型工业化同时要通过经济结构调整和制度改革等措施构建和谐劳动关系。

我国是在社会主义制度的基础上，从计划经济向市场经济转轨，在城乡二元结构向城乡一体化过程中实现新型工业化，所以我国的新型工业化还具备如下特点：第一，在所有制结构上，坚持公有制为主体、多种所有制经济共同发展的基本经济制度，毫不动摇地巩固和发展公有制工业经济，又毫不动摇地鼓励、支持、引导非公有制工业经济发展；第二，在资源配置上，要努力使市场在工业经济的资源配置中起决定性作用；第三，在政府职能上，要切实转变政府职能，建设法治政府和服务型政府，既要立足于市场的自动调控，又要求政府实现科学的宏观调控；第四，在城乡关系上，要与新型城镇化道路结合，坚持城乡一体化方向，形成以工促农、以城带乡、工农互惠、城乡一体的新型工农城乡关系[7]；第五，在经济发展方式上，实施创新驱动发展战略，推进经济结构战略性调整，把工业发展的立足点切实转到提高质量和效益上来。从理论和实践来看,我国只能走中国特色的新型工业化道路。

## 三、新型城镇化

城镇化是指人口向城镇集中的过程。这个过程主要表现为两种形式:一是城镇数目的增加,二是各城市人口规模不断扩大。新型城镇化借助新型工业化动力,促进区域内人口、经济、社会、资源和环境全面协调发展,突出区域协调、城乡统筹、产业支撑等内在特点,强调城镇化发展质量与可持续性的城镇化道路。新型城镇化的核心是人的城镇化。积极稳妥推进城镇化进程,走新型城镇化道路,对于全面建成小康社会和实现社会主义现代化具有重大的战略意义。

改革开放 30 多年来,我国城镇化水平快速发展,取得了巨大成就,但也存在着诸多弊端:目前中国的城市化道路是城市化滞后于工业化的非均衡道路;是土地城市化快于人口城市化的非规整道路;是以抑制农村、农业、农民的经济利益来支持城市发展,导致不能兼顾效率和公平的非协调道路;是片面追求城市发展的数量和规模,而以生态环境损失为代价的非持续道路;是以生产要素的高投入,而不是投入少、产值高、依靠科技拉动经济增长的非集约道路[8]。新型城镇化道路就是在旧式城镇化道路"摊大饼"式的外延式扩张、忽视人的城镇化等弊端的深刻反思基础上提出的。因此,新型城镇化的目标不是外延式发展,而是要围绕提高城镇化质量,统筹规划交通、居住、城市管理等各方面,提高资源利用效率与城市承载力,以产业发展促进城镇建设,吸纳农业人口融入城镇的过程中,促进农村及农业发展,全面实现农业产业体系转型升级,以便农民在农业现代化进程中分享更多收益,实现新型城镇化与农业现代化互为促进。

中国共产党对于新型城镇化道路的探索经历了一个过程。党的十六大做出了走中国特色城镇化道路的战略决策,十六届五中全会对积极稳妥推进城镇化做出具体部署,党的十八大强调城镇化是全面建成小康社会的载体之一,是经济结构战略性调整的重点之一。2016 年初国务院印发的《关于深入推进新型城镇化建设的若干意见》指出新型城镇化是现代化的必由之路,是最大的内需潜力所在,是经济发展的重要动力,也是一项重要的民生工程[9]。至此,中国特色的新型城镇化道路的内涵变得明确、丰富而清晰。

相对于我国过去的城镇化道路,新型城镇化之"新"主要表现在:第一,新型城镇化的核心是人的城镇化。目前我国按城镇户籍人口计算的城镇化率不足40%,较之国家统计局公布的按城镇人口占总人口比重 56.1%尚有不小差距,主要是 2.6 亿农民工和 7000 多万城镇流动人口还没有享受与当地城镇户籍居民同等公共福利造成的,要靠人的城镇化来解决。第二,新型城镇化要建设集约型城镇。

目前,我国一般大城市土地产值每平方公里只有数亿美元,美国、日本为每平方公里50亿美元以上。1980~2011年,我国城镇土地面积增长了9.2倍,而常住人口只增长了3.5倍。第三,要建设智慧化城镇,2013年1月,住房和城乡建设部公布了全国90个首批智慧城市试点,2015年我国已有290个国家智慧城市试点。第四,要丰富城镇化的"绿色"内涵,包括绿色环境、绿色交通、绿色建筑、绿色生活等多方面内容。第五,要走"低碳"发展之路。"低碳"和"绿色"在内涵上有交叉,但"绿色"侧重于环境优美和减少污染,而"低碳"侧重于生产生活方式上节能。至2013年,我国已有200多个地级以上城市提出要建设低碳城市。

关于新型城镇化的评价标准。我国影响较大、较为权威的评价体系是由中国科学院牛文元等提出的,该指标体系由"动力表征""质量表征""公平表征"三大方面的指标综合构成。在四川,成都市采取的是"新型城镇化率"的指标,该指标综合涵盖了包括经济水平、人口质量、基础设施、公共服务和生活质量五大领域在内的22个指标。用该指标衡量,成都市2012年的新型城镇化率达到60.2%,较2011年提高1.4个百分点[10]。

## 四、新型工业化、新型城镇化互动

党的十八大提出:坚持走中国特色新型工业化、信息化、城镇化、农业现代化道路,推动信息化和工业化深度融合、工业化和城镇化良性互动、城镇化和农业现代化相互协调,促进工业化、信息化、城镇化、农业现代化同步发展[11]。工业化与城镇化互动发展是联动推进新型工业化、新型城镇化和农业现代化的核心环节。新型工业化、新型城镇化互动的内涵,就是要做到两者在时间上同步演进,空间上产城一体,布局上功能分区,产业上三产融合[12]。

所谓同步演进,就是要推行城乡产业发展、城镇体系、基础设施、环境保护、新农村建设等共同发展,尤其要推进交通运输、产业转型与城镇规划的深度整合,建立健全"两化"互动发展体制机制,以及与之相配套的社会管理体系。所谓产城一体,即充分融合产业功能与城市功能,以产兴城、以城促产,因地制宜,在区域内产业转型过程中结合实际,形成产城互为支撑、同生共兴之势,同步满足居民安居乐业需求,产城融合既能宜居又能宜业,城镇功能在提升居民生活品质的同时能强有力支撑产业发展。充分优化城镇空间布局,实现产业分工布局与城镇空间布局的和谐统一,科学定位、合理分区,协调处理产业与城市发展的空间关系。基于区域间承载力度、开发密度与发展潜力差异划分城市主体地区、农业主体地区、生态主体地区等主体功能区,严格按照国土开发方式划分区域发展模式,避免在限制开发区域和禁止开发区域中进行大规模城镇化建设。三产融合是指在农村构建农业与二三产业融合发展的现代产业体系,完善产业链条、丰富产业功能，全面提高现代农业竞争能力，提高农村产业融合整体发展水平。坚持以工哺农、以城带村，依托新型城镇化建设发展城乡一体化新格局。

# 第二节　城乡统筹的相关概念

城乡统筹是我国进入了工业化中期以后逐渐加速的一个历史进程。党的十六大提出，统筹城乡经济社会发展，建设现代农业，发展农村经济，增加农民收入，是全面建设小康社会的重大任务[6]。党的十八大提出，推动城乡发展一体化，并对此做出了具体的部署。从党的十六大提出统筹城乡经济社会，到党的十八大提出推动城乡发展一体化，体现了我国经济社会发展战略的进一步深化，在这一过程中对城乡统筹概念也不断清晰。

## 一、新农村建设

农村是以从事农业生产为主的农业人口居住的地区，是同城市相对应的区域，较之而言，农村环境多为自然田园风光，商业发展相对滞后，教育、文化、卫生等社会建设有待完善，新农村建设正是秉承这一新时代要求，以改善农村人居环境为重点，推动农村经济、政治、文化全面发展。

根据十六届五中全会《关于推进社会主义新农村建设的若干意见》，社会主义新农村建设的内容主要包括：推进现代农业建设，强化社会主义新农村建设的产业支撑；促进农民持续增收，夯实社会主义新农村建设的经济基础；加强农村基础设施建设，改善社会主义新农村建设的物质条件；加快发展农村社会事业，培养推进社会主义新农村建设的新型农民；全面深化农村改革，健全社会主义新农村建设的体制保障；加强农村民主政治建设，完善建设社会主义新农村的乡村治理机制；切实加强领导，动员全党全社会关心、支持和参与社会主义新农村建设等七个方面[13]。

"新农村建设"本身不是一个新概念，自20世纪50年代在中国共产党的文件中曾多次出现过。但当前的"新农村建设"有鲜明的时代特征和新的丰富内涵。它是在我国已经进入了从农业支持工业，到工业反哺农业；从农村服务城市，到城市带动农村，工与农、城与乡，这两大关系正在实现着从未有过的历史性转变的新背景下提出来的，因此，与我国过去的农村建设比起来有鲜明的新特点：第一，在城乡关系上，走城乡统筹发展之路，最终实现城市一体化。同时坚持"多予少取放活"方针，重点在"多予"上下功夫。第二，在产业发展上，注重发展农业产业化经营，推进现代农业建设。第三，在农业经营体系上，要加快构建新型农业经营体系。在坚持和完善最严格的耕地保护制度前提下，赋予农民对承包地占有、使用、收益、流转及承包经营权抵押、担保权能[14]。允许农民以承包经营权入股发展农业产业化经营，鼓励承包经营权在公开市场上向专业大户、家庭农场、农民合作社、农业企业流转，发展多种形式规模经营。这是一个历史性的变化，标志着我国农业的改革与发展已开始进入邓小平所强调的"第二个飞跃"[15]的新阶段。第四，新农村建设主体上，要赋予农民更多财产权利。例如，积极发展农民股份合作，赋予农民对集体资产股份占有、收益、有偿退出及抵押、担保、继承权。保障农户宅基地用益物权，改革完善农村宅基地制度，选择若干试点，慎重稳妥推进农民住房财产权抵押、担保、转让。第五，在空间结构上，注重搞好乡村建设规划，加强农村基础设施建设，改善农村人居环境。第六，从建设路径上，新农村建设全面覆盖经济、政治、文化、社会、生态、党建各个方面，共同推进，全面发展。

## 二、农村土地制度

土地制度是人们在一定社会经济条件下，因土地的归属和利用等问题而产生的所有土地关系的总称。农村土地制度则是指围绕农村土地的归属、使用、流转、收益、管理等问题而产生的所有土地关系的总称。我国农村在发展社会主义市场经济过程中，已经逐步形成了比较完整的现代农村土地制度体系，主要包括农村土地集体所有制度、农村土地家庭承包经营制度、农村土地承包经营权流转制度、农村土地征用征收与补偿制度以及农村土地管理制度等内容。其中，土地所有权属于谁，是农村土地制度的最基本问题，而围绕农村土地产生的产权关系是农村土地制度的核心。

马克思曾称赞英国古典政治经济学家威廉·配第的名言：劳动是财富之父，土地是财富之母。土地是农村社会乃至人类社会最重要的自然资源，是人类劳动过程中最基本的对象，也是人类生产活动的物质前提和重要资料。农村乃至国家稳定与发展根基于土地，农村土地制度是农村社会制度的基础，土地制度的选择是决定农村发展的进程、速度、方向的最重要因素。因此，不同的农村土地制度会改变农村甚至整个社会经济发展的进程[16]。

根据当前中国农村的经济现实，弄清农村集体土地所有权、农民土地承包经营权、农户宅基地用益物权三个概念有助于进一步理解当前我国农村土地制度。

### （一）农村集体土地所有权

农村集体土地所有权是指农村土地归属一定范围内农户集体所有，由生活在该宗地上的公民根据法律选举的村长（或村民小组长、乡镇长）为法人代表的集体土地财产权利。劳动群众集体对属于其所有的土地依法享有的占有、使用、收益和处分权利，是土地集体所有制在法律上的表现。集体土地所有权的主体只能是农民集体，根据农民集体的不同，可以将集体土地所有权分为村民小组集体土地所有权、村集体土地所有权、乡镇集体土地所有权三种。

## （二）农村土地承包经营权

《中华人民共和国宪法》规定：农村和城市郊区的土地，除由法律规定属于国家所有的以外，属于集体所有[17]，农村集体经济组织实行家庭承包经营为基础、统分结合的双层经营体制。农村土地承包经营权，是指农村土地承包人对其依法承包的土地享有占有、使用、收益和一定处分的权利。《中华人民共和国农村土地承包法》规定：任何组织和个人不得剥夺和非法限制农村集体经济组织成员承包土地的权利[18]。

根据《中华人民共和国农村土地承包法》，农村土地承包应坚持公开、公平、公正的原则，正确处理国家、集体、个人的利益关系。农村土地承包的对象是农村集体所有和国家所有依法由农民使用的土地，包括耕地、林地、草地及其他依法用于农业的土地。在农村土地的家庭承包经营中，发包方具有发包、监督、处理以及法律行政法规规定的其他相关权利，但也应当履行维护承包方的土地经营权、尊重承包方的生产经营自主权、为承包方提供必要的服务、组织农业基础设施建设等义务。承包方有土地承包经营、土地承包经营的流转、承包地被征用或占有时依法获得补偿的权利以及法律行政法规规定的其他权利，也要履行维持土地的农业用途、保护和合理利用土地与法律行政法规规定的其他义务。

## （三）农户宅基地用益物权

用益物权，是物权的一种，是指非所有人在法律规定的范围内对他人之物所享有的占有、使用、收益的权利[19]。由于我国实行农村土地集体所有制度，所以农民对于宅基地只有用益物权。所谓农户宅基地用益物权，就是农户对于农村宅基地享有在法律规定范围内的占有、使用、收益的各项排他性权利。

我国高度重视保护农户的宅基地用益物权。十七届三中全会提出，完善农村宅基地制度，严格宅基地管理，依法保障农户宅基地用益物权[20]。十八届三中全会进一步提出：保障农户宅基地用益物权，改革完善农村宅基地制度，选择若干试点，慎重稳妥推进农民住房财产权抵押、担保、转让。这一宅基地改革基本思路对于探索赋予农民完整产权，增加农民财产性收入，优化资源配置，促进城乡一体化和新农村建设具有重要的意义。

## 三、农村土地综合整治

农村土地综合整治概念集土地利用、开发、保护、管理等多重方面于一体，旨在特定区域依据土地利用总体规划目标整治土地，合理配置土地要素，提高土地利用效率，统筹劳动力、土地、资本等要素，促进产业发展及区域社会经济平稳运行。推进农村土地综合整治，对于促进耕地保护和旱涝保收高标准基本农田建设，保障国家粮食安全；对于优化土地利用布局，促进城乡统筹发展；对于改善农村生产生活条件，促进农民增收、农业增效和农村发展；对于改善土地生态环境，促进生态文明建设等方面都具有极为重要的意义。

农村土地综合整治的目的，是要适应国民经济快速发展和生态环境建设的需要，在充分考虑补充耕地的资源潜力、投入和区域协调的前提下，确保同期占用、损毁、损失的耕地能得到同等数量、同类质量的补充，林地、牧草地等其他农用地得到有效增加，土地利用效率明显提高，土地生态环境得到改善，土地资源尤其是耕地资源可持续利用能力进一步增强[21]。要回应工业化、城镇化、农业现代化同步加快对土地管理和利用的新要求。

根据《全国土地整治规划（2011—2015年）》，我国土地综合整治的主要内容包括：第一，以大规模建设旱涝保收高标准基本农田为重点，大力推进农用地整治；第二，以改善农村生产生活条件为前提，稳妥推进农村建设用地整治；第三，以推进土地节约集约利用为出发点和落脚点，积极开展城镇工矿建设用地整治；第四，在保护和改善生态环境的前提下，充分利用荒山荒坡进行城镇和工业建设；第五，以合理利用土地和改善生态环境为目的，加快土地复垦；第六，以制度建设为基础，切实保障规划实施[22]。

## 四、城乡建设用地增减挂钩

城乡建设用地增减挂钩是依据土地利用总体规划，将若干拟整理复垦为耕地的农村建设用地地块（拆旧地块）和拟用于城镇建设的地块（建新地块）等面积共同组成建新拆旧项目区（简称项目区），通过建新拆旧和土地整理复垦等措施，在保证项目区内各类土地面积平衡的基础上，最终实现增加耕地有效面积，提高耕地质量，节约集约利用建设用地，城乡用地布局更合理的目标[23]。一段时间以来，我国一些地区盲目投资、低水平重复建设，圈占土地、乱占滥用耕地等问题尚未根本解决。城乡建设用地增减挂钩是国家支持社会主义新农村建设、促进城乡统筹发展、破解保障经济社会发展与保护土地资源"两难"困境的一项重要管理措施。

城乡建设用地增减挂钩具有重大意义，主要表现在：它是有效推进我国"三农"发展和城镇化的现实可靠的载体与抓手；是落实中央以城带乡、以工促农方针，统筹城乡发展的重要平台；是引导资源、技术和项目向农村流动，加快社会主义新农村建设的重要途径；是在保障工业化、城镇化、新农村发展中，优化城乡建设用地布局、推进节约集约用地、促进科学发展的重大举措；是严格保护耕地和提高耕地质量、促进耕地集约经营和发展现代农业的有效手段；是坚持家庭承包政策为基础，促进农民分工就业和增加收入的政策创新[24]。

## 五、土地征用与土地流转

### （一）土地征用

土地征用是指国家出于包括国防、外交、基础设施建设、公共事业、保障性安居工程、旧城区改建及其他等公共利益目的[25]，取得民事主体土地使用权，依照法律规定对土地实行征用，并给予相应补偿的行为。与土地征用概念近似的是土地征收，2004年《中华人民共和国宪法》中第十条由"国家为了公共利益的需要，可以依照法律法规对土地实行征用"改为"国家为了公共利益的需要，可以依照法律法规对土地实行征收或者征用并给予补偿"。土地征收与土地征用的共同之处在于：为了社会公共利益需要，依照法律规定给予补偿。不同之处在于：土地征收涉及土地所有权的改变，不涉及返还问题，土地征用是临时性土地使用行为，仅涉及特定条件下土地使用权的改变，当被征土地使用完后仍需及时返还。

土地征用的特征包括：①法律关系主体特定，仅限于土地征用与被征用双方，即国家与农民集体之间；②征地行为具有强制性；③征地行为具有补偿性；④土地征用过程中，土地所有权仍属于农民集体，仅涉及土地使用权由农民集体转为国家，征用行为结束后，土地使用权仍需交还农民集体。

关于土地征用的办法。国家建设征用土地，应当按规定的程序进行。一般来说，国家建设征用土地时，用地单位必须持国务院主管部门或者县级以上地方人民政府批准的设计任务书或其他有关批准文件，向县级以上地方人民政府土地管理部门提出申请，经县级以上人民政府审查批准后，由土地管理部门划拨土地。具体程序是：申请选址、协商征地及安置方案、核定用地面积、划拨土地。

### （二）土地流转

土地流转指农户将依法取得的农村土地承包经营权通过转包、出租、互换、转让或者其他符合有关法律和国家政策规定的方式流转[26]。

关于土地流转的方式。根据《农村土地承包经营权流转管理办法》(中华人民共和国农业部令第 47 号，2005 年 1 月 19 日)，土地流转主要包括转包、出租、互换、转让、入股等方式。土地转包是指农民集体组织内部农户间对土地承包经营权的租赁行为，承包方将土地承包经营权转给其他农户。土地出租是指承包方将土地承包经营权租赁给非本集体经济组织成员。土地互换是指在农民集体经济组织内部，本人同他人交换行使土地承包经营权，通常土地交换是出于耕作方便等目的，有利于将分散的土地集中连片，为农业生产规模化、集约化经营提供可能性。土地转让是指经发包方许可，土地承包经营权人与发包方变更土地承包合同，将未到期土地经营权转移给他人的行为。土地入股是指农户组织联合在一起，以土地承包经营权入股从事农业生产并按股分红收益。需要注意的是：第一，土地承包方依法采取转包、出租、入股方式将农村土地承包经营权部分或者全部流转的，承包方与发包方的承包关系不变，双方享有的权利和承担的义务不变；第二，同一集体经济组织的承包方之间自愿将土地承包经营权进行互换，双方对互换土地原享有的承包权利和承担的义务也相应互换；第三，土地承包方采取转让方式流转农村土地承包经营权的，经发包方同意后，当事人可以要求及时办理农村土地承包经营权证变更、注销或重发手续；第四，承包方之间可以自愿将承包土地入股发展农业合作生产，但股份合作解散时入股土地应当退回原承包农户；第五，通过转让、互换方式取得的土地承包经营权经依法登记获得土地承包经营权证后，可以依法采取转包、出租、互换、转让或者其他符合法律和国家政策规定的方式继续流转。上述土地流转模式，有利于提高土地资源利用效率，促进农民财产性增收，在此基础上，还衍生出"以宅基地换住房、承包经营权换社保"的重庆九龙坡模式，以"农户土地经营权入股，组建合作社统一生产经营，并按土地保底与效益分红"的山东宁阳模式等。经各地实践证明，依照法律法规引导和促进土地流转，能有效提高土地资源配置效率，加速农业剩余劳动力转移，为农业规模化、集约化、高效化经营提供更充分的可能性与更广阔的空间，可以使农民更充分地参与分享城市化、工业化的成果。

# 六、市、县、区

市、县、区分别是在我国现行行政区划下的地方行政单位。行政区划是指国家对行政区域的划分。根据有关法规规定，我国现行行政区域划分如下：①全国分为省、自治区、直辖市；②省、自治区分为自治州、县、自治县、市；③自治州分为县、自治县、市；④县、自治县分为乡、民族乡、镇；⑤直辖市和较大的市分为区、县；⑥国家在必要时设立的特别行政区。

根据行政区划，县级行政单位是我国的地方二级行政区域。它包括县、自治县、旗、自治旗、特区、工农区、林区等不同的名称。

市作为我国的地方行政单位，包括直辖市（如北京市）、地级市（如绵阳市）和县级市（如江油市）三种。县级市是行政地位与县相同的县级行政区。

市辖区（简称区）则是城市基层政权组织的行政区域，直辖市和较大的市多将市区范围划分为若干区，设立区人民政府。

关于市、县、区的区别，主要是要弄清县级市与县的区别，直辖市、地级市和县不在一个比较平面上，区则本身是市的组成部分。一般来说两者主要的区别在于：第一，隶属层次不同，产生职权范围有差异。县级市一般由省政府直管，由地级市或地区行署代管，而县政府由地级市或地区行署直管。一般而言，县级市权能更大，如县级市往往有"副地级市"的审批权。第二，城市化进程不同，职能重心有区别。县多以农村为重点，兼顾城市。县改市后，城市化进程加快，必须同时注重城市和乡村管理，加快城市建设。第三，在配套政策上，各级政府对县级市的城建方面支持较多；对县的农业、扶贫支持较多。第四，在城市规划和管理水平方面，县城多由驻地镇政府管理，属于镇级水平，县级市多由市政府介入管理，层次更高，多为县级水平。第五，在对外招商引资的条件上，县级市的吸引力一般要比县更大些。

## 七、大、中、小城市

大、中、小城市是以城市人口为标准的城市分类法，对不同规模城市的称谓。各国在不同时期的分级标准不尽一致，我国的划分标准也屡经变迁。

1955 年国家建设委员会《关于当前城市建设工作的情况和几个问题的报告》中首次提出大、中、小城市的划分标准：50 万人口以上为大城市，50 万人口以下、20 万人口以上为中等城市，20 万人口以下为小城市。1980 年国家基本建设委员会修订的《城市规划定额指标暂行规定》将按我国城市规模分为四个等级：城市人口 100 万以上为特大城市，50 万以上 100 万以下为大城市，20 万以上 50 万以下为中等城市，20 万以下为小城市。但 1980 年的标准没有对城市人口清晰界定。1984 年国务院发布《城市规划条例》，又将我国的城市规模划分为三个等级，取消特大城市一级，其余的数量标准和 1980 年一致，同时明确城市人口专指市区和郊区的非农业人口。这个标准大体上被 1989 年《中华人民共和国城市规划法》继续沿用。

显然，我国原有的城市规模划分标准已经不能适应城市发展和管理需要，应根据中国城镇化发展新特征、新趋势，重新制定城市规模划分标准。2014 年，国务院以城区常住人口为统计标准，将城市划分为五类七档。第一类：城区常住人口 50 万以下的城市为小城市，其中 20 万以上 50 万以下的城市为 I 型小城市，20

万以下的城市为Ⅱ型小城市。第二类：城区常住人口 50 万以上 100 万以下的城市为中等城市。第三类：城区常住人口 100 万以上 500 万以下的城市为大城市，其中 300 万以上 500 万以下的城市为Ⅰ型大城市，100 万以上 300 万以下的城市为Ⅱ型大城市。第四类：城区常住人口 500 万以上 1000 万以下的城市为特大城市。第五类：城区常住人口 1000 万以上的城市为超大城市[27]。

　　中国对城市规模的划分标准是与时俱进的：从人口类型来看，1984 年的标准是指非农业人口，2014 年的标准是指城区常住人口；从区域范围来看，1980 年和 1984 年的标准是指市区和近郊区，2014 年的标准仅限于城区；从人口数量规模看，1980 年的标准是 50 万～100 万为大城市，2014 年的标准是 100 万～500 万为大城市。随着我国经济社会和城镇化进程进一步发展，我国的城市规模划分标准还会进一步变化。

## 八、城市、城市群、城市圈、城市化

### （一）城市

　　从汉语词源来讲，城市是"城"与"市"的组合词。"城"主要是为了防卫，用城墙等围起来的地域。《管子·度地》说"内为之城，外为之阔"。"市"则是指交易场所。英文中的城市（city），是指人口集中、工商业发达、居民以非农业人口为主的地区。在现代汉语语境中，城市更接近西方城市的定义，是区分于农村，以非农产业、非农人口为主的居民聚集区。

　　城市的特点主要有：第一，城市是人类居住地的一种形态，是人类集中生产生活的高密度区域，与人口密度较低的乡村有明显区别；第二，从产业结构上来看，城市的主要生产部门是非农业部门；第三，从社会角度来看，城市是不同种类（职业、价值观、信念、宗教等）人群的聚集地，社会组织性、异质性比农村更强。

### （二）城市群

　　城市群是指在区域内以大城市为中心，集聚、分布若干城市集群的联合体。一般在城市群内，以一个或两个特大城市、大城市为中心，依托自然、交通等条件向周围辐射，联系汇聚不同性质、类型与规模的城市，使之成为产业间互为分工合作，规划建设互为影响，经济生活紧密联系的经济圈。城市群一般具有强集聚性、群集性、网络性特征。

　　从我国的城市发展历程来看，改革开放之初，随着家庭联产承包责任制的实施，农村生产力得到解放，乡镇企业迅速发展，我国城市发展的政策方向是积极发展小城镇。1992 年，邓小平"南方谈话"和党的十四大的召开，进一步促进我国经济迅速发展和全方位对外开放格局的形成，大中城市迅速发展。21 世纪初，城市群的现象开始出现。2002 年 11 月，党的十六大明确提出坚持大中小城市协调发展，走中国特色的城镇化道路。在这一政策指引下，我国城镇化从各自孤立的发展向协调发展过渡，在一些地区形成不同规模，不同层级城市、城镇之间共同参与、分工合作的现象。这就是城市群[28]。目前我国已经形成的城市群主要有：以上海、南京、杭州为中心的长江三角洲城市群；以广州、深圳、珠海为中心的珠江三角洲城市群；以北京、天津为中心的京津冀城市群，以及成都平原城市群、长株潭城市群、中原城市群等。这些城市群已经成为我国经济最活跃的地区，对我国经济格局产生了重要影响。

## （三）城市圈

城市圈是城市群进一步发展的结果。戈特曼在 1961 年的代表作中将美国东北海岸带城市群发展现状概括为都市圈（megalopolis），为这一地理学概念注入了经济内涵。城市圈是指在城市群中出现的以大城市为核心，周边城市共同分工、合作、一体化，经济高度整合的圈域经济现象。美国东部大都市带由纽约、波士顿等城市圈延绵构成，面积不到全国的 1.5%，却集中了全国近 20% 的人口，制造业产值占全美的 30%。我国的长三角地区、珠三角地区、京津冀地区，就已经从城市密集发展阶段进入以各中心城市为核心发展经济一体化的城市圈阶段。

## （四）城市化

城市化也称为城镇化、都市化，是随着经济发展、社会进步，由传统乡村社会向现代城市社会转变的历史过程，具体包括人口的转变、产业结构的转变、土地及地域空间的变化等内容。不同的学科对城市化有不同的理解。人口学侧重于城市化进程中农村人口向城镇人口的转变过程，社会学侧重于城市化进程中农村生活方式向城镇生活方式的转变，经济学则从生产力发展、产业结构转移等方面，关注在社会化大生产进程中，产业结构重心由农业产业向非农产业调整的过程。

单体城市、城市群、城市圈可以认为是城市化过程中随时间推移产生的空间演进的不同阶段。演进的机制可以归结为三个方面：集聚与扩散的交替复合作用，市场机制与政府调控的共同作用，经济、社会、文化和生态的协同作用。其中，集聚与扩散的交替复合作用是中国城市空间演进的总体机制，影响中国城市空间演进的各种因素最终都通过集聚与扩散作用得以反映；市场机制与政府调控的共同作用是中国城市空间演进的基础机制；经济、社会、文化和生态的协同作用为我国城市群演进提供各个层面的条件。

在改革与发展的双重背景下，我国城市发展的空间演进路径表现为"四个转变"，即从行政驱动转向市场主导，从注重个体城市发展转向整体一体化发展，从空间粗放蔓延转向空间的紧凑高效发展，从单纯追求经济效益转向经济、政治、文化、社会、生态五位一体协同发展[29]。

# 第二章 "两化"互动、城乡统筹的科学内涵

"两化"互动、城乡统筹内涵丰富,包含新型工业化、新型城镇化、新农村建设和城乡统筹发展等重大命题,体现了基于四川省情的多重重大问题的有机统一。"两化"互动、城乡统筹涉及面宽,问题面广,其内涵包含多个层次和多个方面。

## 第一节 "两化"互动、城乡统筹的重大意义

历届四川省委把"两化"互动、城乡统筹视为全省发展战略重点,这是着眼四川全局,立足长远发展所做的战略部署,具有十分重要的现实意义。

### 一、"两化"互动、城乡统筹是人类社会发展的普遍规律

纵观人类的现代化历程,一是大工业的社会化生产方式逐步取代小农经济的传统式生产方式的工业化过程,二是农村人口向城镇聚集,农村经济、农业社会向城市经济、工业社会转化的城镇化过程。统筹城乡经济社会发展,是世界多数国家特别是发展中国家发展到一定阶段普遍遵循的规律。工业化、城镇化水平,是反映一个国家和地区现代化程度的重要标志。工业化是城镇化的动力,也是城乡统筹的基础,城镇化为工业化提供载体,工业化、城镇化相互依托,互为支撑,互动发展,推动了经济社会结构在时间和空间上演进,城乡关系也随之呈现由统一到对立再到统一的螺旋式上升。城镇化是随着工业化进程推进,农村人口向城镇集中,非农产业向城镇集聚的自然进程。目前,世界许多发达国家已经实现城乡一体化。他们在早期也经历了由于重城轻乡和重工轻农而导致工农对立、城乡分割的发展阶段。随着经济和社会发展,他们认识到城乡协调发展的重要性,采取多项措施缩小地区和城乡差别,逐步实现城乡发展一体化;日本则通过国土开发计划、均衡发展计划等综合手段,推动城乡协调发展。部分发展中国家忽略了城镇化进程中城乡统筹的重要性与紧迫性,在进入现代化起飞阶段,城市化取得了令人瞩目的成就的同时,大批农民因农村土地被征用和受到大地主阶层的竞争挤压破产而涌进城市,由于缺乏就业技能和工作岗位,生活在城市与乡村的边缘地带,形成大规模的城市贫民窟。正是顺应人类社会发展这一客观趋势和普遍规律,深入推进"两化"互动、城乡统

筹成为四川省经济社会发展必须遵循的战略思路。

## 二、"两化"互动、城乡统筹是通向现代化的必由之路

工业革命以来的经济社会发展史表明，一国若想成功实现现代化，则必须同时兼顾工业化与城镇化发展。从工业革命发展历史来看，工业化对城镇化有着重要的助推作用，随着工业化进程不断深入发展，区域经济实力显著提高，工业化在更大范围内进行扩散、转移，从而进一步促进工业化率与城市化率的提高。从国内外发展经验来看，工业化与城镇化进度应相对一致，两者应大体同步，若城镇化超前于工业化，则城镇化率很高但工业化程度不足，受制于产业支撑力度，会出现第二产业占比下降，物质产品供求失衡下产业空心化等问题。反之，若工业化超前于城镇化，则会导致交通拥堵、住房及公共服务不足等城市病问题。为实现现代化目标，党的十六大提出了科学发展观等重大战略思想，强调走中国特色新型工业化道路、中国特色的城镇化道路，努力形成资源节约、环境友好、经济高效、社会和谐的城镇发展新格局；坚持统筹城乡发展，实现以工促农、以城带乡，最终达到城乡共同发展繁荣，开启了改革开放和现代化建设的新局面。《国家新型城镇化规划（2014—2020年）》指出：工业化、信息化、城镇化、农业现代化同步发展，是当代中国现代化建设的核心内容，其中工业化处于主导地位，是发展的动力；农业现代化是重要基础，是发展的根基；信息化具有后发优势，为发展注入新的活力；城镇化是载体和平台，承载工业化和信息化发展空间，带动农业现代化加快发展，发挥着不可替代的融合作用。"两化"互动、城乡统筹战略，涵盖城市与农村两个方面，涉及经济、政治、文化、社会和生态文明等多个领域，是实现"四化"同步发展的主要途径。这既是对国内外现代化历程经验教训的深入总结和汲取，又顺应了现代化建设的内在规律和客观要求；有利于正确处理当前与长远、产业与城市、城镇与农村、经济与社会、开发与保护等发展中的重大关系，能够有效解决工业化、城镇化不同步，城镇与农村发展不协调的突出问题[30]，是进行社会主义现代化建设、实现中华民族伟大复兴中国梦的必经路径。

## 三、"两化"互动、城乡统筹是实现全面小康的必然选择

党的十八大确定了在新的历史条件下全面建成小康社会、全面深化改革开放的宏伟目标，四川省委十届三次全会确立了与全国同步全面建成小康社会的目标。同时指出：四川作为西部省份，人口多、底子薄、不平衡、欠发达的基本省情没有根本改变，四川经济总量在全国靠前，但人均水平靠后；工业化、城镇化进程

滞后于全国，城乡、区域发展不平衡，县域经济和民营经济不发达；产业层次偏低，科技创新能力不强，经济外向度不高；民族地区、革命老区、盆周山区贫困问题突出等[31]。目前，四川省的小康还是低水平的、不全面的、不平衡的小康，主要受制于农村小康建设水平较低，城乡经济发展差异较大与农村经济社会发展失衡等因素。因此，四川全面建成小康社会的重点在农村、难点在农村。只有实施"两化"互动，坚持走新型工业化、新型城镇化道路，才能为经济社会发展注入不竭动力；只有统筹城乡经济社会发展，建立平等和谐的城乡关系，才能保证国民经济持续快速健康发展。实施"两化"互动、城乡统筹的发展战略，既能进一步强化全省"一盘棋"的发展理念，跳出就农村论农村、就城市论城市的发展思路，打破传统城乡治理体系有别，市场体系相互分割的传统现状，逐步实现城乡居民基本权益平等化、城乡公共服务均等化、城乡居民收入均衡化、城乡要素配置合理化，以及城乡产业发展融合化[32]的城乡发展一体化目标；又可以把成千上万无法仅靠农业消化的农村人口转移出来，进入城镇就业、创业，借助腾出的空间更好地发展农业规模经营和机械化，增加农民收入，有利于遏制城乡差距、工农差距、地区差距扩大的趋势，从根本上解决"三农"问题，推动农村实现"全域、全程、全面小康"，为四川省建成全面小康社会奠定坚实基础。

## 四、"两化"互动、城乡统筹是转型升级发展的内在要求

根据全球经济社会发展普遍规律，我国仍处于工业化、城镇化高速发展期，若继续延续过去传统粗放的发展模式，则会导致产业升级延迟、资源环境恶化、社会矛盾加剧等诸多风险，可能落入"中等收入陷阱"。同时，随着经济社会发展，资源、环境、政策等约束增强，资金、技术、人才等瓶颈增多，主要依靠资源消耗和要素推动的工业化模式不可持续，主要依靠粗放消耗土地资源与廉价劳动力供给保持城镇化高速增长的模式难以为继，转变发展方式势在必行，工业化、城镇化必须进入以提升质量为主的转型发展新阶段。四川省目前正处于工业化、城镇化"双加速"发展关键期。坚持"两化"互动发展，既能加速产业结构转型升级，又能增强经济增长的持久动力，有效避免工业化、城镇化进程不同步和不协调所造成的经济与社会问题，有效解决四川省城镇化滞后于工业化、服务业比重徘徊不前、资源环境压力加大等深层次问题，促进产业结构和空间结构的动态调整适应。另外，目前四川省"三农"问题亟待解决，城乡差距、工农差距、地区差距扩大趋势有待遏制，城乡二元结构矛盾仍需化解，城乡政策制度分割普遍存在。实施城乡统筹发展，破除城乡二元体制，逐步缓解城乡二元结构矛盾，有利于促进城乡生产要素平等流动、合理配置城乡公共资源和加速转变农村生产生活方式，构建现代城市和现代农村和谐相融、协调发展的新型城乡形态。农业大省

和小农大省的客观实际,也决定了四川省城乡统筹发展的重要性和紧迫性。因此,实施"两化"互动、城乡统筹战略,既能促进形成"四化"良性互动、协调发展新态势,又能进一步提升四川省发展质量、优化发展格局、增强发展动力,走出具有四川特点的科学发展、加快发展之路。

## 第二节　"两化"互动、城乡统筹的科学含义

"两化"互动、城乡统筹的发展战略,是全面建成小康社会、谱写中国梦的四川篇章的行动指引,是推进四川"两个跨越"[①]、开创科学发展新局面的主路径和主引擎,具有丰富而深刻的科学内涵。

(1)"两化"互动,即新型工业化、新型城镇化互动发展。新型工业化是信息化工业化深度融合,科技含量高、经济效益好、资源消耗低、环境污染少、人力资源优势得到充分发挥的工业化,更加注重创新驱动、绿色低碳和开放合作;新型城镇化是以新型工业化为内在动力,推动区域人口、经济、社会、资源和环境全面协调发展的城镇化,更加注重区域协调、城乡统筹、产业支撑、城镇质量和可持续发展。推进"两化"互动,实质上是经济社会发展过程中,动态调整产业与空间结构,实现产业发展时间上同步演进,空间上产城一体,布局上功能分区,产业上三产结合。

(2)城乡统筹,即统筹城乡经济社会发展。实质是把农村和城市作为一个有机整体,以城市和农村一体发展的思维统筹推进,促进城乡二元经济结构向城乡经济社会一体化转变,使城乡发展能够互相衔接、互相促进,最终实现城乡差距最小化、城市和农村共同富裕文明。具体来说,就是推进城乡一体化改革,促进城乡生产要素平等交换、公共资源均衡配置、农村生产生活方式同步变革,形成以工促农、以城带乡、工农互惠、城乡一体的新型工农城乡关系,构建城市与农村相互促进、农业与工业联动、经济与社会协调发展的格局。

(3)"两化"互动、城乡统筹的发展战略,实质是坚持以工业强省为主导,把"两化"互动、城乡统筹作为四川推进"两个跨越""四化"同步的主要途径,全面增强产业核心竞争力、城市整体竞争力和区域综合竞争力,加快全面小康和现代化进程。根本要义是坚持科学发展,加快转变经济发展方式,构建城乡一体化发展体制机制,把科技进步与改革创新作为发展的第一推动力,正确处理当前与长远、产业与城市、城镇与农村、经济与社会、开发与保护等重大关系,走资源节约、环境友好的绿色发展、可持续发展之路。基本要求是顶层设计、全域规划;

---

① "两个跨越":四川省委十届三次全会提出,今后一段时间要奋力推进四川从经济大省向经济强省跨越、从总体小康向全面小康跨越。

工业主导、产业兴省;"两化"互动、产城融合;以工促农、城乡一体;系统改革、制度创新;以人为本、群众主体,最终实现城乡互动发展、城乡共同繁荣、城乡居民共享成果的主要目标。

## 第三节 "两化"互动、城乡统筹的主要任务

实施"两化"互动、城乡统筹的发展战略,主要任务是从四川发展阶段性要求出发,以新型工业化为主导、新型城镇化为载体、农业现代化为基础、信息化为支撑,加快构建具有四川特点的现代产业体系、现代城镇体系、现代城乡形态[31]。

(1)构建现代产业体系。坚持走新型工业化道路,推进信息化与工业化深度融合,着力发展实体经济,瞄准高端产业和产业高端,全面推进产业结构优化升级,促进三次产业健康协调发展,逐步形成以现代农业为基础、工业为主导、战略性新兴产业为先导、基础产业为支撑、服务业全面发展的现代产业新体系。

(2)构建现代城镇体系。以人的城镇化为核心,以城市群为主体形态,以综合承载能力为支撑,以体制机制创新为保障,加快转变城镇化发展方式,推动大中小城市和小城镇协调发展,通过改革释放城镇化发展潜力,构建特大城市为核心、区域中心城市为支撑、中小城市为骨干、小城镇为基础,布局合理、层级清晰、功能完善的现代城镇体系。

(3)构建现代城乡形态。坚持工业反哺农业、城市支持农村和多予少取放活方针,推动信息化和工业化深度融合、工业化和城镇化良性互动、城镇化和农业现代化相互协调,促进城乡要素平等交换、公共资源均衡配置和农村生产生活方式同步变革,构建以工促农、以城带乡、工农互惠、城乡一体的新型工农、城乡关系,形成城乡发展一体化新格局。

# 第三章　"两化"互动、城乡统筹的理论背景

理论既源于实践，又超越实践。理论不仅是对实践活动的归纳和总结，更是对实践活动、实践经验和实践成果的批判性反思、规范性矫正、思想性指导。经济社会进步是人类实践活动的根本目标，需要科学的理论进行指导，以保障实践活动的顺利开展，最终推动经济社会的稳定发展。"两化"互动、城乡统筹涉及经济发展战略理论、产业发展理论、城乡发展理论、资源配置与资源开发理论。

## 第一节　经济发展战略理论

经济发展战略理论是指导国家或地区形成全局性的、长远性的和根本性的发展总目标、发展总任务及其实现的关键性对策的一个根本性理论。在所有的理论中，经济发展战略理论处于统领地位，它涉及了经济增长、经济发展、经济发展战略的内涵和类型等内容。

### 一、经济增长与经济发展

经济增长与经济发展始终是政界和学界的一项重大的研究课题。然而，长期以来，两者被认为等同或可以并列使用，这就导致经济较快增长，经济发展不及经济增速。因此，对经济增长与经济发展的内涵与外延进行科学的界定，并明晰两者的关系是非常必要的。

（一）经济增长

经济增长通常是指一个国家或地区在一定时期内由于劳动力规模的提高、资本的积累、技术的进步和产业结构的改进等，对经济生产过程中产生了积极影响，进而推动了经济规模总量的不断提高[33]。经济规模总量的提高，不仅包括由于要素投入量增加带来的产出增加，还包括由于生产效率提高、经营管理效率改进带来的产出增加。一般来说，经济增长一般使用国内生产总值（Gross Domestic Product，GDP）、人均国内生产总值（人均GDP）或两者的增长率四个经济指标进行衡量。

经济增长源的不同导致了经济增长方式的不同，经济增长方式一般可分为粗

放型经济增长和集约型经济增长。粗放型经济增长也称为外延型经济增长，是指国家或地区依靠劳动、资本、资源等要素总量的增加和生产规模的外延扩张，而获得产出总量的不断扩张。集约型经济增长或内涵型经济增长，是指国家或地区遵循资源环境有限承载力的规律，不依托扩大生产规模，而依托要素资源的优化配置、技术的快速进步、劳动者素质的提高和经营管理效率的提升，推动劳动生产率或全要素生产率不断提高，进而推动产出持续增加。

经济增长方式的划分不是绝对的，而是相对的。一个国家或地区的经济增长过程往往伴随着两种经济增长方式的相互交叉。一般来说，在经济增长的起飞阶段和快速发展阶段，往往主要依靠大量投入生产要素与扩大生产规模推动经济规模总量的增加。但是这种增长方式并不是持久的，往往会伴随要素贡献率的下降和资源环境约束的趋紧等制约经济增长的瓶颈出现，此时经济增长方式将由重数量增长向重质量增长转变，粗放型增长方式将渐进转向集约型增长方式。在集约型增长方式下，各种要素资源的利用率有了大幅提升，经济增长的主要动力也由要素投入量的增加变为要素质量和生产效率的提升。需要指出的是，在集约增长过程中，市场规模的不断扩大也促进了生产规模的逐渐扩张，只是生产的外延扩张显得更为理性，粗放模式的主导经济增长地位也已经让位于集约模式。

## （二）经济发展

经济发展一词是20世纪70年代间，在经济不断增长的背景下，为了克服或消除不平等、贫困和失业等问题而提出的。正如著名的发展经济学家托达罗所说的那样：经济发展是涉及社会结构、人的态度和国家制度以及加速经济增长、减少不平等和根除绝对贫困等主要变化的多方面过程[34]。由此可见，经济发展是一个复杂的动态变迁过程。

经济增长更关注物质生产中"量"的概念，较之而言，经济发展既关注物质产出，又包含生产背后技术与体制上的变革。总体而言，经济发展是反映一个国家或地区经济社会总体发展水平的综合性概念，不仅包括经济增长，还包括国民社会经济结构、制度变革、意识形态等方面。从实质上来看，经济发展意味着经济社会结构全方位的变化，人们对物质和精神条件满意度的提高。

从科学的发展观来看，经济发展不仅包括经济的高效增长，还包括经济与社会的协调发展以及人和自然环境、经济社会与自然环境的和谐发展等基本要义。也就是说，经济发展要求总量与效益的统一，即要以最少的要素投入、资源消耗、环境成本博取最大的经济效益，并在发展的过程中不断消除绝对贫困、两极分化、失业等不平等现象。从这个意义上来讲，可持续、快速、高效、健康以及公平是经济发展最为本质的含义。

## （三）区别联系

在现实生活中，人们往往将经济增长与经济发展两个概念混为一谈，认为经济高速增长、经济规模总量显著提高，经济就发展了。实际上，经济增长与经济发展并不能够等同、并列或互换。经济增长与经济发展并不是同一过程，两者既有明显的区别，又有显著的联系。

经济发展的内涵包括经济增长，经济增长是经济发展的基础。经济发展的范畴广于经济增长，经济发展不仅要求产出总量的增加，还要求国民生活质量的全面提高，使更多的人参与经济成果的分享，营造公平和谐的社会氛围，同时也要实现经济社会与生态环境的和谐。也就是说，经济发展不仅重视物质文明，更重视精神文明和生态文明，是三种文明的协调共进的一个过程。

经济增长与经济发展又是相互依存的，经济增长是经济发展的基础条件与前提条件。经济增长为经济发展提供物质基础，经济发展则为经济增长指引目标。经济发展需要经济增长提供坚实的物质产品予以保障，可以说没有经济增长就没有经济发展。然而，高速的经济增长不一定会有高质的经济发展，只有注重量与质统一、比例结构协调的经济增长才能促进经济发展。

## 二、经济发展战略

战略一词最早是一种军事术语，主要是指战争的方略、谋略的意思。19 世纪德国杰出的军事理论家克劳塞维茨认为：战略是为了达到战争目的而对战斗的运用。总体来说，战略是指导战争全局的计划和策略。在以后的经济社会发展过程中，战略一词逐步从军事领域移植到经济、政治、社会等领域，出现了经济战略、政治战略、社会战略等提法。

经济战略的提出源于第二次世界大战以后兴起的发展经济学。发展经济学在探讨落后国家的发展过程中，产生了各种有关经济发展的理论与学说，其中发展战略问题又是最突出的内容，经济发展战略也就成为人们所熟知的概念。具体来说，经济发展战略是国家或地区遵循经济发展规律，为了推动经济发展，依据特定时期阶段的区情域情，而制定的一系列国民经济发展指导思想。

中外经济学家所站的角度迥异，提出的经济发展战略也有所不同。目前主要有四类发展战略：平衡发展战略、不均衡发展战略、梯度推移发展战略和跳跃发展战略。尽管其侧重点有所不同，但是它们存在着一些共性，如都有主体性、全局性、长期性和对策性四大特征；都要以基本国情或区情、客观规律和外部环境为基本依据；而且一般也包含制定战略的实际和理论依据，发展的总体目标和具体目标，实现战略目标的途径、手段和相关政策三个方面的基本内容。

发展战略模式确定之后，就要相应地制定发展战略的实施方案，因为发展战略一般都是长期的远景规划，是以后几十年内地区发展的指导性纲领，它必须通过短期的阶段性计划加以具体化，才能在经济发展过程中实现，所以，经济发展战略的内容，一是选择发展战略模式，二是制定发展战略规划。经济发展战略规划一般包括战略目标、战略重点、战略步骤、战略对策等几个部分。

# 第二节　产业发展理论

产业发展是推动经济社会发展进步的根本驱动力。一个国家或地区产业的健康、快速发展离不开科学的产业发展理论指导。本节主要介绍产业发展理论中较为重要的四种理论：产业选择理论、产业结构优化理论、产业转型升级理论和产业布局理论。

## 一、产业选择理论

产业发展的关键在于产业选择。一个国家或地区的产业体系由众多产业构成，如何选择适合区情域情的产业至关重要。按照各个产业在产业系统中的地位、作用和功能，可将国家或区域内部的全部产业划分为四个大类：主导产业、支柱产业、关联产业和配套产业。

### （一）主导产业

在经济发展过程中，各个产业在区域产业系统中的地位、作用和功能是不同的，其中有一个或几个产业处于主要的支配地位，这就是主导产业[35]。具体来说，主导产业是那些在国民经济中占有较大比重，技术水平先进，增长率较高，关联度强，对其他产业和经济发展有较强推动作用的产业，或者是当时对经济发展的作用还不大，但是具有较大的发展潜力和较好的发展前景，代表了产业的未来发展方向，可以在短时间内成长为具有较高总产出比重的产业。

主导产业具有显著的四个特征：一是主导产业具有较大的产业比重和较强的前向、后向和旁侧关联作用；二是受资源禀赋、制度环境和历史文化等因素的影响，主导产业表现出区域差异化特征；三是主导产业具有动态演化特性，随经济发展阶段的不同而变化；四是主导产业具有多层次性，处于国家或地区产业发展战略地位的主导产业应该是不同类型、不同水平、多层次的主导产业群，以实现产业发展的多重目标。

主导产业对产业发展的作用十分重大，如何选择主导产业呢？我们认为主导产业的选择主要有如下五个标准：第一，关联基准。主导产业应该具备较强的关联效应，如能够向前关联带动上游产业的发展，能够向后关联带动下游产业的发展，能够旁侧关联带动其他相关产业的发展。第二，收入弹性基准或增长潜力基准。具有较高的需求收入弹性的产业往往能够获得较快的增长率，并带动相关产业发展，有利于国民收入的增加。第三，技术密集和生产率上升基准。技术密集的产业，往往能够促进劳动生产率的提升，提高资源使用效率，有利于经济持续高速发展。第四，就业基准。从吸纳劳动力的角度来看，作为主导产业的产业要能够创造较多的就业岗位，吸纳较多劳动力的产业，有利于居民收入较快增加，消除贫困。第五，可持续发展基准。选择拥有较高的生产率、较强关联效应和较大的产值比重，而且资源消耗较少和污染较低的产业作为主导产业，有利于产业持续、健康的发展。

## （二）支柱产业

支柱产业是指在整个国民经济产业结构体系中占较大比重，具有较快的发展速度，对国民经济起着引导和推动作用的产业[36]。与其他产业相比，支柱产业具有较强的连锁效应，能够刺激新产业的产生和发展，对为其提供生产资料的各部门、所处地区的经济结构和发展变化有着深刻而广泛的影响。需要指出的是，支柱产业一定是主导产业，但是主导产业不一定是支柱产业。

与主导产业相比，支柱产业更侧重于产值和利润。具体而言，支柱产业有如下特点：第一，注重产值。支柱产业更加强调产值在总产出中的比重。第二，注重当期。当前产值比重大的产业就是支柱产业，即使其产值有下降趋势，但比重仍较大，依然是支柱产业。第三，注重发展。支柱产业要求有较大的市场规模和较高的需求弹性，能够快速提高劳动生产率，不断降低生产成本。第四，注重就业。支柱产业要求能够创造就业岗位、吸纳劳动力。第五，注重带动作用。支柱产业拥有较强的带动能力，能够推动其他产业发展。

支柱产业的选择标准与主导产业类似，主要有以下四个准则：第一，产值准则。作为支柱产业的产业增加值在国民经济中的比重要在5%以上，对经济增长的贡献较大，能够为经济发展提供较多积累。第二，生产率上升和需求收入弹性准则。作为支柱产业的产业不仅要有较快的技术进步速度，生产成本低，投入产出高，而且其产品应该具有较高的需求收入弹性。第三，扩散效应准则。作为支柱产业的产业应该具有较强的扩散效应，即回顾效应、旁侧效应和前向效应，推动整个国民经济的发展。第四，动态比较优势准则。参照发达国家或地区支柱产业更替的经验，保护、扶持本地区的新兴幼小产业的发展，将其由比较劣势的产业培育成具有比较优势的支柱产业。

## （三）关联产业

关联产业是相较于主导产业而言的，它是直接配合和围绕主导产业发展起来的产业，在投入产出或工艺、技术上与主导产业的联系最直接也最密切，可以说是为主导产业的建设发展而存在的。关联产业是主导产业的协作配套部门，因主导产业的不同而有所不同，有什么样的主导产业，就相应地要求发展什么样的关联产业，主导产业发展到什么程度，关联产业也就应该发展到什么程度。按照主导产业的三种关联效应，关联产业可以分为前向关联产业、后向关联产业和旁侧关联产业三大类型[35]。

关联产业具有以下几个显著特点：第一，不可或缺性。关联产业是保障主导产业的生产经营而生的产业，与主导产业有着紧密的联系，关联产业的缺失将会制约主导产业发展，不利于经济发展。第二，多样性。主导产业生产过程所需的各种生产要素都需要相关产业予以供给，而且其最终产品也需要其他产业予以购买消费等，这就推动了不同类别的多种产业的产生和发展，共同构成关联产业体系。第三，链条性。依据关联产业与主体产业的关系，形成了具有保障主体产业从生产到消费循环过程的支撑产业链以及因主体产业、某些关联产业的发展带动其他产业发展的带动产业链。

## （四）配套产业

配套产业也称为基础产业，除了主导产业、支柱产业和关联产业以外的其他所有产业都可以称为配套产业，它是主导产业、支柱产业和关联产业的基础。配套产业是为发展社会生产和保证生活供应而提供公共服务的部门、设施、机构的总体，包括生产性配套产业、生活性配套产业和社会性配套产业三大部门[35]。

配套产业具有几个典型的特征：一是基础性。配套产业一般处于产业链条的上游，其产品或服务往往是生产和生活所必需的。二是垄断性与竞争性并存。某些配套产业要求较大的固定资产投资，具有边际成本递减特性，垄断经营的效率反而更高；而某些配套产业的沉没成本较小，反而更加适合竞争经营。三是超前性。配套产业往往对其他产业有较强的制约作用，需要超前发展。四是必要的管制性。由于大部分配套产业属于垄断经营，为避免垄断带来的效率损失，对其进行严格的管制是有必要的。五是不可替代性。配套产业往往为社会提供必需的和基础性的产品或服务，在整个产业体系中不可或缺。

## 二、产业结构优化理论

产业结构是最为重要的一种经济结构，产业结构是否合理决定了经济发展水平的高低、发展速度的快慢。因此，明晰产业结构的内涵、发掘产业结构的演进规律有利于构建合理的产业结构，推动经济社会较快发展。

### （一）产业结构的内涵

一般来说，"结构"是指事物的各个构成部分的组合及其相互关系。产业结构，从字面上来看，既可以理解为某个产业内部企业间的关系结构，又可以解释为各个产业之间的关系结构。实际上，产业结构的这两层意思说明了产业结构的广义性，而通常理解的产业结构的含义仅是指后者，即狭义的产业结构。

具体来说，狭义层面上的产业结构的主要内容包括：构成产业总体的产业类型、组合方式，各产业之间的经济技术联系，各产业的技术基础、发展程度及其在国民经济中的地位和作用。

### （二）产业结构的类型

产业种类繁多，产业结构也有多种类型。按照三种不同的划分标准，主要有如下产业结构类型[36]。

（1）三次产业分类法下的产业结构类型。整个产业系统，可以分为第一产业、第二产业和第三产业三大门类，依据三次产业的增加值在国民经济总产出所占比重和所处地位的不同进行排序，位序越靠前表示该类产业的比重越大、地位越高。进而，产业结构可以分为四大类别：金字塔形的3、2、1结构（其中，1表示第一产业、2表示第二产业、3表示第三产业）；橄榄形的2、3、1或2、1、3结构；哑铃形的1、3、2或3、1、2结构；倒金字塔形的3、2、1结构。

（2）农、轻、重产业分类下的产业结构类型。依据物质生产部分划分为农业、轻工业、重工业的分类方法，按照三者在国民经济中地位的不同，产业结构可以分为重型结构、轻型结构、以农为主型结构三种类型。重型结构是重工业占主导地位的产业结构，一般是处于工业化中期阶段或片面强调重工业发展的国家或地区所采取的产业结构。轻型结构是轻工业占主导地位的产业结构，一般是处于工业化初期的国家或地区采取的产业结构。以农为主型结构是农业占主导地位的产业结构，一般是没有发动工业化的国家或地区呈现的一种产业结构状态。

（3）不同产业发展水平下的产业结构类型。依据产业的发展水平、技术层次、要素密集程度以及增加值的大小等因素的不同，产业结构可以分为初级结构、中级结构和高级结构三种类型。初级结构产业发展水平最低，往往是与工业化初期阶段相适应的产业结构，这种结构下由劳动密集、加工度较低、技术水平落后、附加值低的产业占主导地位。中级结构产业发展水平比初级高，但又不是最高，通常是工业化中期阶段下的产业结构，这种结构下资本密集、加工度、技术水平和附加值较高的产业占主导地位。高级结构产业发展水平最高，一般是工业化中期后半段或后期的产业结构，这种结构下技术密集、高加工度、高附加值的高新技术产业占主导地位。

## （三）产业结构演进规律

产业结构是随着经济和非经济因素的变化而不断变动，对经济发展有着重要的影响。只有把握产业结构演进的一般规律，才能制定科学的产业政策，引导产业健康发展。产业结构演进的一般规律主要有：三次产业变动规律、工业化重工化规律、高加工度规律、技术密集化规律[37]。

（1）三次产业变动规律。三次产业变动规律是由经济学家配第和克拉克发现的三次产业之间劳动力变化规律发展而来的，因此也称为配第-克拉克定律。诺贝尔经济学奖获得者库兹涅茨将三次产业产值的比重变化与劳动力变化结合，进一步完善了该定律。三次产业变动规律是关于不同产业实现国民收入的比重和吸纳劳动力的比重的一般变动趋势，其具体内容是：随着人均国民收入的增加，农业实现的国民收入比重和农业劳动力的比重不断下降，二产实现国民收入的比重和吸纳劳动力的比重呈现先上升后下降的趋势，而三产实现的国民收入的比重和吸纳劳动力的比重都将不断上升。

（2）工业化重工化规律。工业化重工化规律是一个国家或地区在工业化的进程中，消费资料工业与资本资料工业之间增加值的比例关系逐渐变化，工业结构凸显重工化的规律。这一规律是由经济学家霍夫曼发现的，因此也称为霍夫曼定律，消费资料工业与资本资料工业之间增加值的比例也称为霍夫曼比例。按照此规律，工业化可分为四个阶段：第一阶段，霍夫曼比例在4～6，消费资料工业占绝对主导地位；第二阶段，霍夫曼比例在1.5～3.5，消费资料工业仍占主导地位，但资本资料工业已有长足的发展；第三阶段，霍夫曼比例在1～1.5，消费资料工业与资本资料工业规模大致相当；第四阶段，霍夫曼比例小于1，消费资料工业的规模小于资本资料工业，资本资料工业占据主导地位。

（3）高加工度规律。高加工度规律是指在工业化重工化的过程中，无论轻工业还是重工业，都会发生由原材料工业为中心的结构向以精加工、深加工、组装工业为中心的结构转化，加工组装工业的发展速度和规模逐渐超越原材料工业，工业增长对原材料的依赖程度相对下降，工业加工程度不断深化的一种产业结构变化规律。按照此规律，工业化过程可以分为以原材料工业为重心的发展阶段和以加工组装工业为重心的发展阶段。

（4）技术密集化规律。技术密集化规律是指在工业化过程中，工业的要素资源结构呈现出以资本技术为主体的结构演进趋势。在工业化初期，工业要素资源结构是以劳动密集化为主体的。随着工业结构重工化的推进，工业要素资源结构中的资本积累及积累能力将居突出地位，形成以资本密集化工业为主的阶段。此后，随着工业结构高加工度化的发展，技术资本品的质量和劳动力质量将成为工业资源结构中最为重要的影响因素，从而使工业化过程进入技术密集化阶段。

## 三、产业转型升级理论

国民经济的发达与否取决于产业结构的优劣，而产业结构的优劣又是由区域内部产业在生命周期中所处阶段来决定的。因此，充分把握产业结构转型升级规律，推动产业转型升级，优化产业内部结构就顺理成章地成为促进经济快速发展的关键所在。

### （一）产业生命周期

产业生命周期源于弗农的产品生命周期理论。弗农认为：产品就像有生命特征的生物要经历出生、成长、成熟和死亡一样，产品从进入市场到最终退出市场也要大致经历创新、扩张、成熟和衰退四个阶段[38]。与产品一样，产业的成长与发展也具有生命周期的特征。产业生命周期是指产业从产生到完全退出经济活动的过程。随着时间的推移，这个过程可以分为萌芽期、成长期、成熟期和衰退期四个时间段，如图3-1所示。

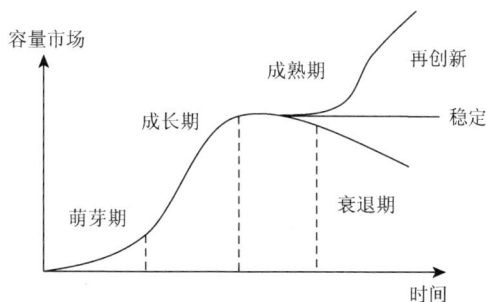

图 3-1　产业生命周期

萌芽期是产业的缓慢发展阶段，此阶段产业作为新兴产业逐步向市场推广新产品，规模缓慢扩张，为下一阶段的快速扩张蓄积力量。成长期是产业的快速发展阶段，此阶段新产品被市场所接受，需求规模大幅上升，产业的规模和产值都呈现出不同程度的增长。成熟期是产业的稳定发展阶段，此阶段产业的规模和产品销量都趋于稳定，受竞争加剧、成本上升、政策限制等因素的影响，产业的优势慢慢丧失，逐渐步入衰退期。但是需要指出，并不是所有的产业都会直接进入衰退期或完全消失，例如，产业因再创新的出现而形成新的优势，重新进入新一轮的扩张期；产业也可能因许可证、专利时间的延长而在较长时间内处于成熟期；产业即使步入衰退期，也可能因为战略需要而长期存在。

## （二）产业内部结构

产业内部结构不同于产业之间的结构关系，它是各大类产业，如三次产业等内部的具体产业部门的构成、类型、发展水平以及各产业部门之间的数量比例关系、产值比例关系、投入产出关系等。

产业内部结构的合理与否直接关系到产业之间的结构水平。合理的产业内部结构有利于形成高级的产业间结构，有利于促进社会大生产循环，有利于推动国民经济的协调稳定发展。相反地，不合理的产业内部结构则会造成投入产出比例失调，出现资源浪费和过剩与短缺并存的现象，阻碍了社会大生产的再循环，制约产业结构的高级化，阻碍国民经济健康发展。

## （三）产业转型升级规律

基于产业生命周期理论，研究产业内部结构，发现产业转型升级规律是产业转型升级理论的主要目标。从各国的产业发展经验来看，产业转型升级规律主要有：产业调整发展规律、主导产业更替规律、产业结构高级化规律。

（1）产业调整发展规律。产业调整发展规律是指在经济发展过程中，产业或产业内部具体部门及其微观企业依据市场机制和政府调控机制自我调整、优化升级的一种规律。由于既有的产业不都是代表产业未来发展方向的，大量存在着技术水平落后的产业或企业，受市场竞争和产业政策干预，这些产业或企业将会主动或被动加大创新力度，研发新技术或引进新技术，不断淘汰落后产能，在强化自我发展能力的同时，推动产业整体升级转型，优化产业结构，从而促进经济快速发展。

（2）主导产业更替规律。主导产业更替规律是指主导产业随着经济发展阶段的不同，而不断更替变化的一种产业转型升级规律。主导产业的更替变换一般表现为,从以农业为主导的结构开始,按顺序依次向以轻工业为主导的结构、以基础产业的重工业为主导的结构、以高加工度的重工业为主导的结构、以服务业为主导的结构、以信息产业或高新技术产业为主导的结构不断演进。

(3)产业结构高级化规律。产业结构高级化规律是指伴随国民经济的发展,产业总体发展水平不断提高或产业结构由低水平状态向高水平状态不断演进的规律。产业的不断转型升级推动了产业整体的结构水平逐步由技术水平不高、劳动密集、低加工度、低附加值、以一产为主的初级结构向技术水平较高、资本技术密集、高加工度、高附加值、以二产或三产为主的中级结构或高级结构演进,最终促进经济发展高水平化。

## 四、产业布局理论

产业布局实质上是要素资源的空间配置,产业的空间分布是否合理决定了资源的配置和使用是否高效,进而影响到国民经济能否协调发展。产业布局理论是研究产业空间分布状况及其规律的理论,对一个国家或地区合理的产业空间分布结构的形成有重要指导意义。

### (一)产业布局的内涵

产业布局是一种具有全面性、长远性和战略性的经济布局,从产业的地区结构方面反映着国家或地区产业发展的规模和水平。产业布局又称为产业分布、产业空间配置,是指国民经济系统中的所有产业在一定地域空间上的空间分布与组合。具体来说,产业布局是指企业组织、生产要素和生产能力在地域空间上的集中和分散情况。

产业布局有静态和动态双重内涵。从静态层面加以理解,产业布局是构成产业的各个部门、各种要素、各种链环在空间上的分布态势和地域上的组合。从动态层面进行分析,产业布局则表现为各种资源、各种生产要素、各个企业以及各个产业为选择最佳的区位而形成的在空间地域上的流动、转移或重新组合的配置和再配置过程。

### (二)产业布局的原则

无论市场机制还是计划机制,抑或是市场与计划相结合的机制形成的产业布局都是在遵守一定原则的前提下,有序进行的。具体来说,产业布局的原则主要有六个:经济效益原则、比较优势原则、分工合作原则、集中分散相结合原则、全局长远性原则、可持续发展原则[36]。

（1）经济效益原则。经济效益原则是指产业的空间布局要按照经济效益最大化标准，合理确定产业区位。产业的布局是否合理直接关系到产业生产经营成本的高低，对经济效益有着重大影响。同时，产业布局还受到制度、政治、军事等因素的影响，合理的产业布局应尽可能将这些外部影响降低至最小，以实现最大化经济效益。

（2）比较优势原则。比较优势原则是指产业的空间布局应充分考虑国家或地区的资源禀赋状况、技术发展水平、区域分工格局等因素的影响，使产业的地理分布能够尽可能发挥地区的比较优势，大力发展特色优势产业，以形成具有差异性的区域产业发展格局。同时，也要依据经济发展阶段和外部环境条件的变化及时调整产业的空间布局，以形成具有相对差异性的产业空间布局结构。

（3）分工合作原则。分工合作原则要求产业布局应立足于区域资源禀赋的产业，体现劳动地域分工与地区综合发展相结合、地区生产专门化与多样化相结合的关系，这样不仅能够充分发挥不同地域的优势，而且能最大限度地节约劳动、提高资源的配置和使用效率，促进区际贸易的发展，推动整个国民经济的发展。

（4）集中分散相结合原则。产业在空间上的分布有集中和分散两种趋势，产业向地理区位的集中能够获得规模经济效益和聚集经济效益，但是过度的集中又会产生集聚不经济现象，这就驱使产业空间上的分散布局。所以，产业的布局应坚持集中分散相结合原则，在产业发展的初期通过集中布局获取聚集经济效益，而当产业发展到一定阶段时，尤其是聚集不经济初露端倪时，应通过适当分散的产业布局避免或防止聚集不经济现象的发生，提高经济效益。

（5）全局长远性原则。全局长远性原则要求产业布局应充分发挥各地区的比较优势，协调局部与全局的相互关系，在局部与全局利益存在冲突时，应坚持局部利益服从全局利益；而且，要根据各个时期经济发展的需要进行产业布局，协调短期与长期的相互关系，在短期利益与长期利益存在矛盾时，应做到短期利益服从长远利益。

（6）可持续发展原则。可持续发展原则要求产业的空间布局不能盲目按照经济效益优先原则，而忽视社会效益和生态效益，要遵从经济效益、社会效益与生态效益统一的发展规律，在产业布局发展的过程中，不仅要重视经济效益，还要注重产业布局的社会效益，更不能忽视产业布局的生态效益。

## （三）产业园区和集群发展规律

随着经济发展对产业空间布局要求的提高，产业布局逐渐呈现出园区化、集聚化和集群化的发展态势。

　　产业园区化发展实际上解决了产业在何处布局、特定空间布局何种产业的问题。产业园区是国家或地区为强化功能建设,有序、高效地利用空间,而专门划定的、供一种或多种产业布局使用的地理空间范围。依据园区功能和布局产业的不同,可以分为两大类:一是用于综合发展的、布局多种产业的综合产业园区,如各类经济区、开发区、综合保税区等;二是用于发挥比较优势的、布局特定产业的专业产业园区,如文化产业园区、汽车工业园区、现代农业产业园区、电子信息产业园区等。产业园区化发展有效地避免了空间无序布局带来的诸多负面问题,已成为国家或地区产业布局发展的普遍现象。

　　产业集聚化和集群化发展实际上解决了产业空间组织、资源配置组合利用的问题。产业集聚是为获得规模经济和外部经济,强化分工与协作关系,实现生产要素产业和地理的高效配置,自发地通过纵向一体化和横向关联在空间上形成的产业网络组织过程。产业集聚发展到一定阶段便产生了产业集群。产业集群是产业集聚高级化的产物,是围绕特定产业的若干产业在地域上聚集而形成的产业群体,又是一种不同于单个产业组织的新的产业空间网络组织形式。产业集群的组成主体包括:最终产品或服务的供给厂商或企业,专业原件、零部件、机器设备以及服务的供应商、金融机构以及相关产业的厂商,下游产业的销售渠道、顾客服务等机构,互补性的产品供应商,专业化的基础设施供应商,政府和其他提供专业化训练、教育、信息、研究和技术支援的机构,制定标准的机构和对产业集群有重大影响的同业公会以及其他有支撑作用的民间团体等[36]。产业集聚化和集群化发展已普遍存在于发达国家与发展中国家,它与产业园区化发展相辅相成,共同推进产业地理空间布局的合理化和高度化发展。

# 第三节  城乡发展理论

　　伴随着城镇化、工业化的推进,城乡二元结构问题对经济社会发展的制约作用越来越突出。城乡发展理论就是研究如何破除城乡二元结构,重建城市与乡村的联系,推动城市与乡村共同发展。城乡发展理论主要有城乡融合发展理论、城乡统筹发展理论和城乡一体化发展理论。

## 一、城乡融合发展理论

　　城乡融合发展理论是由无产阶级革命导师马克思和恩格斯提出的。在马克思和恩格斯看来,18世纪在英国出现的工业革命一方面加快了市场经济国家的城市化进程,另一方面又使城乡关系从相互依存转向相互分离和相互对立。一个民族内部的分工,首先引起工商业劳动同农业劳动的分离,从而也引起城乡的分离和城乡利益的对立。城乡的对立贯穿于资本主义经济发展的始终，一切发达的、以商品交换为中介的分工的基础，都是城乡的分离。可以说，社会的全部经济史，都概括为这种对立的运动[39]。城市与农村的分离在积聚社会发展动力的同时，也破坏着人和土地间的物质交换，也就是使人以衣食形式消费的土地的组成部分不能回归土地，从而破坏土地持久肥力的永恒的自然条件。这样，它同时就破坏城市工人的身体健康和农村工人的精神生活。这又必然导致城乡由分离走向结合[40]。

总之，马克思和恩格斯的城乡融合发展理论表明，城市与乡村的分离是劳动分工与经济社会发展的必然结果，是随着野蛮向文明的过渡、部落制度向国家的过渡、地方局限性向民族的过渡而开始的，它贯穿着全部文明的历史并一直延续到现在。由于农业与工业的对立以及大的生产中心的形成，农村孤立化的程度不断加剧。在城市与乡村对立发展到一定阶段后，城市与乡村又必然打破对立发展格局，共享发展成果，走向融合、协调发展道路。

## 二、城乡统筹发展理论

城乡统筹发展位于"五个统筹"的首位，其重要地位不言而喻。城乡统筹发展是党的十六大提出的重要战略思想，旨在通过城乡统筹发展消灭城市与乡村的对立发展、破除城乡二元经济社会结构、缩小城市与乡村的发展差距、解决"三农"发展问题，最终建立"地位平等、开放互通、互补互促、共同进步"的城乡经济社会发展新格局。

城乡统筹发展主要有两层基本含义：其一，城乡之间的关系和发展，要做到统筹兼顾，不能顾此失彼；其二，经济与社会发展，两者应该相互协调，共同推进，在经济高速发展的过程中，要实现社会的共同演进。

## 三、城乡一体化发展理论

党的十七大明确提出要形成城乡经济社会一体化发展格局，十七届三中全会要求2020年建立城乡一体化发展的体制机制，党的十八大更是将城乡一体化发展视为破除城乡二元结构和解决"三农"问题的根本途径。城乡一体化的目的在于改变农村贫穷落后的面貌，消除城乡差距，由城乡二元结构转向城乡一元结构的现代化结构，最终实现城乡居民政治、经济和社会地位的平等，城乡生活方式的趋同，公共物品的享受基本一致。它不是完全消除城乡的差异，而是在保持城市与乡村各自特色和职能的同时，从经济、社会和空间等方面融合城乡发展。一体化之后的城市和乡村充分发挥各自的优势，各种要素能够在城乡之间自由流动，城乡经济、社会、文化相互渗透、融合与高度依存[41]。城乡一体化发展的内容较多，主要涉及城乡规划、产业发展、市场体制、基础设施、公共服务和管理体制六大领域的一体化。

## （一）城乡规划方面

城乡规划一体化是指要打破以往仅从城市区域发展出发制定各类规划的做法，将规划范围、内容及管理从城市拓展到城乡，按照城乡统筹发展的要求，对城乡经济和社会发展总体规划、城乡总体规划、土地利用规划及各专项规划进行统筹安排、综合布局和指导管理。

## （二）产业发展方面

城乡产业发展一体化是指一个国家或地区的城市与乡村根据各自的资源条件，统筹城乡产业发展方向、重点和布局，促进三大产业在城乡之间广泛联合，实现城乡产业优势互补，最终形成的一种城乡产业互动、城乡经济共融的现代城乡产业发展体系。

## （三）市场体制方面

城乡市场体制一体化，就是要求改变在生产要素的配置和使用上的城市倾斜政策，打破限制土地、劳动力、资金、科技等生产要素自由流动的体制性障碍，在城市和农村中确立起基于社会主义市场经济"一体"的管理体制和运行机制，从而实现城乡资源的市场化配置。

## （四）基础设施方面

城乡基础设施一体化表现在两个方面：一是要改变城市与农村在公共服务设施中不平等的现状，逐步在基础要素上实现均等化和一体化；二是要打破城市和农村的界限，延伸城市的外围，通过乡村基础设施水平的提高，深化城市与乡村的沟通，使基础设施成为联系城市与乡村发展的纽带。

## （五）公共服务方面

城乡公共服务一体化是针对我国计划经济体制下形成的城市偏向的公共服务

供给制度而提出的，是指从制度安排上打破城乡二元治理结构，在坚持社会公平、正义理念下，政府统筹城乡基本公共服务建设，逐步实现基本公共服务均等化，形成城乡平等的经济社会发展环境。

## （六）管理体制方面

城乡管理体制一体化是针对我国计划经济体制下形成的城市偏向的行政管理体制而提出的，其实质是从宏观制度上打破城乡二元治理结构，破除城乡管理体制上的不一致，建立城乡一体的行政管理、财政管理、基层治理体制机制，营造城乡平等的发展环境。

# 第四节　资源配置与资源开发理论

资源是经济社会发展进步的基础和支撑。资源不富足的国家或地区的经济社会往往不能实现快速的发展，资源的配置与开发状况同样影响着地区的经济社会发展。实现资源的高效配置组合与集约开发利用，推动经济社会发展是资源配置与开发理论研究的主旨所在。

## 一、资源

资源是一个国家或地区范围内拥有的物力、财力以及人力等各种物质要素的总称。资源有狭义和广义之分。狭义的资源仅是指阳光、空气、水、土壤、森林、草原、矿产、石油、天然气等自然资源；广义的资源不仅包括自然资源，还包括多种非自然资源，如劳动力、资本、信息、文化以及经过劳动创造的各种物质产品或物质财富等。

区域内部的资源种类是繁多的，众多的资源可以按照其性质、用途、形态和状况进行分类。

按照资源性质进行分类，可分为自然资源和非自然资源。其中，自然资源从能否再生的角度来看，可分为可再生资源（如水能、太阳能、风能等）和不可再生资源或耗竭性资源（如石油、煤炭等）；从资源利用的控制角度来看，可分为专有资源（国家控制或管辖的资源）和共享资源（公海、空气、太空等）。而非自然资源又可细分为社会经济资源（如人力、资本、信息等）和人文资源（知识、技术、文化、观念、管理等）。因此，资源可分为自然资源、社会经济资源以及人文资源三大类[42]。

按照资源用途进行分类，可分为农业资源、工业资源、信息和服务资源；按照资源形成进行分类,可分为有形资源(如物力、财力、人力、空间场所等)和无形资源(如技术、信息、知识、组织、关系等);按资源状况进行分类,可分为现实资源(已经认识和开发的资源)、潜在资源(尚未被认识或已被认识却因技术原因而未开发的资源)和废物资源(一定技术水平下被认为是废物,但随着技术进步又使其转化为可被利用的资源)。

## 二、资源配置

相对于人欲望的无限性,资源是有限的,这就决定了人类的经济社会活动需要对资源进行配置。资源配置是指一个国家或地区通过一定的方式将所拥有的、有限的一切资源合理地分配到各个经济领域、各个生产部门或社会服务部门中,以实现资源的高效利用,最终达到以最少的资源耗费生产出最适用的产品或劳务的目标,获得最佳的经济效益。

资源配置主要是通过市场和政府两个主体的调节引导功能实现的。其中,市场是资源配置最基本的主体,政府是资源配置的辅助主体,与市场一起共同促进资源的高效配置。

与资源配置的主体相对应,资源配置方式也有两个:一是市场调节配置方式;二是计划调控配置方式。资源的市场调节配置方式是根据价值规律,充分发挥市场的调节功能,引导微观主体自发地进行资源配置组合的一种方式。但是,市场机制的调节作用往往具有盲目性和滞后性,容易导致资源匹配的部门、区域失衡,这就需要计划调控机制予以弥补。资源的计划调控配置方式是政府依靠行政命令、战略规划、财政政策等宏观调控手段,为平衡部门之间、区域之间的发展,对所掌握或控制的资源进行配置或再配置的一种方式。需要指出的是,现代的计划调控配置方式已经褪去了行政命令色彩,通常是战略性的、指导性的、可预见性的有约束性的计划调控引导模式。

## 三、资源开发

资源开发是资源配置与使用的前提,是经济社会增加物质财富的基础。资源开发是人们通过规划和物化劳动,利用矿产、能源、土地等自然资源和劳动力、资本、技术、信息等非自然资源以及提高资源利用价值的过程。资源开发不仅要重视资源的经济效益,更要重视资源的社会效益和经济效益。资源开发的战略原则是合理开发非再生资源,努力开发可再生资源,充分开发社会经济资源和社会人文资源。

资源开发是一个经济现象,又是一个非常复杂的社会现象。从不同的角度或按照不同的标准，可以对资源开发进行以下几种不同的分类[43]。

（1）按照资源开发的内容不同，可以把资源开发分为自然资源开发、社会经济资源开发和社会人文资源开发。自然资源开发又可分为矿产资源开发、旅游资源开发、生物资源开发等；社会经济资源开发和社会人文资源开发也可分为人力资源开发、资本资源开发、文化资源开发、知识技术资源开发等。

（2）按照资源开发的方向不同，可以把资源开发分为横向资源开发与纵向资源开发两种。横向资源开发是指从某一种功能的需要出发，对各种不同的资源进行水平开发或者广度开发，以满足某一种功能的需要，如制糖业围绕糖分的获取而展开的资源开发。资源纵向开发是指对某一种资源的功能进行深度开发，一般是随着科学技术的发展，在原有功能的基础上继续投入资本和劳动等要素进行功能的深化拓展，如在农业时代，煤炭与木材一样仅是家庭燃料；进入工业时代，煤炭则作为冶钢炼铁、制砖、制碱、发电等行业的能源燃料，而且从煤气中提取的焦油和氨是重要的化工原料。

（3）按照资源开发的综合程度，可以把资源开发分为资源单项开发与资源综合开发。资源单项开发是指对某种资源的一种功能或一种有效成分进行开发，这一模式往往容易导致单一产业结构的形成，会制约经济发展。资源综合开发是指对一种资源的多种功能进行的开发或是多种资源同时进行的综合性开发活动，如国家或地区在开发不可再生自然资源的同时，也开发可再生资源以及各种非自然资源等。

（4）按照资源开发层次的不同，可以把资源开发分为资源数量开发和资源质量开发。资源数量开发注重的是资源规模总量的增加；而资源质量开发是指在资源规模总量增加的同时，更注重资源质量和资源品位的提升。随着科学技术进步和环境污染约束，在煤炭资源直接开采的基础上，清洁煤的开发与生产，提升了煤炭的质量。

# 第四章 "两化"互动、城乡统筹的时代背景

"两化"互动、城乡统筹是在四川实现"两个跨越"历史阶段确立的发展战略之一,是在新的历史时期,针对世界经济发展的新趋势和我国经济发展的新常态,并结合四川新时期面临的机遇和挑战而提出的科学决策。

## 第一节 世界经济发展的新趋势

21世纪初,世界经济格局加速调整,使得运行了多年的世界经济传统模式被打破,欧美发达国家和一些新兴市场经济国家经济增速放缓,一些经济和社会矛盾开始凸显和激化。虽然国际经济动荡不断,特别是国际金融市场出现了一系列的风险和挑战,但从整体上来说,目前世界经济在经历一个缓慢的复苏过程。在这一过程中,世界经济发展显现了一些新的趋势和特征。

### 一、欧美发达国家再工业化进程加快

美国的次贷危机以及欧洲的债务危机,是与这些国家多年来持续出现的产业空心化有紧密联系的。产业空心化是指以制造业为中心的实物生产和资本部门,大量和迅速地转移到国外,使实物生产部门在国民经济中的地位明显下降,造成国内实物生产部门与非实物生产部门之间的比例关系严重失衡。经济的良性发展不能片面强调服务化、虚拟化,而应统筹全局,协调发展各类产业,避免产业空心化格局下的实物生产部门与非实物生产部门过度失衡。

次贷危机爆发以来,欧美发达国家深刻反思危机前过度追求经济服务化、虚拟化的教训,积极调整经济发展模式,纷纷推出了再制造业化战略,积极走再工业化路子,寻求新的经济发展动力,通过调整优化产业结构,构筑经济复苏的基石。围绕制造业振兴,美国、欧洲提出再工业化、制造业复兴等计划,在此背景下,一些发达国家企业相继将海外生产线迁回本国,或在本国投资兴建新厂,推动实体经济发展。例如,美国先后发布的《制造业促进法案》、先进制造伙伴计划、先进制造业国家战略计划,制定了包括基础设施更新、人力资源提升、5年吸引1.5万亿美元外商直接投资等一揽子措施,制造业已经显露复苏迹象;英国投资4500万英镑支持九个创新制造中心建设;法国则提出了工业占欧盟工业附加值的

比重,从 2010 年的 13%增至 2015 年的 15%的战略目标。

欧美等发达国家再工业化进程,不是简单地把转移出去的产业重新回到本国布局,而是一个产业结构系统调整的过程,其有四个特点:第一,再工业化是一种政府刺激经济发展的过程,通过政府行为引导旧有的生产部门与新兴生产部门协调发展;第二,再工业化是一次产业结构升级的过程,通过发展高附加值、高技术含量的产业推动产业结构高度化,进而拉动经济复苏;第三,再工业化是一次全球性的产业结构大调整过程,其结果是以高新技术产业推进先进制造业地位的上升;第四,再工业化是一个深挖发展潜力的过程,以高新技术为支撑改造传统产业,大力培育新能源、物联网、新材料等新兴产业。

## 二、世界经济结构调整出现新趋势

次贷危机爆发以来,世界各国致力于推动经济复苏发展,实施的政策效果逐步显现。由于受危机的影响程度不一以及应对措施的力度不一,发达国家与发达国家、发达国家与发展中国家、发展中国家与发展中国家之间的经济复苏程度和增长势头等均出现显著的分化,世界经济结构调整出现新趋势。

美国通过多轮量化宽松、再工业化、扩大商品出口等手段,效果显著。经过几年的努力,美国实现了温和增长,进入持续复苏的轨道,量化宽松政策迎来转折点,且有收紧货币、提前加息的预期。2013 年,美国经济增长 1.9%,为三大发达经济体中增速最快的经济体;同时,就业市场持续改善,失业率下降到 7.4%,比 2012 年降低 0.7 个百分点,与金融危机以来的最高点相比,下降了近 3 个百分点;国内消费者信心不断增加,商品零售额增长 4.4%,已经连续 4 年实现增长;制造业采购经理人指数(Purchasing Managers' Index,PMI)升至 57.0,为过去两年的次高点。七国集团的 GDP 增长率,如表 4-1 所示。

**表 4-1 七国集团的 GDP 增长率**

| 国家 | 增长率/% | | |
| --- | --- | --- | --- |
| | 2011 | 2012 | 2013 |
| 美国 | 1.8 | 2.8 | 1.9 |
| 英国 | 1.1 | 0.1 | 1.4 |
| 法国 | 2.0 | 0.0 | 0.2 |
| 德国 | 3.3 | 0.7 | 0.5 |
| 日本 | −0.4 | 1.4 | 1.6 |
| 意大利 | 0.6 | −2.6 | −1.8 |
| 加拿大 | 2.5 | 1.7 | 1.7 |

注:2011~2012 年数据来源于国家统计局网站。除了美国、日本,其他国家的 2013 年数据为英国共识公司预测结果

与美国呈现明显复苏势头相比，欧元区和日本经济复苏仍很艰难。日本在 20 世纪 90 年代经济泡沫破灭后出现了"失去的二十年"，进入 21 世纪后却又陷入长期的通货紧缩，在经历金融危机后，推行了大规模的量化宽松政策，虽然出现一些复苏迹象，但仍未彻底走出低谷。2013 年日本 GDP 增长 1.6%，略高于 2012 年增速；零售额增长 1.0%，比 2012 年回落 0.8 个百分点。欧元区受债务危机的持续影响，还在摆脱衰退中徘徊，2013 年全年 GDP 为负增长，失业率达到 12.1%，比 2012 年升高 0.7 个百分点，处于有统计数据以来的历史最高点；社会消费持续不足，商品零售量下降 0.9%，全年经济预计下降 0.4%，降幅比 2012 年增长 0.2 个百分点[1]。

发展中国家特别是新兴市场国家整体实力步入上升期，部分发展中国家相继进入工业化、城镇化加速阶段，成为拉动世界经济增长的重要力量，一批新兴经济体快速崛起，全球经济格局"东升西降"明显。2008～2012 年，发展中国家进口总额年均增长 10.9%，明显高于发达国家 3.3%的增速，占全球进口的比重由 39% 升至 45%[2]。据国际货币基金组织（International Monetary Fund，IMF）按购买力平价法计算，2013 年发展中国家 GDP 占全球的 50.4%，历史上首次超过发达国家，预计 2018 年将提高到 53.9%[3]。与此同时，新兴经济体的发展也出现明显的分化，特别是东亚和南亚地区经济保持较快增长，在全球经济、贸易、投资中的重要性明显上升。而"脆弱五国"（印度、印度尼西亚、巴西、土耳其、南非）受制于内、外经济失衡，加上资本外流的冲击，经济发展较为困难。

金砖国家及部分亚洲经济体的 GDP 增长率，如表 4-2 所示。

表 4-2　金砖国家及部分亚洲经济体的 GDP 增长率

| 国家或地区 | 增长率/% | | |
| --- | --- | --- | --- |
| | 2011 年 | 2012 年 | 2013 年 |
| 巴西 | 2.6 | 1.0 | 2.4 |
| 俄罗斯 | 4.3 | 3.5 | 1.6 |
| 印度 | 6.2 | 5.0 | 4.7 |
| 南非 | 3.1 | 2.5 | 1.9 |
| 韩国 | 3.7 | 2.0 | 2.8 |
| 印度尼西亚 | 6.5 | 6.2 | 5.7 |
| 马来西亚 | 5.1 | 5.6 | 4.5 |
| 菲律宾 | 3.6 | 6.8 | 6.9 |

① 数据来源：国家统计局网站《2013 年世界经济回顾及 2014 年展望》。
② 数据来源：《中共中央关于全面深化改革若干重大问题的决定》辅导读本。
③ 数据来源：国家统计局网站《2013 年世界经济回顾及 2014 年展望》。

续表

| 国家或地区 | 增长率/% | | |
|---|---|---|---|
| | 2011 年 | 2012 年 | 2013 年 |
| 泰国 | 0.1 | 6.5 | 2.9 |
| 中国香港 | 4.9 | 1.5 | 3.0 |
| 中国台湾 | 4.2 | 1.5 | 2.0 |

注：数据为国家统计局公布数据。2013 年数据为英国共识公司预测结果

## 三、世界产业转移呈现新动向

产业转移是指某一产业通过国际分工、贸易或投资等多种方式从一个国家或区域转至另一个国家或地区。从第二次世界大战至今，全球共经历了四次较大的产业转移过程。第一次是 20 世纪 50 年代，美国向日本和德国转移钢铁、纺织等传统制造业；第二次是 20 世纪六七十年代，传统的劳动密集型产业由日本、德国等发达国家向亚洲的"四小龙"以及部分拉美国家转移；第三次是 20 世纪 80 年代，发达国家和亚洲"四小龙"等新型工业化国家将劳动密集型的传统制造业向发展中国家，尤其是向中国内地转移；第四次是 21 世纪初，传统劳动密集型制造业向越南、印度尼西亚、马来西亚等发展中国家的转移以及部分先进制造业向发达国家的回流。

第四次世界性的产业转移所表现出来的双向转移特征表现为，一些先进的、高端的现代制造业由发展中国家或地区逆梯度回流至发达国家或地区与发达国家或地区的部分劳动密集型制造业继续向发展中国家或地区，尤其是我国以外的国家或地区转移并存。而产业转移的平行化特征则表现为产业在发展中国家之间的转移，国际产业分工链条继续向欠发达国家或地区延伸。这一点可由东南亚诸国制造业快速发展而看出，部分劳动密集型的低端制造业由我国逐渐流向劳动力成本更低、资源优势更突出、市场需求更大的越南、孟加拉国、印度尼西亚等东亚和南亚低收入国家。

## 四、世界金融格局显现新特征

此次金融危机的爆发充分说明了旧有的国际金融秩序存在严重弊端，这一秩序已不能满足全球化时代的新需要。为避免金融危机，欧美等发达经济体积极推动内部金融体制改革，与此同时，二十国集团（G20）、巴塞尔银行业监管委员会也不断完善制度创新，致力于国际金融监管的新体制、新框架。因此，推动了后金融危机时代世界金融格局展现出一系列的新趋势、新特征。

（一）西方发达国家主导的国际金融霸权受到严重挑战

欧美金融危机的先后爆发正在撼动着过去多年一直由西方发达国家主导的国际金融体系，发展中国家尤其是新兴经济体对当前国际金融秩序的信心也降至历史的最低点，西方发达国家主导的国际金融霸权逐步被破除，国际金融话语权向新兴经济体转移已成为世界金融格局的一大趋势。

（二）金砖国家金融一体化冲击旧有的国际金融格局

在全球经济复苏受阻、欧债危机积重难返的背景下，金砖国家依然保持了两倍于全球的平均增长速度和四倍于发达国家的平均增长速度。随着以金砖国家为代表的新兴经济体的崛起，全球经济重心正在转移。金砖国家之间的金融合作在此背景下迅速推进，对全球贸易体系、货币体系以及大宗商品价格形成机制等的平衡完善，产生着越来越为重要的影响。金砖国家之间的经贸往来活动也正越来越多地采用本币结算的方式进行。从全球范围来看，金砖国家之间的这种新型合作模式对美国的金融霸权形成了较大的冲击[44]。

（三）东亚国家金融合作新范式挑战国际货币主导权

鉴于国际金融市场汇率风险日益增大，东亚国家纷纷签署了货币互换协议以应对可能的汇率风险和较高的筹资成本。2012年6月，人民币与日元开始实现直接兑换，结束了中日之间长期依靠美元计算汇率的历史，不仅使美元在双边结算中所占的比例下降，而且使人民币在双边结算和定价中更多地被使用，逐步强化人民币作为区域性核心货币的地位。作为当今世界经济增长和贸易往来最为活跃的东亚地区主要经济体之间日益紧密的金融合作关系，使美元在该地区国际结算中的主导地位明显降低。

（四）新兴经济体与美国的博弈推动国际金融规则变革

当前，世界银行和国际货币基金组织这两大传统国际金融机构在国际金融形势剧烈动荡的背景下正面临着越来越大的改革压力。作为世界新兴经济体的代表，巴西、俄罗斯、印度、中国、南非等新兴市场和发展中国家纷纷要求推动全球经济治理改革，增加新兴市场国家和发展中国家在世界银行与国际货币基金组织中的代表性和发言权，改变美国通过一票否决权来操纵国际金融机构的格局。金融危机发生以后，这一固有的国际金融机构的投票规则已经受到多个国家，尤其是新兴经济体国家的严重质疑，改革美国主导的国际金融规则已经成为一种普遍共识。

# 第二节　中国经济发展的新常态

中国经济发展进入了新常态，呈现出新的特点，当前和今后一段时期，中国经济将在新常态下跨越"中等收入陷阱"。在新常态下，经济发展速度将从高速增长转为中高速增长，经济结构将不断优化升级，产业消费需求逐步成为主体，城乡区域差距逐步缩小，居民收入占比上升，发展成果惠及广大民众，从要素驱动、投资驱动转向创新驱动[45]。

## 一、经济总量再上新台阶，经济发展出现九大特征

改革开放以来，中国经济社会发展取得举世瞩目的伟大成就，经济实力和综合国力不断跃上新台阶，工业化、城镇化水平大幅提升。

经济总量连上新台阶。中国 GDP 由 1978 年的 3645 亿元迅速跃升至 2013 年的 568845 亿元。其中，从 1978 年上升到 1986 年 1 万亿元用了 8 年时间，上升到 1991 年 2 万亿元用了 5 年时间，此后 10 年平均每年上升近 1 万亿元，2001 年超过 10 万亿元大关，2002～2006 年平均每年上升 2 万亿元，2006 年超过 20 万亿元，之后每两年上升 10 万亿元，2013 年已达到约 56.9 万亿元。

经济总量居世界位次稳步提升。1978 年，我国经济总量仅居世界第十位；2008 年超过德国，居世界第三位；2010 年超过日本，居世界第二位，成为仅次于美国的世界第二大经济体。经济总量占世界的份额由 1978 年的 1.8%提高到 2013 年的 11%以上。尽管没有得到全面的认可，但国际货币基金组织认为，按购买力平价（purchasing-power parity）调整计算后，2014 年中国 GDP 总额为 17.6 万亿美元，而美国只有 17.4 万亿美元，2014 年中国成为全球最大经济体，中国在全球经济中所占比重已达 16.5%，而美国为 16.3%。但从国际汇率来看，虽然中国经济规模正在快速接近美国，但 2015 年美国经济规模仍较中国高出近 60%。

2015 年世界 GDP 排名前 10 的国家名单①，如表 4-3 所示。

———————————
① 数据来源：国家统计局网站。

表 4-3　2015 年世界 GDP 排名前 10 的国家名单

| 排名 | 国家或地区 | GDP/十亿美元 |
|------|-----------|-------------|
| 1 | 美国 | 16197.96 |
| 2 | 中国 | 10385.66 |
| 3 | 日本 | 4817.52 |
| 4 | 德国 | 3373.3 |
| 5 | 法国 | 2565.62 |
| 6 | 英国 | 2532.05 |
| 7 | 巴西 | 2503.87 |
| 8 | 印度 | 2117.28 |
| 9 | 俄罗斯 | 2109.02 |
| 10 | 意大利 | 1953.82 |

与此同时，中国经济在经历 30 多年的快速增长之后，经济发展的基本模式、产业业态以及增长动力都已经出现了转型发展的要求，传统的发展模式已经难以为继，不能够支撑中国成功跨越"中等收入陷阱"。中国经济进入新常态的发展阶段，2014 年 12 月，中央经济工作会议提出，"新常态"表现出九大特征，一是从消费需求来看，模仿型排浪式消费阶段基本结束，个性化、多样化消费渐成主流；二是从投资需求来看，基础设施互联互通和一些新技术、新产品、新业态、新商业模式的投资机会大量涌现；三是从出口和国际收支来看，低成本比较优势发生了转化，高水平引进来、大规模走出去正在同步发生；四是从生产能力和产业组织方式来看，新兴产业、服务业、小微企业作用更凸显，生产小型化、智能化、专业化将成为产业组织新特征；五是从生产要素相对优势来看，人口老龄化日趋发展，农业富余人口减少，要素规模驱动力减弱，经济增长将更多依靠人力资本质量和技术进步；六是从市场竞争特点来看，市场竞争逐步转向质量型、差异化为主的竞争；七是从资源环境约束来看，环境承载能力已达到或接近上限，必须推动形成绿色低碳循环发展新方式；八是从经济风险积累和化解来看，经济风险总体可控，但化解以高杠杆和泡沫化为主要特征的各类风险将持续一段时间；九是从资源配置模式和宏观调控方式来看，既要全面化解产能过剩，又要通过发挥市场机制作用探索未来产业发展方向。

## 二、在新的历史时期国家总体发展要求出现新变化

在新常态下，中国经济发展面临速度换挡节点、结构调整节点、动力转换节点，同时，国家总体发展要求出现新变化。调结构转方式成为当前经济发展的总

体要求。调结构就是通过调整国民经济中产业间和产业内部比例关系，调整国民经济中三次产业的空间分布，使其更加合理化、高级化，适应并促进生产力的发展。转方式就是推动经济发展方式由粗放型增长到集约型增长，从低级经济结构到高级、优化的经济结构，从要素投入到创新驱动，从投资和出口拉动到消费、投资和出口共同拉动转变。

## （一）转变经济发展方式

当前，世界经济格局重大调整，国内结构深刻变革，我国仍处在重要战略机遇期，但内涵和条件已发生变化，面临的风险和调整不同于以往。党的十八大报告指出，适应国内外经济形势新变化，必须加快形成新的经济发展方式，必须把推动发展的立足点转到提高质量和效益上来，着力激发各类市场主体发展新活力，着力增强创新驱动发展新动力，着力构建现代产业发展新体系，着力培育开放型经济发展新优势，使经济发展更多依靠内需特别是消费需求拉动，更多依靠现代服务业和战略性新兴产业带动，更多依靠科技进步、劳动者素质提高、管理创新驱动，更多依靠节约资源和循环经济推动，更多依靠城乡区域发展协调互动，不断增强长期发展后劲[46]。

## （二）推进创新驱动发展

创新驱动依靠科技创新，充分发挥科技对经济社会的支撑和引领作用，大幅提高科技进步对经济的贡献率，实现经济社会全面协调可持续发展。国际上先进发达国家研发投入占 GDP 的比例一般在 2% 以上；科技对经济增长贡献率在 70% 以上，而我国还有较大差距。我国长期依靠要素投入推动经济增长，经济发展方式以粗放型为主，科技创新对经济社会发展的贡献率偏低。这种方式造成产业大多仍处于全球价值链底端，经济发展缺乏可持续性。创新作为提高社会生产力和综合国力的战略支撑，已经摆在国家发展全局的核心位置。2015 年 3 月 13 日《中共中央国务院关于深化体制机制改革加快实施创新驱动发展战略的若干意见》提出创新是推动一个国家和民族向前发展的重要力量，也是推动整个人类社会向前发展的重要力量。面对全球新一轮科技革命与产业变革的重大机遇和挑战，面对经济发展新常态下的趋势变化和特点，面对实现"两个一百年"奋斗目标的历史任务和要求，必须加快实施创新驱动发展。

## （三）推动区域均衡发展

促进区域协调发展，是全面建成小康社会、加快推进社会主义现代化建设的重大战略任务，不仅关系到全国各族人民共享改革发展成果、逐步实现共同富裕，而且关系到国家长治久安和中华民族伟大复兴，具有重大的现实意义和深远的历史意义。党的十八大提出，要继续实施区域发展总体战略，充分发挥各地区比较优势，优先推进西部大开发，全面振兴东北地区等老工业基地，大力促进中部地区崛起，积极支持东部地区率先发展。同时，采取对口支援等多种形式，加大对革命老区、民族地区、边疆地区、贫困地区扶持力度。推动区域协调发展，逐步缩小区域发展差距，进一步形成东中西互动、优势互补、相互促进、共同发展的格局，不仅有力促进资源的优化配置和发展方式的转变，还将进一步提高我国经济抗风险的能力。

## （四）GDP 考核改变

提高对经济增长的宽容度、加快经济结构调整与转型步伐、不以 GDP 排名论英雄，这是新一届中央领导集体一直反复强调和十分重视的问题。中共中央组织部已经专门出台措施改进地方党政领导班子和领导干部政绩考核，从制度层面纠正单纯以经济增长速度评定政绩的偏向，把不简单以 GDP 论英雄的导向真正树立起来，引导领导干部树立正确的政绩观，把主要精力放到转方式、调结构、促改革、惠民生上来。同时，不简单以 GDP 论英雄，不是不要 GDP，不是不要经济增长。仍然要牢牢坚持以经济建设为中心，合理的经济增长率一定是要有的，需要防止的是不能把发展简单化为增加生产总值，一味在增长率上进行攀比，以生产总值排名比高低。

## 三、新型城镇化加速推进

城镇化是伴随工业化发展，非农产业在城镇集聚、农村人口向城镇集中的自然历史过程，是人类社会发展的客观趋势，是国家现代化的重要标志之一。城镇化是我国解决农业、农村、农民问题的重要途径，推动区域协调发展的有力支撑和扩大内需与促进产业升级的重要抓手。近年来，我国积极推动新型城镇化建设，坚持以人为本，着力推进以人为核心的城镇化，在城乡规划、基础设施、公共服务等方面推进一体化，坚持优化布局，把城市群作为主体形态，促进大中小城市和小城镇合理分工、功能互补、协同发展，提高城镇建设水平，城镇化质量不断提升，城乡生产要素配置效率不断提升，推动了国民经济持续快速发展，带来了社会结构深刻变革，取得的成就举世瞩目。1978～2013 年，全国城镇常住人口从 1.7 亿人增加到 7.3 亿人，城镇化率从 17.9%提升到 53.7%，年均提高 1.02 个百分点[①]。

---

① 数据来源：全国新型城镇化规划（2014—2020 年）。

2013 年底，中央专门召开城镇化工作会议，分析城镇化发展形势，明确指出要坚持走中国特色新型城镇化道路，推进以人为核心的城镇化。2014 年 3 月，国家出台《全国新型城镇化规划（2014—2020 年）》，作为我国第一个推动全国城镇化健康发展的宏观性、战略性、基础性规划，明确提出了未来城镇化的发展路径、主要目标和战略任务，重点在有序推进农业转移人口市民化、优化城镇化布局和形态、提高城市可持续发展能力、推动城乡发展一体化、改革完善城镇化发展体制机制等方面着力，通过改革释放城镇化发展潜力，走以人为本、"四化"同步、优化布局、生态文明、文化传承的中国特色新型城镇化道路，促进经济转型升级与社会和谐进步。

## 四、工业化进入中后期阶段

近几十年来，我国工业经济特别是制造业工业实现快速跃升，主要工业产品产量迅猛增长，工业结构发生深刻变化，制造业整体竞争力得到极大提升，已经成为世界第一大制成品出口国，2014 年，我国工业制成品占出口总额的 95.2%，较 2013 年提高 0.1 个百分点，占比连续三年提高。装备制造业成为出口的重要增长点，铁路机车、通信设备出口增速均超过 10%。七大类劳动密集型产品出口 4851 亿美元，增长 5%。生物技术产品、航空航天技术产品、计算机集成制造技术产品等高新技术产品进口增速均在 15% 以上。消费品进口 1524 亿美元，增长 15.3%，占进口总额的 7.8%，较 2013 年提高 1 个百分点[①]。工业化不同阶段的标志值，如表 4-4 所示。

表 4-4　工业化不同阶段的标志值

| 基本指标 | 前工业化阶段（1） | 工业化实现阶段 | | | 后工业化阶段（5） |
|---|---|---|---|---|---|
| | | 工业化初期（2） | 工业化中期（3） | 工业化后期（4） | |
| 人均 GDP 2005 年美元（PPP） | 745~1490 | 1490~2980 | 2980~5960 | 5960~11170 | 11170 以上 |
| 三次产业产值结构（产业结构） | A>1 | A>20%，且 A<1 | A<20%，I>S | A<10%，I>S | A<10%，I<S |
| 第一产业就业人员占比（就业结构） | 60% 以上 | 45%~60% | 30%~45% | 10%~30% | 10% 以下 |
| 人口城市化率（空间结构） | 30% 以下 | 30%~50% | 50%~60% | 60%~75% | 75% 以上 |

注：A 代表第一产业，I 代表第二产业，S 代表第三产业。PPP 表示购买力平价。

资料来源：陈佳贵，黄群慧，钟宏武，等. 中国工业化进程报告[M].北京：中国社会科学出版社，2007

---

① 数据来源：国家统计局网站，http://www.stats.gov.cn/was5/web。

按照钱纳里等的划分标准，对一个地区的工业化发展阶段的判断依据主要有人均收入水平、三次产业结构、就业结构、城市化水平等标准。2013年，我国的人均GDP达6995美元，2014年，我国的人均GDP达7575美元，处于钱纳里模型中的工业化后期阶段；第一产业产值占比为10.01%，接近农业比重小于10%的要求；第三产业增加值为262204亿元，超过第二产业增加值（249684亿元），第三产业增加值占比首次超过第二产业增加值占比，达到工业化后期标准；非农就业人数以2013年数据计算达到52806万人，处于工业化后期的范围内；2012年城市化率为52.6%，处于工业化中期的50%～60%，由于我国社会经济城乡二元结构的不平衡性，我国城市化率一直处于较低水平，城市化水平总体滞后于工业化。

基于以上因素分析，从人均GDP指标衡量，我国已处于工业化后期阶段；从三次产业结构来判断，我国处于工业化后期的起步阶段；从就业结构来看，处于工业化后期阶段；从城市化水平来看，则是接近工业化后期门槛，但存在着因城市化滞后于工业化而低估了工业化发展阶段。总体来看，我国的工业化总体上处于中期阶段，但已出现向后期阶段过渡的明显特征，但还有地区工业化发展水平差异大的特点，北京、上海、广东等处于后工业化阶段，而西藏还处在前工业化阶段[47]。

## 五、引领性对外开放新战略

我国始终坚持对外开放的基本国策，不断拓宽对外开放的广度和深度，实现封闭半封闭到全方位开放的伟大历史转折，为我国经济社会发展注入新的动力和活力，推动社会主义市场经济体制的建立和完善，提升我国的综合国力、国际竞争力和影响力。当今世界，经济全球化不可逆转，区域经济合作继续深入，中国在全球竞争中仍处于有利地位，但国际环境变得更为复杂。新的历史时期，中国要适应经济全球化新形势，必须实行更加积极主动的开放战略，完善互利共赢、多元平衡、安全高效的开放型经济体系。

在国家构建开放型经济新体制战略部署中，扩大内陆地区对外开放、加快沿边开放步伐作为一个重要内容，为中西部地区开放型经济建设指明了方向。其中，"一带一路"倡议充分依靠中国与有关国家既有的双多边机制，借助既有的、行之有效的区域合作平台，促进沿海内陆沿边开放优势互补，形成同时向东开放和向西开放国际经济合作与竞争的开放区域，培育带动区域发展的开放高地。统筹推进内陆地区国际大通道建设，加快建设面向东南亚、中亚、欧洲等地区的国际物流大通道。推动内陆沿海沿边通关协作，提高口岸通行效率，降低通关成本。加快同周边国家和地区基础设施互联互通建设，推进丝绸之路经济带、海上丝绸之路建设等。这一系列重大举措，必将推动中西部开放型经济驶入快车道，为中西部地区经济社会发展增添新的活力和动力。

十八届三中全会着眼长远，对构建开放型经济体制做出全面部署，提出推动放宽外商投资市场准入、创新利用外资管理体制、改革对外投资管理体制、加快自由贸易区建设、加快内陆地区对外开放、加快沿边开放步伐等重点举措，促进国际国内要素有序自由流动、资源高效配置、市场深度融合，推动在改革创新中培育和引领国际经济合作竞争新优势，这将为我国经济长远发展再造一个"开放红利期"。

# 第三节　新时期四川经济发展的新机遇

四川总体上处于工业化中期阶段，按照一般规律，从工业化中期迈入后期，都会经历一个经济高速增长，城镇化率加速上升的过程。从发展速度来看，四川经济近年来保持较高速度的增长，增速不仅高于全国平均水平，而且高于经济体量大于四川的省份。从经济结构来看，第二产业仍占据"半壁河山"，第三产业在加快发展，占 GDP 比重正稳步提升；消费对 GDP 贡献率已经超过投资，成为推动经济增长的关键力量。

## 一、全省经济规模和综合实力迈上了新的台阶

近年来，四川省认真贯彻落实党的十八大、十八届二中全会、十八届三中全会、十八届四中全会和十八届五中全会精神，统筹做好稳增长、调结构、促改革、惠民生等各项工作，促进新型工业化、新型城镇化"双加速"推进，全省经济社会建设迈上了新的发展台阶。

## （一）经济总量：迈上 3 万亿元台阶

2014 年，全省地区生产总值（GDP）超过 2.85 万亿元，经济总量列全国第 8 位，按可比价格计算比上年增长 8.5%，规模以上工业增加值比上年增长 9.6%，增幅比全国平均水平高 1.3 个百分点，实现社会消费品零售总额 11665.8 亿元，比 2013 年增长 12.7%，城镇居民人均可支配收入 24381 元，比 2013 年增长 9%。农村居民人均纯收入 8803 元，增长 11.5%，增幅比全国高 0.3 个百分点。2015 年地区生产总值（GDP）超过 3 万亿元，按可比价格计算比上年增长 7.9%，规模以上工业增加值比 2014 年增长 7.9%，增幅比全国平均水平高 1.8 个百分点。实现社会消费品零售总额 13877.7 亿元，比 2014 年增长 12%[①]。

---

① 根据四川省统计局相关数据整理，http://www.sc.stats.gov.cn/。

## （二）发展速度：在经济大省中增速较快

"十一五"时期，四川经济呈现快速发展态势，地区生产总值（GDP）年均增长 13.7%，全部工业增加值年均增长 20.1%，是改革开放以来四川发展最快的时期。进入"十二五"以来，在全球经济复苏进程缓慢以及国内经济增长放缓的大环境下，四川经济依然保持较快增长，2013 年 GDP 增长 10%，2014 年 GDP 增长 8.5%，经济总量列全国第 8 位，2015 年经济增速 7.9%，经济总量跃升至全国第 6 位[①]。

## （三）经济结构：调整优化迈出积极步伐

2013 年，四川三次产业结构为 13.0∶51.7∶35.3，2014 年，四川三次产业结构为 12.37∶48.93∶38.70，2015 年，四川三次产业结构为 12.20∶47.50∶40.30，三次产业结构持续优化；工业结构持续升级，七大优势产业增加值占规模以上工业的 75.9%，增长 11.0%，新一代信息技术、新能源、节能环保等战略性新兴产业工业总产值占比达到 15.4%，增长 20.5%；所有制结构也得到调整和优化，非公有制经济增加值占 GDP 的 59.8%，对 GDP 增长的贡献率为 70.8%，成为四川经济发展的重要支柱。

## 二、新型工业化、新型城镇化"双加速"推进

根据世界各国的发展经验，当一个国家或地区人均 GDP 超过 3000 美元，非农就业比重和城镇化率超过 30%时，工业化、城镇化就进入"双加速"时期。当前四川工业化、城镇化发展水平不断提升，工业化率、城镇化率与全国相比出现由扩大到缩小的"拐点"，正处于新型工业化、新型城镇化"双加速"推进的关键阶段。

## （一）四川省已进入工业化中期阶段

四川工业起步于"一五""二五""三线建设"时期，改革开放后进入全面发展阶段，2000 年以来四川工业抓住西部大开发战略机遇加速发展，特别是四川省委九届四次全会提出并深入实施工业强省战略以来，以工业转型升级为方向，以构建现代产业体系为重点，全力发展优势产业，打造产业集群和优势产品链，着力培育大企业、大集团，大力推进企业技术改造和技术创新，积极提升产业集聚

---

① wind 资讯中国宏观数据库。

水平,加速推进工业发展方式转变,工业呈现出加快发展、科学发展、又好又快发展的良好势头。2013 年,全省工业化率达到 44.1%,超过全国平均水平 7.1 个百分点;人均 GDP 32454 元,折合 5313 美元。

## (二) 四川省城镇化进入加速发展阶段

四川大规模的城镇化开始于新中国成立后,"三线建设"时期有较大的推动,但加快发展期在改革开放以后。四川省委九届四次全会做出推进新型工业化与新型城镇化互动发展的决策部署,全省新型城镇化建设全面启动。目前,全省设区城市由 1978 年的 10 个增加到现在的 32 个,建制镇由 1954 年的 404 个增加到现在的 1000 多个,全省建立起由成都 1 个特大城市,绵阳、攀枝花、自贡、南充等4 个大城市,27 个中小城市和 1865 个小城镇组成的城镇体系[①],初步形成成都平原、川南、攀西、川东北四大城镇群。城市化率由 1978 年的 8.5%提高到 2013 年末的 44.9%,年均提高 1 个百分点左右。

## (三) 新型工业化、新型城镇化良性互动

根据工业化和城市化发展阶段的划分,目前四川省工业化率和城镇化率均在40%以上,正处在两者互促发展的第二阶段,即加速发展阶段,其特点是工业化、城镇化处于扩容状态,互动发展加速推进。

从发展成效来看,四川省工业化、城镇化表现出高度的正相关性。2000 年至今,四川省工业化率平均每年提高 1.05 个百分点,城镇化率平均每年提高 1.3 个百分点,呈现出典型的"双加速"特征。根据统计数据分析,工业化率平均每提高 1 个百分点,新增城镇就业人口 14.3 万人,新增城镇常住人口 57.1 万人;每新增 1000 亿工业增加值,可新增城镇就业人口 22.3 万人,新增城镇常住人口 88.6万人。同期城市化率每提高 1 个百分点,新增城镇就业人口 19.2 万人,新增城镇常住人口 76 万人。

2000~2013 年全国与四川的工业化率、城镇化率,如图 4-1 所示。

---

① 《国务院关于调整城市规模划分标准的通知》由国务院于 2014 年 10 月 29 日以国发〔2014〕51 号印发,对原有城市规模划分标准进行了调整,明确了新的城市规模划分标准以城区常住人口为统计口径,将城市划分为五类七档。城区常住人口 50 万以下的城市为小城市,其中 20 万以上 50 万以下的城市为 I 型小城市,20 万以下的城市为 II 型小城市;城区常住人口 50 万以上 100 万以下的城市为中等城市;城区常住人口 100 万以上 500 万以下的城市为大城市,其中 300 万以上 500 万以下的城市为 I 型大城市,100 万以上 300 万以下的城市为 II 型大城市;城区常住人口 500 万以上 1000 万以下的城市为特大城市;城区常住人口 1000 万以上的城市为超大城市。(以上包括本数,以下不包括本数。)

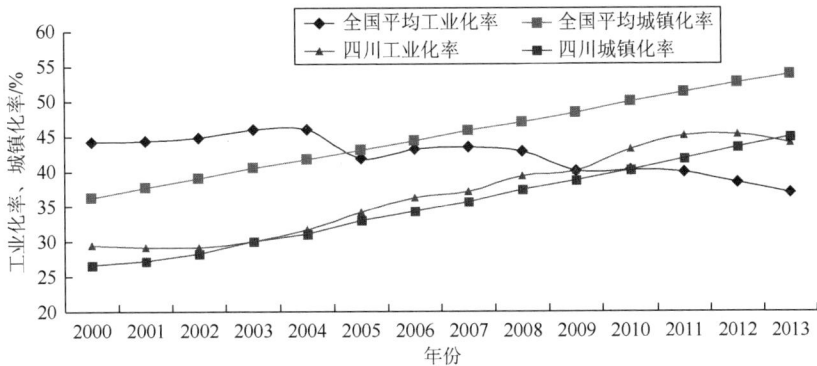

图4-1 2000~2013年全国与四川的工业化率、城镇化率

# 三、区域均衡协调发展能力不断增强

## （一）区域工业化、城镇化层次明显

从四川省区域发展实际来看，区域发展不平衡与工业化、城镇化差距分化现象依然存在。按工业化、城镇化发展水平、全省可以分为三类。第一类是工业化、城镇化水平均低于 35%的城市，有甘孜藏族自治州、阿坝藏族羌族自治州、巴中市，主要是少数民族聚集区域和川东地区；第二类是工业化率、城镇化率在 35%~50%，有广安市、广元市、凉山彝族自治州、南充市、达州市、资阳市、雅安市、眉山市、绵阳市、遂宁市、泸州市、宜宾市、自贡市、内江市、德阳市、乐山市，主要是成都平原地区和川南各市，部分市州工业已高于50%，但城市化还没同步跟上；第三类是处于工业化、城镇化中后期，有成都市和攀枝花市。

## （二）四大城市群发展壮大

近年来，全省各地坚持"两化"互动、城乡统筹发展，承接产业转移，抓住西部大开发新一轮战略期，经济保持了平稳较快增长态势，良性互动的空间战略格局逐步形成。全省各大城市群竞相发展，区域综合竞争力和可持续发展能力不断增强，为全省构建"多点多极支撑发展"奠定了良好基础。2012 年，成都平原城市群经济总量为 14375.76 亿元，比 2011 年增长 13.4%；川南城市群经济总量为4404.14 亿元，增长 14.1%；攀西城市群经济总量为 1862.70 亿元，增长 13.9%；川东北城市群经济总量为 3927.10 亿元，增长 13.9%。2012 年四大城市群发展数据概况，如表4-5 所示。

表 4-5　2012 年四大城市群发展数据概况

| 城市群 | 经济总量/亿元 | 占全省的比重/% | 增速/% |
|---|---|---|---|
| 成都平原城市群 | 14375.76 | 57.6 | 13.4 |
| 川南城市群 | 4404.14 | 17.7 | 14.1 |
| 攀西城市群 | 1862.70 | 7.5 | 13.9 |
| 川东北城市群 | 3927.10 | 15.7 | 13.9 |

## （三）县域经济加快发展

四川在 2007 年和 2009 年分两批次开展"扩权强县"改革试点，有效地促进了县域经济的整体协调发展。青白江区打造全国生态田园宜居新城和西部物流中心、龙泉驿区只争朝夕建"三最"、新津县加快建设产城一体"幸福新津"、筠连县倾力打造川南滇东北结合部经济强县、什邡市打造全省精品旅游目的地。全省县域经济发展模式呈现"百花齐放、各具特色"的局面。2013 年，59 个扩权试点县（市）累计实现地区生产总值（GDP）8874.5 亿元，增长 10.3%，增速比全省平均水平高 0.3 个百分点。

## 四、城乡统筹由试验区推广到全省

2007 年以来，四川省以国家批准成都市设立全国统筹城乡综合配套改革试验区为契机，在推进成都统筹城乡综合配套改革的同时，选择以德阳、自贡、广元三市作为统筹城乡综合配套改革省级试点，探索经济条件较好、中等和较差的地区，以及平原、丘陵、山区的统筹城乡综合配套改革规律，并在其余市（州）选择了 20 个县（市、区）开展市级试点，探索不同地区、不同层次的统筹城乡发展途径。

全省统筹城乡综合配套改革试验扎实推进，成效显著，开创了以城乡一体化发展为主要特征的新型城镇化模式。成都市从破除城乡二元结构入手，以推进城乡一体化为核心，实施了农村产权制度改革、社会保障制度改革、城乡统一的户籍管理制度改革三项核心制度改革，提出工业向集中发展区集中、农民向城镇和新型社区集中、土地向适度规模经营集中，为城乡经济社会一体化发展和解决"三农"问题探索了一条行之有效的新途径，也为其他地区综合配套改革提供借鉴和示范作用。自贡市推进激活农村生产要素，加快转变农业生产方式和农民生活方式，规划一体化、公共服务均等化和生活经济权利均等化的"一活二变三化"综合配套改革，取得了显著成效。德阳市加大重点镇改革发展力度，打造了以重点镇带动农村区域协调发展的先行示范区。广元市在统筹城乡产业发展、统筹城乡就业和养老保险、集体林权制度改革、土地流转方式创新等方面取得积极进展。此外，一些市级试点的县区结合当地实际编制了改革试点总体方案，制定专项改革发展规划。把改革试点与新农村建设紧密结合，组织实施了一批改革项目，推动了统筹城乡与新农村建设互动发展。

全省统筹城乡成效显著，最突出的表现就是农民收入持续增长，城乡收入差距不断缩小，全省农民人均纯收入由 2007 年的 3547 元增至 2013 年的 7895 元，增长 122.6%，城乡居民收入比由 2007 年的 3.13∶1 缩小为 2013 年的 2.83∶1。

# 第五章 "两化"互动、城乡统筹的思路与目标

发展目标是深入实施"两化"互动、城乡统筹的总体要求和行动指引，本章从指导思想、发展原则、战略目标和主要内容等方面阐释了"两化"互动、城乡统筹的发展目标。

## 第一节 "两化"互动、城乡统筹的总体要求

"两化"互动、城乡统筹的总体要求是整个战略实施的基本方向，对明确战略目标、确定战略重点和细化战略举措具有十分重要的意义。在制定"两化"互动、城乡统筹的思路与目标时，应充分考虑以下几个要素。

### 一、应具有坚实的理论依据

"两化"互动、城乡统筹的发展战略的指导思想必须以马克思列宁主义、毛泽东思想、邓小平理论、"三个代表"重要思想、科学发展观和习近平系列重要讲话精神作为理论依据，才能保证战略思想方向的正确性。马克思列宁主义揭示了人类社会历史发展规律，其基本原理正确且具有强大的生命力。坚持马克思列宁主义的基本原理，走中国人民自愿选择的适合中国国情的道路，中国的社会主义事业必将取得最终的胜利。毛泽东思想是马克思列宁主义在中国的运用和发展，是马克思列宁主义普遍原理同中国革命具体实践相结合的产物，是被实践证明的关于中国革命和建设的正确的理论原则与经验总结，是中国共产党集体智慧的结晶。邓小平理论是马克思列宁主义的基本原理同当代中国实践和时代特征相结合的产物，是毛泽东思想在新的历史条件下的继承和发展，是马克思主义在中国发展的新阶段，是当代中国的马克思主义，是中国共产党集体智慧的结晶，引导着我国社会主义现代化事业不断前进。"三个代表"重要思想是对马克思列宁主义、毛泽东思想、邓小平理论的继承和发展，反映了当代世界及中国的发展变化对党和国家工作的新要求，是加强和改进党的建设、推进我国社会主义自我完善和发展的强大理论武器，是中国共产党集体智慧的结晶，是党必须长期坚持的指导思想。始终做到"三个代表"，是党的立党之本、执政之基、力量之源。科学发展观，是同马克思列宁主义、毛泽东思想、邓小平理论、"三个代表"重要思想既一脉

相承又与时俱进的科学理论，是马克思主义关于发展的世界观和方法论的集中体现，是马克思主义中国化最新成果，是中国共产党集体智慧的结晶，是发展中国特色社会主义必须坚持和贯彻的指导思想。马克思列宁主义、毛泽东思想、邓小平理论、"三个代表"重要思想和科学发展观，都是经过长期实践、不断发展完善的指导思想，也是制定"两化"互动、城乡统筹的发展战略的行动指南。

## 二、应具有鲜明的时代特点

改革开放是当代中国最鲜明的时代特点，是中国共产党在新的历史时期带领全国各族人民进行的新的伟大革命。目前四川发展进入新阶段，改革进入攻坚期和深水区，作为西部大省，要大踏步赶上时代发展步伐，走在西部开发前列，化解制约发展的深层次矛盾和问题，加快调结构转方式，实现"两个跨越"奋斗目标，根本出路在于全面深化改革。指导思想就是在国内、省内面临的深化改革这一背景下产生的。

## 三、应具有科学的价值诉求

以经济建设为中心是兴国之要，发展仍是解决所有问题的关键。只有推动经济持续健康发展，才能筑牢国家繁荣富强、人民幸福安康、社会和谐稳定的物质基础。"两化"互动、城乡统筹的发展战略是要解决发展不协调、城乡二元分割问题，推动"两个跨越"的实现，成果惠及全体人民，体现了以人为本的核心立场。

## 四、应具有明确的目标指引

党的十八大确定了在新的历史条件下全面建成小康社会、全面深化改革开放的宏伟目标，习近平总书记发出了实现中华民族伟大复兴的中国梦的时代号召。四川省委十届三次全会提出了与全国同步全面建成小康社会而奋斗的目标，指出今后几年是四川全面建成小康社会的攻坚期，必须紧跟全国发展步伐，圆满交出全面建成小康社会的四川答卷，奋力谱写中国梦的四川篇章，实现四川由经济大省向经济强省跨越、由总体小康向全面小康跨越。

## 五、应具有明晰的实施路径

在指导思想中应根据战略的重要内容和实施举措进行精要的概述，为整个战略的推进明确总体实施路径，为具体任务提供指引。例如，实施"两化"互动、城乡统筹的发展战略，就必须要紧紧围绕科学发展、加快发展和转变发展方式的主题主线，坚持以人为本，以改革开放为动力，以新型工业化为主导，以新型城镇化为载体，以农业现代化为基础，以信息化为支撑，以统筹推进为手段，着力构建富有区域竞争力的现代产业体系，加快形成大中小协调发展、形态适宜的现代城镇体系，形成以工促农、以城带乡、工农互惠、城乡一体的新型工农、城乡关系，大力提升"四化"同步发展水平，为四川省实现"两大跨越"、与全国同步全面建成小康社会提供强大发展支撑。

## 第二节 "两化"互动、城乡统筹的发展思路

"两化"互动、城乡统筹的发展思路是一系列对立统一，是多种发展路径和发展方面的有机统一。"两化"互动、城乡统筹的发展思路应该有如下几个特点。

### 一、顶层设计、全域规划

从全局上对发展战略的整体思路、总体架构、战略取向、阶段工作重点进行总体设计，在发展、改革、稳定相协调的基础上，强化全域理念，在产业形态、城市布局、功能定位、风格特色等方面进行系统设计和高端推进，将各类体制机制创新和政策体系保障纳入整体系统，进行设计和协调推进，以提高决策的科学性和政策执行的协调性，为实施"两化"互动、城乡统筹的发展战略奠定坚实基础。

### 二、工业主导、产业兴省

以自主创新、扩大开放、深化改革为动力，大力发展特色优势产业和战略性新兴产业，推动工业化和信息化高度融合，工业化和城镇化良性互动，制造业与服务业深度结合，加快构建结构优化、创新驱动、集约高效、环境友好、惠及民生、内生增长的工业发展格局，不断增强工业核心竞争力和可持续发展能力，努力构建现代产业体系，加快推进工业现代化，为四川省从经济大省向经济强省跨越、从总体小康向全面小康跨越打下坚实的基础。

### 三、"两化"互动、产城融合

将新型工业化、新型城镇化作为一个整体，以工业化为主导推进城镇化，促使产业发展和城镇建设相互配合、协调同步、整体推进。以产业园区建设发展为

切入点，依托城市建设产业园区，依托产业园区拓展城市空间，做到生产力布局与城镇体系相匹配，与四川省人口城镇化进程相适应，协调处理好产业和城市的空间关系，实现产业结构、就业方式、人居环境、社会保障等由"乡"到"城"的重要转变。

## 四、以工促农、城乡一体

充分发挥工业对农业的支持反哺作用、城市对农村的辐射带动作用，改革和消除歧视农民与不利于农业发展的制度，提供公平合理的制度安排，统筹城乡发展规划，统筹城乡资源配置，统筹城乡社会事业，加快构建新型农业经营体系，赋予农民更多财产权利，推进城乡要素平等交换和公共资源均衡配置，增强农民自我发展的机会和能力，建立以工促农、城乡一体的长效机制，促进农村发展和农民生活改善。

## 五、系统改革、制度创新

坚持用改革的办法解决发展中的问题，加快推进户籍制度改革，创新流动人口管理机制，推进农业转移人口市民化。完善资源型产品价格形成机制，建立城乡统一的资本、产权、土地和劳动力等要素市场，促进要素平等交换。统筹城乡基础设施建设和社区建设，充实基层力量，强化社区自治和服务功能。加强城乡医疗、教育、社保等公共服务保障力度，推进城乡公共服务均等化。

## 六、以人为本、群众主体

坚持以人为本，把人民群众的根本利益作为实施"两化"互动、城乡统筹的发展战略的出发点和落脚点。紧紧依靠群众，充分尊重群众，保障合法权益，发挥群众首创精神，努力实现发展成果由人民共享，将发展的成果更多更公平地惠及全体人民。在推进城镇化过程中，不断关注民生、改善民生，不断进行分配制度改革和调整，努力缩小城乡收入差距，做好公益事业，不断提高社会保障水平，使城乡居民生活水平全面提高。

## 七、分类实施、特色发展

地区发展不平衡，山区、民族地区欠发达是四川省的基本省情，决定了四川省在实施"两化"互动、城乡统筹发展战略过程中，在产业发展、城镇布局、功能定位中既要符合经济和城镇发展一般规律，又要充分体现和发挥不同地区比较优势，根据资源、环境、人口承载能力，按照首位城市、次级城市和县域经济不同层级，结合地区发展条件，实施分类推进，促进差异化发展，探索一条具体的四川特色的城镇化道路。

## 第三节 “两化”互动、城乡统筹的战略目标

中国共产党四川省第十次代表大会对深入实施“两化”互动、城乡统筹的战略进行了全面深入的部署，明确指出要坚定不移走“两化”互动的发展之路，努力构建四川现代化的基本框架；要坚定不移走统筹城乡的发展之路，努力形成城乡一体化发展新格局。强调要坚持以工业强省为主导，把“两化”互动、城乡统筹作为推进跨越发展的主路径和主引擎，全面增强产业核心竞争力、城市整体竞争力和区域综合竞争力[48]。这既是深入实施“两化”互动、城乡统筹战略的总纲，也是具体目标和具体要求。

### 一、战略目标设立的动态性

“两化”互动、城乡统筹的战略目标是对实施发展战略的预测性目标，是确立的发展方向以及战略实施后所要达到的水平、发挥的作用和影响力。由于国际大环境、国家主导政策规定、本地综合条件都不是固定变化的，所以“两化”互动、城乡统筹的战略目标也是一个动态调整的过程，只有这样才能保证战略目标与所处区域现代化建设进程相符。“两化”互动、城乡统筹的发展战略，是四川省委、省政府在全面总结统筹城乡综合配套改革试点经验基础上，提出立足四川实际、把握科学发展规律的重大决策部署，是历届省委、省政府领导班子逐步探索出的一条新路子，其发展思路和目标也是一个不断完善与发展的过程，如表5-1所示。2002年5月，中国共产党四川省第八次代表大会首次提出建立现代化城镇体系。2003年3月，省委、省政府出台《关于加快城镇化进程的意见》明确提出，到2020年全省城镇化率达到全国平均水平。2008年10月，省委九届六次全会审议通过《中共四川省委关于统筹城乡发展开创农村改革发展新局面的决定》，提出到2020年农民人均纯收入比2008年翻一番以上。2010年10月，省政府办公厅印发《四川省国民经济和社会发展“十二五”规划基本思路》，提出到2015年，全省经济总量突破3万亿元大关，人均生产总值达到3.6万元左右，三次产业结构由15：48：37调整为10：50：40，城镇化率年均提高1.5个百分点，达到48%左右，城镇居民人均可支配收入达到24600元，农民人均纯收入达到8200元。2011年10月，省委、省政府出台的《关于加快推进新型工业化新型城镇化互动发展的意见》（川委发〔2011〕

15 号）明确提出，到 2015 年，全省人均生产总值达 3.5 万元左右，工业增加值占全省生产总值的比重达到 45%，城镇化率达到 48%左右。2011 年 12 月，省政府办公厅印发《四川省"十二五"工业发展规划》，提出到 2015 年，全部工业增加值占全省 GDP 的 45%。规模以上工业增加值总量在 2010 年的基础上翻一番，年均增长15%。2012 年 5 月，中国共产党四川省第十次代表大会提出到 2017 年实现"三个翻番"的目标，即全省生产总值、地方公共财政收入、城乡居民收入实现翻番。实现"五个提升"，包括构建起与西部经济发展高地相匹配、具有较强竞争力的现代产业体系，实现城镇人口超过农村人口的结构性转变。2013 年 5 月，省委十届三次全会确立全面建成小康社会的目标，到 2020 年，如期全面建成小康社会，全省人均地区生产总值和城乡居民人均收入赶上全国当年水平。

表 5-1　"两化互动"、城乡统筹战略目标的动态调整过程

| 时间 | 依据 | 主要目标内容 |
|---|---|---|
| 2002 年 5 月 | 中国共产党四川省第八次代表大会 | 首次提出建立现代化城镇体系 |
| 2003 年 3 月 | 省委、省政府出台《关于加快城镇化进程的意见》 | 到 2020 年全省城镇化率达到全国平均水平 |
| 2007 年 12 月 | 省委九届四次全会 | 提出加快构建起与西部经济发展高地相适应的现代工业经济体系，加快构建起与现代产业发展相匹配、科学合理的现代城镇体系 |
| 2008 年 10 月 | 省委九届六次全会审议通过《中共四川省委关于统筹城乡发展开创农村改革发展新局面的决定》 | 到 2020 年农民人均纯收入比 2008 年翻一番以上 |
| 2010 年 10 月 | 《四川省国民经济和社会发展"十二五"规划基本思路》 | 到 2015 年，全省经济总量突破 3 万亿元大关，人均生产总值达到 3.6 万元左右，三次产业结构由 15：48：37 调整为 10：50：40，城镇化率年均提高 1.5 个百分点，达到 48%左右，城镇居民人均可支配收入达到 24600 元，农民人均纯收入达到8200 元 |
| 2011 年 10 月 | 《关于加快推进新型工业化新型城镇化互动发展的意见》（川委发〔2011〕15 号） | 到 2015 年，全省人均生产总值达 3.5 万元左右，工业增加值占全省生产总值的比重达到 45%，城镇化率达到 48%左右 |
| 2012 年 5 月 | 中国共产党四川省第十次代表大会 | 提出到 2017 年实现"三个翻番""五个提升"发展目标 |
| 2012 年 7 月 | 全省深入实施两化互动、城乡统筹的发展战略工作会 | 提出着力构建具有区域竞争力的现代产业体系和现代城镇体系、城乡经济社会发展一体化新格局，着力构建现代社会治理模式 |
| 2013 年 5 月 | 省委十届三次全会 | 确立与全国同步全面建成小康社会的目标，到 2020 年，如期全面建成小康社会，全省人均地区生产总值和城乡居民人均收入赶上全国当年水平 |
| 2013 年 12 月 | 省委经济工作暨城镇化工作会议 | 提升城镇化质量，以人的城镇化为核心，走出一条形态适宜、产城融合、城乡一体、集约高效的新型城镇化路子 |
| 2014 年 2 月 | 省委十届四次全会 | 到 2020 年，完成改革任务，在重要领域和关键环节改革上取得决定性进展，形成系统完备、科学规范、运行高效的制度体系，使各方面制度更加成熟、更加定型 |

## 二、战略目标设立应考虑的因素

### （一）深入分析发展背景

当前，全国总体上已进入工业化中期阶段，并正在向工业化后期发展，经济增速开始趋于稳定。四川省则刚开始进入工业化中期，依据历史发展规律，未来 5～8 年四川省都将处于快速发展的"黄金时期"，同时四川省还面临国家实施新一轮西部大开发、启动建设成渝经济区和天府新区、国内外产业向西部大规模转移等重大机遇，深入实施"两化"互动、城乡统筹的总体战略具有很多有利的发展条件和外部环境。同时，也要清醒地认识到，"人口多、底子薄、不平衡、欠发达"的基本省情没有根本改变，工业化城镇化进程滞后于全国，产业层次偏低，科技创新能力不强，经济外向度不高，民族地区、革命老区、盆周山区贫困问题突出，与全国同步全面建成小康社会任务尤为艰巨繁重[49]。为此，四川省的经济社会发展必将保持快于全国的发展态势，缩小与全国的发展差距必须加快，才能实现省委确立的"两个跨越"的目标，才能与全国同步全面建成小康社会。

### （二）准确把握发展特征

当前，四川省正处于工业化城镇化的"双加速"期、建设西部经济发展高地的攻坚期、全面建设小康社会的关键期[50]。在这个关键阶段，面对复杂严峻的国际国内经济形势，如何保持四川省经济持续快速发展势头，成为摆在各级党委、政府面前的一项重要任务。实施"两化"互动、城乡统筹的总体战略，既是新的历史时期四川省各级党委、政府推进科学发展的重要实践，又是新的发展阶段四川省经济社会持续快速发展的主要动力，在当前和今后一个时期，对四川省发展具有十分重大的战略意义。

### （三）全面体现发展要求

四川省地域广阔，区域差异较大，各地发展进程不同，发展条件也各不相同。这就决定了各地在深入实施"两化"互动、城乡统筹的总体战略过程中，必须从实际出发，分类指导，扬长避短，根据不同的资源优势、区位条件、产业基础和主体功能区建设要求，根据不同地区的不同发展阶段、不同发展基础，找准实施总体战略的结合点和突破口,把科学发展具体化。各地制定总体战略实施规划,要尽量体现区域特色,突出差异化定位;各地实施总体战略的路径和模式要因地制宜,宜农则农、宜工则工、宜商则商,区分轻重缓急、先后次序;各地推进总体战略的重点和步骤要因时制宜,根据发展情况及时做出动态调整。对经济相对发达地区而言,要根据所处的发展阶段,更加注重发展先进制造业和现代服务业,大力提高新型工业化、新型城镇化水平。民族地区和贫困地区则要立足本地实际,突出优势和特色,走多样化的发展道路[51]。

## (四)科学理解发展内涵

实施"两化"互动、城乡统筹发展的总体战略,就是要着眼实现全面小康、迈向现代化的奋斗目标,总结和汲取国内外现代化历程的经验教训,解决当前四川发展的阶段性矛盾和问题[30]。基本取向是加快发展,增强发展的持久动力。内在要求是转型提升,加快转变经济发展方式。关键之举是改革突破,消除城乡二元结构体制障碍。核心支撑是创新驱动,提高发展竞争力和质量效益。根本方法是统筹兼顾,提高发展的全面性、协调性和可持续性。

## 三、战略目标应具有的特点

制定全省"两化"互动、统筹城乡的战略目标,必须贯彻落实党的十八大精神,在坚持中国共产党四川省第十次代表大会发展思路基础上,在考虑发展的规模、速度的同时,又要考虑发展的质量和效益,确保战略目标的宏观性、超前性、稳定性、全面性、可分性、可检验性和可激励性。

## (一)宏观性与特殊性

战略既要反映宏观层面的发展方向和要求,又要反映具体实施中微观层面影响全局性的特殊方面,战略的这种特性决定了战略目标既要反映宏观方面的要求,又要反映特殊方面的要求。简单地讲,在设立具体战略目标的时候,既要有反映全局的总目标,又要有反映特色性的分目标。"两化"互动、城乡统筹的总体目标,既有社会层面的发展目标,又有经济层面的发展目标,还有生态方面的发展目标,除此以外,它的特色目标就是工业化目标、城镇化目标或者产业发展目标等,这样的目标体系才能够反映战略的总体要求。

## （二）长期性与阶段性

战略是管长远的，但是它也有阶段性的战略任务，通过阶段任务的实现来支撑战略的整体实现。战略的这个特性就决定了制定战略目标要充分考虑长期性与阶段性的结合。"两化"互动、城乡统筹战略的长期性目标就是要实现城乡一体化发展，实现公共资源在城乡间合理、自由流动和配置。这一战略的阶段性目标要根据四川发展的阶段性特征来确立，例如，"十二五"期间的阶段性目标就是实现新型工业化与城镇化的双加速，为长远目标奠定产业基础和空间条件。

## （三）相对稳定性与动态调整性

战略必须是相对稳定的总体发展谋划，不能朝令夕改，但是战略也要在实施过程中根据变化的条件和基础，做出相应的适度调整，这就是战略的动态调整性。战略的这个特性决定了制定战略目标必须充分考虑到影响战略稳定的各种变化因素，从而使战略目标的构成、主要指标在实施期内相对稳定，保持与战略总体要求相一致，又要留出目标调整的弹性空间，以便更好地与发展预期相协调。因此"两化"互动、城乡统筹目标的稳定性就体现在总体战略要达到的最终目的，就是实现城乡一体化；动态性目标安排就是通过倒测数据来分阶段制定实施目标，同时根据外部条件的预期变化对目标做出适度的调整空间安排。

另外，战略目标还要充分考虑可检验性和激励性。为了对社会治理活动进行准确的衡量，战略目标应该是具体的和可以检验的。目标必须明确，具体地说明将在何时达到何种结果。目标的定量化是使目标具有可检验性的最有效的方法。但是，许多目标难以数量化，时间跨度越长、战略层次越高的目标越具有模糊性。此时，应当用定性化的术语来表达其达到的程度，要求一方面明确战略目标实现的时间，另一方面详细说明工作的特点。目标本身是一种激励力量，特别是当"两化"互动、城乡统筹的战略目标充分体现了该行政区域全体公共的共同利益，使战略大目标和个人小目标很好地结合在一起时，就会极大地激发党员干部和全体公众的工作热情与献身精神。

## 四、战略目标的主要构成

单就"两化"互动、城乡统筹战略而言，其战略目标的构成主要包括总体目标和各分目标，构成战略目标体系。总体目标包括人均 GDP、城镇居民人均可支配收入、农村居民人均纯收入。各分目标包括工业化率、城镇化率、生态指标、社会发展指标等。

## （一）总体目标

党的十八大确立到 2020 年全面建成小康社会的宏伟目标，对在新的时代条件下加快推进社会主义现代化事业做出全面部署。中共四川省委《关于深入贯彻落实党的十八大精神为与全国同步全面建成小康社会而奋斗的决定》指出，到 2017 年实现"三个翻番"目标，到 2020 年，与全国同步全面建成小康社会。要支撑这个目标，必须力争 2016 年全省生产总值达到 42000 亿元，2013～2016 年 GDP 年均增长 12%以上；必须力争 2020 年全省生产总值达到 64360 亿元，2013～2020 年 GDP 年均增长 10.2%以上。

（1）人均 GDP。2012 年，四川人均 GDP 为 29579 元，全国为 38354 元。四川是全国平均水平的 77%。若未来 8 年全国以 7.5%的速度递增，则到 2020 年全国人均 GDP 将达到 68404 元。四川到 2020 年人均 GDP 达到 68404 元，未来 8 年年均增速必须达到 11.04%以上，比全国高出 3.54 个百分点。

（2）城镇居民人均可支配收入。2012 年，四川城镇居民人均可支配收入 20307 元，全国为 24565 元。四川是全国平均水平的 83%。如果按照"比 2010 年翻一番"的目标，到 2020 年全国城镇居民家庭人均可支配收入达到 38218.8 元，未来 8 年年均增长 5.7%。如果四川到 2020 年城镇居民家庭人均可支配收入达到全国平均水平，则未来 8 年年均增速必须达到 8.2%以上，比全国高出 2.5 个百分点。

（3）农村居民人均纯收入。2012 年，四川农村居民人均纯收入 7001.4 元，全国为 7917 元。四川是全国平均水平的 88%。如果按照"比 2010 年翻一番"的目标，则到 2020 年全国农村居民家庭人均纯收入达到 11838.0 元，未来 8 年年均增长 5.2%。如果四川到 2020 年农村居民人均纯收入达到全国平均水平，则未来 8 年年均增速必须达到 6.8%以上，比全国高出 1.6 个百分点。

## （二）产业发展目标

到 2020 年，基本构建结构优化、技术先进、清洁安全、附加值高、吸纳就业能力强的具有四川特色和区域竞争优势的现代产业新体系。将四川省建设成西部重要的战略资源开发基地、现代加工制造业基地、科技创新产业化基地、农产品深加工基地，参与和融入全球产业链。形成以高新技术产业为先导、基础产业和制造业为支撑、服务业全面发展的格局，三次产业协调发展。要支撑与全国同步小康目标，2020 年全部工业增加值占 GDP 比重提升至 47%，按规模以上工业增加值占全部工业 90%左右来测算，2020 年规模以上工业增加值总量达到 2.8 万亿元，2013～2020 年年均增长 13.2%。其中七大优势产业工业增加值超过 2.5 万亿元，占全省工业比重分别达到 80%以上；战略性新兴产业先导作用不断强化，占全省工业总产值的比重为 24%。力争全省年销售收入超 100 亿元的企业达到 80户，超 1000 亿元的企业达到 13 户；全省大中型工业企业研发（R&D）经费占销售收入的比重达到 2%，新产品产值率达到 28%，初步建立与全国工业强省和现代产业体系相适应的区域创新体系，主导产品技术水平达到国内先进水平。

## （三）城镇发展目标

2020 年，四川省城镇化率的测算：2007～2012 年，四川省城镇化率年均提高1.6 个百分点，规划 2015 年达到 48%，2017 达到 50%。2014 年 3 月发布的《国家新型城镇化规划（2014—2020 年）》，到 2020 年的发展目标是常住人口城镇化率达到 60%左右，户籍人口城镇化率达到 45%左右，从 2012 年开始城镇化率的年均增速预期为 0.92%左右。按照 2003 年 3 月省委、省政府出台《关于加快城镇化进程的意见》，到 2020 年全省城镇化率达到全国平均水平。四川省已经成功迈入工业化中期阶段，进入工业化城镇化"双加速"时期，若 2020 年四川省常住人口城镇化率要达到 60%，则 2017～2020 年需要提高 10 个百分点。全省城乡基础设施和公共服务设施显著改善，城乡居民生活品质和文明水平显著提高，城镇集聚辐射创新能力显著增强，城镇化发展质量达到全国平均水平，基本形成成都平原城市群、川南城市群、川东北城市群、攀西城市群一体化快速发展新格局，全面构建起支撑经济文化强省建设、大中小城市和小城镇协调发展的城镇体系。

## （四）城乡统筹目标

到 2020 年，户籍制度改革稳妥推进，特大城市人口规模得到合理控制，大中城市、小城镇的落户限制全面放开，流动人口居住证制度全面推行。农村土地产权制度改革以及农村集体土地所有权、承包地经营权、宅基地使用权、林权等确权颁证工作稳妥推进，农村土地综合整治成效明显，土地流转交易市场进一步规范。符合条件的城乡居民全部纳入制度保障范围，基本养老、医疗保险关系在城乡间、地区间逐步实现转移接续，实现医保制度全省统筹。户籍、土地、社会保障、行政区划调整、投融资等方面改革取得实质性进展。城乡经济社会发展一体化体制机制基本建立；城乡基本公共服务均等化明显推进，形成城乡社会发展一体化新格局。按照 2008 年 10 月省委九届六次全会审议通过的《中共四川省委关于统筹城乡发展开创农村改革发展新局面的决定》，到 2020 年农民人均纯收入比2008 年翻一番以上，据此测算，农民人均收入达到 8242 元以上。

# 第六章　构建"两化"互动、城乡统筹的现代城镇体系

本章按照多点多极发展支撑战略的内在要求,根据四川省不同地区资源禀赋、环境承载能力和主体功能区定位,分类提出不同空间和区域的开发策略,构建具有区域特色的宜居宜业宜商的现代城镇体系。

## 第一节　现代城镇体系发展的条件

实施"两化"互动、城乡统筹,应综合考虑城市未来发展规模、人口和产业集聚度、资源环境承载力等多重因素,本节在对四川省总体空间条件进行概述的基础上,重点分析不同区域城市的空间承载能力和国土资源的开发与保护。

### 一、四川省区域空间总体概况

四川省土地辖区面积 48.61 万平方公里,占全国国土面积的 5.1%。地形复杂多样,在西南地区建设用地条件较好,适宜建设用地多于重庆、贵州、云南。水资源丰富,居全国前列,人均水资源是人口大省中唯一超过全国平均水平的省份,但水资源分布不均,盆地腹地水资源量仅占全省的 22%,四川省人居环境总体优越。

四川省自然灾害类型多、发生频率高、危害严重,为全国自然灾害最严重的省份之一。灾害的区域性、季节性和阶段性特征突出,并具有显著的共生性和伴生性。包括地震、山洪、泥石流、滑坡、崩塌、干旱、冰雹、雪灾、风灾、雷暴、沙尘暴、雪崩、森林火灾等。地震多、震级大、分布广,四川省有 70%的区域处于较高地震烈度区;地质灾害持续、多发,全省 174 个地质灾害易发县地质灾害隐患 4 万余处,威胁 220 万人和 400 亿元财产的安全;山区暴雨洪水频率高、范围广、持续时间长,在地形因素与大气环流共同作用下,四川省极易暴雨成灾。

四川省主要的环境问题:一是水土流失严重,生物多样性减少。四川省土壤侵蚀面积排全国第五,但水力侵蚀面积全国第一。高山高原区冻融、土壤和水力侵蚀严重;石漠化地区主要分布在攀西、川南高山区;高山高原区植被退化严重,影响农业快速发展;四川省极危物种 136 种,岷江上游的鱼类已从 40 种下降到

16种。二是环境污染形势恶化。岷江、沱江流域水污染严重，支流尤甚。其中岷江流域的污染集中在成都、眉山、乐山境内的支流，主要包括成都的府河、江安河；眉山的体泉河、乐山的茫溪等。沱江流域的污染集中在流经德阳的绵远河、流经内江和自贡的威远河、流经自贡的釜溪河等。三是四川大气环境堪忧。成都平原大气 $PM_{2.5}$ 于2005年之前位居全国之首，其中四川省 $SO_2$ 浓度水平整体较高，攀枝花与成都平原等工业粗放型发展城市污染严重。

当前四川省的发展主要受环境、土地、水资源、矿产资源的压力，据测算，在协调发展模式下，四川省的资源环境承载力在1.2亿~1.5亿人。

## 二、不同区域的空间承载力分析

城市群是支撑四川省发展的新增长极之一，四大城市群由于地形地貌、自然资源和经济发展水平上的差异，城市的空间承载能力也不同。成都平原城市群大部分地势平坦，生态敏感性低，城市综合承载能力、综合竞争力都处于西部第一位。当前制约城市群经济、社会发展和城镇化进程最主要的因素是水资源、土地资源和环境容量。除了雅安市为水资源丰富地区，其余城市均为结构性缺水状态；大气环境质量较差，沱江、岷江污染严重，部分城市已无环境容量，环境保护形势严峻。据测算，成都平原城市群人口容量约为4000万人。

川南城市群生态环境好，灾害风险低，水资源和土地资源相对丰富，但是水污染、大气污染均是全省最严重的地区，乌蒙山区石漠化现象较突出。据测算，川南城市群人口容量约为1950万人。

川东北城市群大部分地区生态敏感性低，生态环境好，但是人口多，人地矛盾突出，用地条件较差，人均水资源低，水土流失严重，洪水和地质灾害频发。据测算，川东北城镇群人口容量约为3000万人。

攀西城市群地形地貌复杂，生态环境好，但是可建设用地少，生态敏感性高，是全省水土流失、石漠化最严重的地区，也是地质灾害易发区，并且河谷地带产业污染严重，酸雨问题凸显，近年来有恶化趋势。据测算，攀西城镇群人口容量约为1000万人。

四大城市群概述，如表6-1所示。

表6-1　四大城市群概述

| 成都平原城市群 | 成都市、德阳市、绵阳市、乐山市、眉山市、雅安市、资阳市、遂宁市 |
| --- | --- |
| 川南城市群 | 自贡市、内江市、泸州市、宜宾市 |
| 川东北城市群 | 南充市、广安市、达州市、广元市、巴中市 |
| 攀西城市群 | 攀枝花市、凉山彝族自治州 |

## 三、优化国土空间开发与保护

全省国土开发和空间布局成绩显著，为经济社会持续快速健康发展提供了有力支撑，但也存在着国土开发空间结构①矛盾突出，利用效率较低；城乡和区域发展不均衡，基本公共服务差距大；部分地区耕地减少过快，保障粮食安全压力较大；部分地区资源开发强度过大，环境破坏较突出等方面的问题。随着"两化"互动、城乡统筹战略的深入实施，要充分发挥主体功能区规划在全省层面协调开发建设的空间需求和改善居民生活空间需求，优化城乡空间结构，缓解生态环境压力等方面的作用，促进各地经济社会健康发展。

### （一）四川省国土空间的主体功能区分类

依据四川省主体功能区规划，四川省国土空间共分为重点开发区域、限制开发区域（农产品主产区和重点生态功能区）、禁止开发区域三类，其中禁止开发区域分散于重点开发和限制开发区域内。

重点开发区域是有一定经济基础、资源环境承载能力较强、发展潜力较大、集聚人口和经济的条件较好，从而应该重点进行工业化城镇化开发的城市化地区[52]。重点开发区域也是全省"两化"互动、城乡统筹发展的主要承载区域，对带动全省经济社会加快发展，促进区域协调发展意义重大。重点开发区域的开发原则：统筹规划国土空间，健全城市规模结构，促进人口加快集聚，构建现代产业体系，提高经济发展质量，完善基础设施体系，保护生态环境，把握开发时序。

限制开发的农产品主产区是指具备较好的农业生产条件，以提供农产品为主体功能，以提供生态产品、服务产品和工业品为其他功能，需要在国土空间开发中限制进行大规模高强度工业化城镇化开发，以保持并提高农产品生产能力的区域。限制开发的重点生态功能区是指生态系统十分重要，关系较大范围区域的生态安全，目前生态系统有所退化，需要在国土空间开发中限制进行大规模高强度工业化城镇化开发，以保持并提高生态产品供给能力的区域。

禁止开发区域点状分布于城市化地区、农产品主产区、重点生态地区。国家级禁止开发区域包括国家级自然保护区、世界文化自然遗产、国家级风景名胜区、国家森林公园、国家重要湿地、国家湿地公园和国家地质公园；省级禁止开发区

---

① 空间结构是指不同类型空间的构成及其在国土空间中的分布，如城市空间、农业空间、生态空间的比例，以及城市空间中城市建设空间与工矿建设空间的比例等。

域包括省级及以下各级各类自然文化资源保护区域、重要饮用水水源地以及其他省级人民政府根据需要确定的禁止开发区域[53]。

## （二）四大城市群的主体功能

将成都平原、川南、川东北、攀西四大城市群内各城镇主体功能归纳如下。

（1）成都平原城市群。涵盖范围：成都市、德阳市、绵阳市、乐山市、眉山市、雅安市、资阳市、遂宁市。主体功能定位：我国中西部综合实力最强的城市群，西部地区核心增长极，全国重要的综合交通枢纽、商贸物流中心和金融中心，以及先进制造业基地、科技创新产业化基地和农产品加工基地。

成都平原城市群主体功能划分，如表6-2所示。

**表6-2　成都平原城市群主体功能划分**

| | |
|---|---|
| 重点开发区域 | 成都市：锦江区、青羊区、金牛区、武侯区、成华区、龙泉驿区、青白江区、新都区、温江区、都江堰市、彭州市、邛崃市、崇州市、金堂县、双流区、郫都区、大邑县、蒲江县、新津县、简阳市 |
| | 德阳市：旌阳区、广汉市、什邡市、绵竹市、罗江县 |
| | 绵阳市：涪城区、游仙区、江油市、安州区 |
| | 乐山市：市中区、五通桥区、沙湾区、夹江县、峨眉山市、金口河区、犍为县 |
| | 眉山市：东坡区、彭山县、丹棱县、青神县、仁寿县 |
| | 雅安市：雨城区、名山区、荥经县 |
| | 资阳市：雁江区 |
| | 遂宁市：船山区、安居区、射洪县、大英县 |
| | 中江县、三台县、盐亭县、梓潼县、安岳县、乐至县、井研县、汉源县、芦山县、洪雅县、沐川县、石棉县、峨边彝族自治县、马边彝族自治县的县城镇及重点镇 |
| 限制开发区域（农产品主产区） | 中江县、三台县、盐亭县、梓潼县、安岳县、乐至县、井研县、蓬溪县、洪雅县、汉源县、芦山县 |
| 限制开发区域（重点生态功能区） | 北川县、平武县、天全县、宝兴县、沐川县、石棉县、峨边彝族自治县、马边彝族自治县 |

（2）川南城市群。涵盖范围：自贡市、泸州市、宜宾市、内江市。该区域主体功能定位：成渝经济区重要的经济带，四川省新兴增长极，国家重要的资源深加工和现代制造业基地，成渝经济区重要的特大城市集群，川滇黔渝结合部综合交通枢纽，四川沿江和南向对外开放门户，长江上游生态屏障建设示范区。

川南城市群主体功能划分，如表6-3所示。

**表 6-3 川南城市群主体功能划分**

| | |
|---|---|
| 重点开发区域 | 自贡市：自流井区、贡井区、大安区、沿滩区、富顺县 |
| | 泸州市：江阳区、龙马潭区、纳溪区、泸县、合江县 |
| | 宜宾市：翠屏区、宜宾县、南溪区、江安县 |
| | 内江市：市中区、东兴区、威远县、隆昌市 |
| | 荣县、资中县、长宁县、高县、珙县、筠连县、兴文县、叙永县、古蔺县、屏山县的县城镇及重点镇 |
| 限制开发区域（农产品主产区） | 荣县、资中县、长宁县、高县、珙县、筠连县、兴文县、叙永县、古蔺县 |
| 限制开发区域（重点生态功能区） | 屏山县 |

（3）川东北城市群。涵盖范围：南充市、广安市、达州市、广元市、巴中市。该区域主体功能定位：我国西部重要的能源化工基地，农产品深加工基地，红色旅游基地，川渝陕结合部的区域经济中心和交通物流中心，四川省新兴增长极。

川东北城市群主体功能划分，如表 6-4 所示。

**表 6-4 川东北城市群主体功能划分**

| | |
|---|---|
| 重点开发区域 | 南充市：顺庆区、高坪区、嘉陵区、阆中市、南部县 |
| | 广安市：广安区、华蓥市、武胜县 |
| | 达州市：通川区、达川区、大竹县 |
| | 广元市：利州区、昭化区、朝天区 |
| | 巴中市：巴州区 |
| | 西充县、营山县、蓬安县、仪陇县、岳池县、开江县、渠县、宣汉县、平昌县、剑阁县、苍溪县、邻水县的县城镇及重点镇 |
| 限制开发区域（农产品主产区） | 西充县、营山县、蓬安县、仪陇县、岳池县、开江县、渠县、宣汉县、平昌县、剑阁县、苍溪县、邻水县 |
| 限制开发区域（重点生态功能区） | 旺苍县、青川县、万源市、通江县、南江县 |

（4）攀西城市群。涵盖范围：攀枝花市、凉山彝族自治州。攀西国家级战略资源创新开发试验区、全国重要的钒钛和稀土产业基地、全国重要的水电能源开发基地、全省重要的亚热带特色农业基地。

攀西城市群主体功能划分，如表 6-5 所示。

**表 6-5 攀西城市群主体功能划分**

| | |
|---|---|
| 重点开发区域 | 攀枝花市：东区、西区、仁和区、盐边县 |
| | 凉山彝族自治州：西昌市、冕宁县、会理县 |
| | 会东县、德昌县、米易县、木里县、盐源县、宁南县、普格县、喜德县、越西县、甘洛县、雷波县、布拖县、金阳县、昭觉县、美姑县的县城镇及重点镇 |
| 限制开发区域（农产品主产区） | 会东县、德昌县、米易县 |
| 限制开发区域（重点生态功能区） | 木里县、盐源县、宁南县、普格县、喜德县、越西县、甘洛县、雷波县、布拖县、金阳县、昭觉县、美姑县 |

# 第二节　构建四大区域城镇体系

城镇体系是在一定地域范围内，以中心城市为核心，由不同规模、不同职能、相互联系城镇组成的城镇群体，是城市竞争的基本空间单元和重要的空间组织形式。构建科学的现代城镇体系是城市化战略的重要组成部分。

## 一、以城市群为主体形态

城市群是经济发展的必然结果，是衡量一个国家或地区社会经济发展水平的重要标志。随着全球化进程不断加速，参与国际合作与竞争的主体已由单一城市转向城市群，城市群之间的分工、合作和竞争，将决定世界经济和政治格局。目前国际上已经形成六大世界级城市群，包括美国东北部大西洋沿岸城市群、北美五大湖城市群、英国伦敦城市群、欧洲西北部城市群、日本太平洋沿岸城市群和我国长江三角洲城市群。我国已经形成 23 个城市群，其中东部沿海地区京津冀、长三角、珠三角等城市群密集，是我国国民经济重要的增长极和参与国际经济合作与竞争的主要平台，但中西部城市群发育明显不足。随着西部大开发和中部崛起战略的深入推进，在中西部资源环境承载能力较强地区，加强统筹规划，加快培育以特大城市和大城市为龙头，发挥中心城市作用，形成若干用地少、就业多、要素集聚能力强、人口分布合理的城市群，有利于推动人口经济布局更加合理、区域发展更加协调。

中央提出推进城乡要素平等交换、公共资源均衡配置和以人为核心的城镇化，推动大中小城市和小城镇协调发展、产业和城镇融合发展，促进城镇化和新农村建设协调推进，明确要求把城市群作为主体形态，促进大中小城市和小城镇合理分工、功能互补、协同发展，建设历史记忆、地域特色、民族特点的美丽城镇。

四川省委、省政府在全省城镇化发展战略中提出以科学规划为引领，以城市群为主体形态，依托四川省初步建立的四大城市群，推进大中小城市和小城镇协调发展，建立以工促农、以城带乡、城乡统筹的城乡经济社会一体化新格局。明确了四川省城镇化的发展是以城市群为主体的。

## 二、着力推进成都平原城市群同城化发展

成都平原城市群是四川省人口、经济、城市最密集的平原地区，是都江堰造就的天府之国所在地，也是四川省自然条件最好、历史上一直最富裕、最发达的地区。

以成都为核心，绵阳、德阳与乐山特大城市以及遂宁、眉山、资阳等大城市为支撑，打造我国中西部综合实力最强的城市群和西部地区的核心增长极，构建"两地两区"[①]。推进成都平原城市群同城化发展，打造邻接地区空间合作区，成为区域合作的主要载体。完善城市间的快速交通网络，强化中心都市圈的集散、服务、创新和管理功能，增强对周边地区的辐射带动能力，建立基础设施共享、生态环境共保、要素市场一体化和产业布局一体化的发展格局。

优化空间发展格局，形成"一核四圈六轴一带"：以成都市区，包括天府新区为核心；以成都、绵阳、乐山、遂宁为中心构建四大都市圈；以绵阳—成都—乐山为一级城镇发展轴，都江堰—成都—资阳、成都—金堂—遂宁、盐亭—简阳—仁寿为二级发展轴，北川—绵阳—遂宁、雅安—乐山为三级发展轴，形成网络状六条发展轴，构建龙门山生态旅游带。

优化成都主城区建设，加快推进天府新区建设；培育绵阳、德阳、乐山、遂宁、双流、龙泉驿、新都—青白江为特大城市；培育温江、郫都、新津、都江堰、资阳、眉山为大城市，发展彭州、金堂、邛崃、崇州、大邑、蒲江、广汉、什邡、绵竹、中江、江油、三台、简阳、峨眉山、雅安、射洪、蓬溪、大英、安岳、乐至、仁寿、彭山为中等城市，形成交通顺畅、产业协调互补的城镇密集地带。

切实保障成都平原城市群生态安全，不断改善环境质量，减少主要污染物排放总量，控制开发强度，增强抵御和减缓自然灾害能力。扩大森林、湖泊、湿地等绿色空间比重，增强水源涵养能力和环境容量。划定生态红线，阻止区域的连片绵延发展。

## 三、推进川南区域一体化发展

川南城市群位于长江上游四川南部，川滇黔渝三省一市的交界处，也是四川省域内人口稠密的地区之一。区域优势明显，拥有较强的工业基础和特色的优势产业。中等城市密集，空间聚合形态较好，是最适合成为成渝两地经济能量交换的区域。

以宜宾、自贡、泸州、内江城市群区域一体化为主线，以培育、协调、发展为手段，培育城镇群成长要素和条件，协调城镇群发展矛盾和问题，实现川南城镇群区域整体竞争力提升的核心目标，形成"一极、两区、三基地"：川滇黔渝结合部区域发展极核；四川通江达海、接轨国际的沿江南向对外开放基地；国家重要的资源深加工、名酒食品、能源化工与现代制造业基地；蜀南文化生态旅游

---

① "两地两区"是指国家先进制造和现代服务业基地、西部内陆开放高地、国家自主创新试验区、全国统筹城乡发展示范区。

基地。老工业基地转型升级、创新发展试验区；富有国际区域竞争力的多中心城市群一体化发展示范区。

强化对外开放，建设沿江、南向对外开放基地。与重庆、武汉、上海等地共同开发长江资源，与攀西、云南共同开发金沙江资源，与贵州共同开发赤水河资源，建设长江经济带脊梁。

优化提升产业体系，推动工业向技术资金密集和集群化转型，服务业向现代经营方式和现代服务业转型，农业向现代农业转型，发挥临港优势，建立"港工联动"＋"港贸联动"产业空间组织模式，逐步构建以新兴产业为先导，以能源重化工业、食品饮料、机械装备、矿产开发、轻纺、商贸物流、农产品加工业等传统优势产业为主体，现代服务业为支撑，现代农业为基础，与大城市发展相适应的现代产业体系。

区域一体化发展。强化中心城市协作联动，加强基础设施互联互通，促进产业分工，协推进公共服务对接共享，加强生态环境共建共治，共同打造多中心、网络化、共建共享的一体化城镇群，缩小区域和城乡差距，促进区域、城乡协调可持续发展。

优化空间发展格局，四市同城，核心聚合发展。构建涵盖内、自、宜、泸四市的核心都市区，形成"一带两廊"的空间发展格局：沿长江城镇发展带、成渝经济区经隆昌—泸县—泸州—叙永至贵州、广西和东盟的纵向城镇发展廊、成渝经济区经内江—自贡—宜宾—水富至云南、缅甸的纵向城镇发展廊。

充分发挥内江、自贡、宜宾、泸州四个特大城市聚合的"大都市圈（区）"的辐射带动作用，大力推进大城市建设进程，积极培育中等城市，优化整合小城镇，强化中心城市的带动作用。大力培育自贡市、泸州市、宜宾市三个特大城市和内江市大城市；积极发展资中、威远、隆昌、荣县、富顺、叙永、珙县、筠连等中等城市为次级中心，辐射带动周边区域走向城乡协调发展，实现共同小康目标。

协调城镇群发展规模与资源环境承载力，协调重点区域流域开发与生态安全格局之间的矛盾。加快产业升级，改变能源结构，改善大气环境质量；加强环境基础设施建设，减少污染排放，改善水环境；梳理河网水系，建立起上下游协作共赢生态管理机制，实施区域调水，确保内江、自贡等发展用水；南部农业生态区需加强水土保持，控制石漠化。

## 四、积极推进川东北城市群协同发展

川东北城市群是成渝经济区重要的经济腹地，近年来，达成铁路、城南高速、广南高速、达渝高速等多条交通干道的建成通车，有效地改善了这一区域社会经济发展的条件。南充、遂宁、广安、达州等城市发展迅速，成为四川发展中的第三大城市群。

以南充市为中心，达州市为副中心，广元、广安、巴中为支撑，培育川东北城市群为四川省次级支撑，成渝经济区和川渝陕甘结合部的新兴经济发展带。充分利用天然气、农产品、旅游等优势资源和区域交通优势，建设中国西部重要的天然气能源化工基地、国家级红色旅游和生态旅游胜地、四川省机械零部件配套基地、特色优质农产品深加工基地、革命老区和贫困地区发展示范基地、物流基地。加强生态保护与修复，加强环境保护，建设长江上游生态屏障。

积极培育区域性中心城市，优化城镇空间布局，形成"一环两心两区多点"的外向开放性空间结构：以南充市为中心，达州市为副中心；以嘉陵江沿江经济和城镇发展带（兰渝轴线广元—南充段）、成南达铁路和高速公路城镇发展带、广巴达高速公路城镇发展构成区域环线；两区包括南充、广安全市域和达州东南的东南盆地丘陵区与包括巴中、广元和达州的万源市的西北盆周山地区。

强化南充、达州作为川东北区域双中心城市的带动引领作用，引导核心城市各项功能的合理积聚与扩散，扩大辐射影响范围，强化人口、产业的集聚，争取培育南充市为200万人以上特大城市，形成四川省区域性的中心城市；培育达州市为百万人口的特大城市，川渝结合部的中心城市。发展广元、广安、巴中、阆中、南部、渠县、大竹7个大城市，培育蓬安、营山、宣汉、开江、华蓥山市、岳池、武胜、邻水、旺苍、苍溪、平昌等11个中等城市，形成大中城市和小城镇、乡村协调发展，优势集中，重点突出，梯度跟进，优化合理的城镇发展空间结构，全面提升区域整体经济实力。

川东北是嘉陵江重要的生态屏障，人口多，生态环境承载力有限。在发展中应坚持环境保护和经济发展同步，转变经济发展方式，调整产业结构，优化生产力布局，大力发展高端低碳、绿色产业，严格控制污染排放，强化循环经济，增大生态环境对经济发展的支撑力，持续改善区域环境质量。

## 五、支持攀枝花—西昌等毗邻城市联合发展

攀西城市群地处四川西南边陲，它以成昆铁路和雅攀高速公路为纽带，东北与四川盆地相连，西南与云南部分区县交界，是我国具有世界影响力的资源富集区和我国优势资源开发的重点地区，是成渝经济区发展的一个重要战略支撑点。

依托钒钛、稀土、水能、特色农业等优势资源和自然人文优势，提高资源综合开发利用水平，建设中国攀西战略资源创新开发试验区、全国重要的钒钛产业基地、全国重要的水电能源开发基地和四川省重要的亚热带特色农业基地、阳光度假休闲目的地、独特的民族文化发展区、川滇黔结合部的枢纽与发展走廊。

构建"两核一带两轴"的区域空间结构：积极培育以西昌、攀枝花为核心的经济圈，提升区域核心辐射力；强化安宁河谷城镇密集带，积聚城镇群的高端职能；发展攀枝花—会理—会东—宁南—金阳—雷波—屏山以及香格里拉—盐源—西昌—昭觉两条城镇和旅游发展轴。

优化空间结构，促进攀枝花—盐边—会理、冕宁—西昌—德昌同城发展。建立快速交通，对接交通通道、市政通道，整合产业园区，加快区域发展，实现城市群合理布局。

培育攀枝花市（含盐边）为特大城市，培育西昌市为大城市，培育昭觉、会理、盐源为三个重点小城市。

整合资源，加强资源的勘探与合理开发，加强综合利用和资源回收，加强资源的跨区域整合，积极开展与贵州六盘水、云南华坪的煤和昭通的铜、包头的稀土的区域合作。

# 第三节    加快首位城市发展

首位城市是指在一定区域范围内，规模上与第二位城市保持一定差距，吸引了区域城市人口的很大部分，在地区政治、经济、社会、文化、生活中占据明显优势的城市。一个具有影响力的首位城市，应该具有内部系统的完备性和外部系统的领跑带动性两方面的特征。

## 一、首位城市的空间布局特征和问题

党的十八大后，四川省委针对省内区域发展严重不平衡问题，提出多点多极支撑发展战略。"提升首位城市，支撑成都领先发展"是省委实施多点多极支撑发展战略的重大举措和必然要求。成都的首位城市建设具有领跑国际化、服务区域发展的双重诉求。作为首位城市，成都肩负国家重要的高新技术产业基地、商贸物流中心、综合交通枢纽和西部的交通主枢纽、产业主支撑、城市主引擎、开放主阵地重大功能，应成为全国区域中心城市。省委的多点多极支撑发展战略为成都提质升位，为建设国际化、现代化大都市提供巨大机遇，也对充分担当首位城市职能、携领全省发展提出更高要求。

目前，成都在规模上具有显著"首位城市"特征，省域内人口、产业资本、技术、信息向成都高度集中。但在功能上成都还远未达到首位城市要求，集聚形成的强大经济能量未能适时、有序向周边地区辐射和扩散，布局上呈现以下特征：城市单中心空间结构特征明显；"环放式"路网结构进一步强化向心发展，造成中心城交通拥堵、环境污染、生态恶化等"大城市病"突出；基础设施和公共服务配置不均衡，优质资源过度集中在中心城区，规划组团式走廊发展格局受到城市建成区蔓延冲击。这种不合理的城市布局给城市健康可持续发展带来了诸多问题。

## （一）市域城镇体系结构不合理，发展不平衡

从城市形成的作用力来看，合理的空间组合形式是市场无力解决的。在城镇化的加速期，市场不能提供足够的扩散力，反而会产生强大的集聚力。在市场发挥基础作用的前提下，中心城集聚经济效应显著大于周边城市，表现为中心城过大，周边区县发展滞后。根据第六次人口普查数据统计，成都中心城区集聚了全市 60%的人口，而其余的区县县城和小城镇集聚人口比例分别为 30%和 10%，市域城镇规模等级结构极不合理，严重影响城镇化的进程与质量。一方面，中心城常住人口高达 540 万，人口密度高，基础设施、公共服务设施承载力趋于极限，交通拥堵、人居环境恶化等城市病突出；另一方面，周边城市发展滞后，缺乏大城市，难以承担中心城市的市级医疗、教育、文化、体育等设施功能、产业和人口的疏解，不能与中心城区形成一体化格局，共同构筑首位城市。同时，小城镇个数多、分布广、密度高、规模小（小城镇平均人口规模仅为 4800 人，集聚人口不足 1 万人的占城镇总数的 89%），发展腹地资源不足，产业支撑能力弱，综合配套水平低，无法吸引人口聚集，促进就地城镇化。

## （二）城镇空间布局形态不合理，呈现连片发展态势

近十余年，在市场机制作用下，成都城镇化加速发展，大规模人口、资金涌入中心城。开发商为了追求城市房地产开发的高收益，以各种名目获得出让土地，进行大规模地产开发；另外，各级地方政府作为规划主体，在制定规划时普遍具有做大城市规模的政绩激励。这使成都中心城区和外围区县都不断向外拓展，规划的中心城与外围城市之间的环形绿隔及生态绿楔被不断侵占，城镇空间布局连片发展态势趋强，城市摊大饼式无序蔓延趋势难以遏制，走廊式、组团化的发展格局受到冲击，破坏城市可持续发展能力。

## （三）区域交通体系不完善，市域半小时交通圈未形成

中心城与外围的 14 个区（市县）、仅有龙泉、郫都、都江堰三个县城达到"一高一快一轨"快速连接的规划标准，全域城镇体系缺乏快速交通连接，难以形成

一体化发展的城市群。同时，市域轨道交通体系还不完善，大中小运量交通方式未形成梯次衔接的体系，无法实现快速转换。在对外交通方面，成都对外交通联系不足，高速公路和铁路等长距离运输还处于劣势，在国家交通体系中还是相对独立的一级，未占具有利的枢纽地位。

## （四）生态空间不足

成都市生态本底资源基础条件良好、总量较大，山、田、河、湖、林总面积占市域国土面积比例达80%以上，但生态品质不高，生态空间分布不均衡，缺乏大型水面湖泊，森林资源集中分布在两山地区（龙门山和龙泉山），距离中心城市较远，在城市主导风向上缺乏有效的生态屏障。全市各类生态资源还没有形成科学合理的生态体系，生态保护红线还没有划定，生态建设与城镇体系脱节。

## 二、首位城市的布局优化

## （一）优化全域城镇空间结构

按照疏解中心城，培育卫星城和区域中心城的思路，优化城市功能布局，构建具有成都特色的"一轴双核六走廊"的全域城镇空间结构，形成"多中心、组团式、网络化城镇群"。

中心城双核（中心城区和天府新区）是首位城市参与国际竞争的主体。中心城区重点通过控制人口规模、提升城市功能、调整经济结构实现城市转型发展。要通过降低城市建设密度和强度，降低人口和建筑密度，控制人口规模，优化城市空间形态，改善人居环境。以市场调迁和工业区转型升级为重点，逐步疏解中心城区人口和工业、商贸、物流、仓储等功能，向高端服务业转型，提升功能和品质；重点发展金融商业、文化创意、总部办公等现代服务业，推动中心城区业态提升。以地铁、有轨电车和"双快"系统为重点，推动城市交通提速升级。以环城生态区建设为重点，推动中心城区生态转型升级。以中轴线、主要干道为重点区域，推进中心城市形态提升。

加快推进天府新区建设，重点发展电子信息、新能源装备、新材料、生物技术等高技术产业和汽车研发、航空航天、工程机械设备、节能环保设备等高端制造业，加强对外经济、信息、文化平台建设，大力发展现代服务业，推动教育、行政、医疗卫生等优质公共资源向新区配置，将其建成宜业宜居的国际化现代化新城区，与中心城区形成"双核共兴"格局。

## （二）构建与城镇体系有机衔接的生态保护体系，改善人居环境

将山、水、田、林有机统筹，规划建设"两山两环两网六片"的生态保护体系。充分保护自然山水格局，保护和提升龙泉山、龙门山作为生态保育和水土涵养生态旅游综合功能区的功能。加大生态建设力度，建设环城生态绿带。严格控制成都绕城高速路和第二绕城高速路两侧 500 米范围用地，主要用于生态用地以改善中心城生态品质。以成都绕城高速路生态绿环为中心城与二圈层的绿隔，以第二绕城高速路生态绿环为二圈层和三圈层的绿隔，防止城市建成区连绵发展。保护优质农田和水源，构建六片位于城市发展走廊之间、防止城市连片发展的生态隔离区，构建生态廊道和城市通风廊道。划定生态保护红线，制定生态保护条例，刚性保护生态资源。

## （三）统筹城市空间布局与道路交通网络

城市是区域交通的中心节点，各种区域交通设施在城市的安排与城市功能布局和整体发展要求相适应，必须要将交通和土地利用进行统筹考虑。成都是典型的"环放型"向心式的道路结构，单中心圈层结构特征明显。要优化城市空间形态，必须逐步调整环放式道路结构。一是构建轨道交通（地铁、轻轨、市域快线、市郊铁路、有轨电车）、高快速路复合快速交通走廊，提升通道运送能力，支撑走廊式、组团化、网络化发展。二是结合地铁线路和站点，构建三级换乘枢纽，加强各种交通方式的无缝驳接，强化市域综合交通枢纽规划建设。三是处理好节点地区的交通组织，加快地下空间开发利用，形成立体交通，避免流量冲突。

## 三、首位城市的城镇集群发展

城市群是推进新型城镇化的主体。成都首位城市的发展必须立足于区域，统筹规划成都市域内大中小城市，使其整合成一个有机衔接、功能互补的城市组群，共同支撑国际化、现代化大都市功能，共同承担首位城市参与国际竞争和带动全省发展的职责。

## （一）完善城市群空间结构

完善首位城市城镇体系，构建由中心城区和天府新区直管区双核组成的特大中心城市与外围的卫星城、区域中心城、小城市、小城镇组成的功能互补、错位

发展、联系紧密、协调发展的城市群。成都中心城区及天府新区直管区外的龙泉驿、新都—青白江、郫都、温江、双流、新津、都江堰按照大城市的配套标准建设卫星城，推动城市组团发展，形成卫星城+功能组团+生态绿隔的空间格局，生态绿隔内的乡镇发展都市农业、镇区不突破现有规模。金堂、彭州、崇州、大邑、邛崃和蒲江等城市，按照中等城市配套标准建设区域中心城，以现代农业为基础，先进制造业与现代服务业协调发展，促进农村人口就近城镇化，辐射带动县域联动发展。

完善成都城市群空间结构。以成都为发展核心，拓展成德绵眉乐、成雅遂、成资城市轴线，培育绵雅眉资遂城市环线，构建"一核、三轴、一环"的城镇空间格局。

## （二）加快城市群对外运输通道建设，构建"世界-成都-区域"的综合交通体系

以高速公路和轨道交通为骨干，完善城际快速交通网络，构建以成都为中心的成都平原城市群"1小时轨道交通网络"。强化成都主枢纽功能，尽快实施成都新机场的建设，实现成都成为全国第四大空港的既定目标。依托成都航空枢纽，加强航空、接驳轨道快线、国铁、高速公路等多种交通方式的复合化，建立两个航空枢纽、铁路北站、东站、南站、成都国际集装箱中心等区域交通枢纽间的快速通道，实现多种交通方式的零距离换乘，形成以成都为中心联系区域及世界的综合交通体系。

## （三）构建产业集群，培育城市集群发展内生机制

发挥首位城市比较优势和巨大潜力，立足成渝经济区和成都城市群，辐射西部、面向全国、融入世界。

加强成都与周边市州产业合作，通过培育产业集群加快城市群的形成。推进成都平原内部更大范围产业的整合集聚，促进区域产业结构调整优化和土地资源集约利用，加快形成差异化、特色化、集群化的产业聚集区，构建梯度衔接、分工明确、联系紧密的城市群。成都作为首位城市，要发挥科研、资金和人才优势，重点要发展能够参与国际竞争的现代服务业和总部经济，其他市州要结合产业优势，培育壮大与首位城市功能互补的关联产业和配套产业，发展和培育先进制造业基地。应用大旅游、大产业理念，依托成都都江堰国际级旅游资源优势，整合各城市旅游资源，共同打造具有国际竞争力的国际旅游目的地。

# 第四节　促进次级突破城市发展

王东明同志在省委十届三次全会第一次会议上指出,要在提升首位城市的同时,着力次级突破、夯实底部基础,努力形成首位一马当先、梯次竞相跨越的生动局面。着力次级突破,就是推动有条件的市(州)和重点经济区率先突破,形成更多更强的支撑点和增长极。

## 一、次级突破城市的空间布局特征和问题

### (一)发展优势突出

四川省次级中心城市在人口、GDP、固定资产投资、社会消费总额、粮食总产量、城市数量和世界五百强投资额均位居西部之首,综合实力强劲,在西部地区具有明显总量优势。次级中心城市产业发展基础好,对外开放程度领先西部,产业结构均衡,电子等新兴产业发展迅速。次级中心城市历史文化积淀厚重,有国家级历史文化名城 7 个,省级名城 27 个。城市山水环境独特,地域特色浓郁,特色风貌突出。

### (二)次级突破城市发展缓慢

全省次级城市人口平均规模仅 55.3 万人,不到成都市 680 万人的十分之一,经济和人口向成都集聚,形成了成都一城独大局面。次级突破城市人口增速明显不足、与经济增速相反。城镇人口增速只有 2.7%,远低于成都市和县城,但是次级城市 GDP 年增速却高达 12.6%,又高于成都市和县城(表 6-6)。

表 6-6　四川省次级城市人口发展情况

| 城镇人口 | 2000 年/万人 | 2010 年/万人 | 增量/万人 | 年均增速/% | 可比价经济增速/% |
|---|---|---|---|---|---|
| 成都市域 | 597 | 924 | 327 | 4.50 | 12.40 |
| 次级中心城市 | 794 | 1033 | 239 | 2.70 | 12.60 |
| 其他县城 | 459 | 741 | 282 | 4.90 | 11.80 |
| 其他县辖镇 | 381 | 537 | 156 | 3.50 | — |
| 总计 | 2231 | 3234 | 1003 | 3.80 | 12 |

（三）工业化水平偏低，资源型产业地位强化

四川省整体工业化水平偏低，导致次级突破城市工业化水平较低，主要处于工业化初期和中期阶段，聚集度不高。2012年全省次级中心城市，仅有8个市工业总产值超过500亿元，对城镇化发展的支撑不足，吸纳农村富余劳动力的能力不强。次级突破城市产业以资源开采类产业在全国的地位强化；而化工、金属冶炼、装备制造等资本密集型深加工产业相对全国的专业化程度却逐步下降；家具制造、食品制造、木材加工、纺织服装、造纸等劳动密集型产业在全国的优势逐步提升。政府重点培育产业除了电子信息产业优势显著增强，装备、汽车、石油天然气化工、医药等专业化优势均未升反降，体现这些产业竞争力不强。

（四）次级突破城市在资金、土地的利用效率方面不高

一是次级突破城市土地的利用效率低。以德阳、南充为例，2012年德阳平均增加一平方公里带来的城镇人口增长仅0.26万人，南充仅0.42万人。二是次级突破城市资金效率低。以泸州、自贡为例，近十年泸州市城区城市人口每增加1万人需投入71.2亿元固定资产，相应县城仅11亿～29亿元；自贡市城区每增加1万人需59亿元固定资产投入，相应县城仅10亿～15亿元。

## 二、次级突破城市的布局优化

大力实施次级城市突破发展战略，推动一批市（州）所在城市发展成为特大城市和大城市，做大做强做优区域性中心城市，力争把绵阳、南充、泸州培育成200万人口的特大城市，培育攀枝花、自贡、乐山、宜宾、达州等5个城市为100万以上人口特大城市，把内江、德阳、遂宁、广元、广安、巴中、眉山、雅安、资阳等9个城市建成50万以上人口大城市。

结合交通廊道优化次级城市空间结构，培育五条以成都为中心的城镇发展轴，使次级城市的经济技术能量通过"轴"的作用辐射到"面"，再通过"轴"的作用将"面"吸引到"核"，形成由"核"沿"轴"及"面"的辐射吸引机制。

成绵广轴：包括成都、德阳、绵阳、广元，是四川省基础最好、发展条件最好的城镇发展轴，与成昆轴线联合起来形成我国贯穿南北，联系欧洲中亚和东盟的交通走廊和西部经济大动脉。以宝成铁路、成绵高速公路及在建的成绵高速二线、在建的绵—成—广城际铁路和原有铁路为依托，以旅游服务、金融贸易、电子科技、高效特色农业、重型装备、军工为支柱，形成大规模产业集群，带动全

省和北部地区发展。

成乐西攀：包括成都、眉山、乐山并南展至雅安、西昌、攀枝花，是全省资源条件最好、发展潜力最大的城镇发展轴，与宝成线联合形成我国贯穿南北，联系欧洲中亚和东盟的交通走廊和西部经济大动脉。以成昆铁路及在建的成绵乐高速二线、在建的绵—成—乐城际铁路、成乐高速公路、雅攀高速为依托，以旅游服务、金融贸易、电子科技、高效特色农业、冶金为支柱，形成大规模产业集群，带动全省西南部发展。

成资内（渝）轴：包括成都、资阳、内江、自贡，是联系成都都市圈、川南城市群和重庆都市圈，并东延连接珠三角的交通走廊和重要发展轴线。以成都为核心，以成渝铁路、铁路客运专线、成渝高速公路为依托，培育四川省传统的发展轴线，提升优化沿线各级城市，加快内江、自贡、资阳等区域性物流中心建设，建设西部建材基地、硅氟硬质合金等新材料基地、汽车及零部件配套基地、盐化工及精细化工基地和绿色农产品加工基地，形成紧密连接成渝两大都市圈的经济增长带，带动两极纵深地区快速发展[54]。

成遂南达轴：包括成都、遂宁、南充、达州，是联系成都和川东北城镇群的发展轴线，四川省东延联系长三角沿长江的出海通道和北上延伸至中原的交通走廊。以成都为核心，以达成铁路、铁路客运专线、成南高速公路为依托，建设区域性现代工业物流和商贸物流中心，打造能源化工、电子轻纺、汽车零部件、农产品加工等特色优势产业发展带。

沿长江发展轴：包括成都、乐山、宜宾、泸州。依托黄金水道，着力培育宜宾、泸州等港口城市的临港经济，拓展南向贸易通道，打造川滇黔渝结合部区域物流中心、商贸中心、旅游集散中心；依托资源优势和产业基础，加快建设国家重要的重型机械制造业基地、重化工产业基地、综合能源基地、新型建材基地，形成川南沿江重化工业带，打造中国白酒金三角，建设长江上游综合竞争力强的产业集聚带。

## 三、次级突破城市的吸引积聚能力增强

次级突破城市是四川省城镇化发展的重要支撑。在进一步优化提升集聚经济和人口功能，壮大经济实力的同时，要强化其交通枢纽功能、商贸物流功能或金融经济中心等城市功能，加强与周边城镇和地区的基础设施连接与产业分工协作，增强产业带动和综合服务能力，实现集约发展、联动发展、互补发展。

突出产业支撑，增强次级突破城市发展动力。加快产业转型升级，加大开发开放力度，健全以先进制造业、现代服务业为主的产业体系，提升要素集聚、科技创新、高端服务能力，发挥规模效应和带动效应[55]。

大力推进产城融合发展。坚持以工业化带动城镇化,增强城镇吸纳就业能力。城镇规划要与产业发展相结合,产业园区要和城市新区相结合,把产业园区作为产城融合的结合点,引导产业向园区集中、工业园区向城镇集中。科学规划城市功能定位和产业布局,缓解城市中心城区压力。

推动服务业快速发展,把特大城市和区域性中心城市作为服务业发展的主要载体,推进现代服务业集聚区建设,加快建设一批服务业重大项目,发展一批物流、商贸等区域性服务中心。坚持生产性服务业与生活性服务业并重、现代服务业与传统服务业并举。

提高次级突破城市的基础设施和社会服务设施配套水平,充分发挥基础设施在提升城镇基本功能、改善人居环境等方面的重要作用,增强城镇对产业和经济发展的支撑作用。强化交通设施,建设城际快速交通网络,促进城镇间的经济合作与城镇群的发展;提高城镇路网和公交站场建设水平,提高公交出行分担率;提高城市人均道路面积。完善市政设施,加强城镇电源和供电网络的保障能力。不断提高民用燃气普及率,加快水源工程和供水设施建设,确保供水安全。大力推进节能减排,提高城市节能水平,加强城镇生活污水收集、处理设施和生活垃圾收集、转运、处理等环卫设施配套建设。美化城市环境,大力发展城市园林绿化,进一步提高城镇人均公园绿地面积。

# 第五节　推动县域城乡空间建设

发展县域经济,是实现"两化"互动、统筹城乡发展、全面建设小康社会的重要依托。县城作为城乡各要素集聚与扩散的核心,是调整产业结构和地区经济结构的重要环节,是新型工业化与第三产业发展的重要载体,是开拓农村市场的桥头堡,对于吸纳本地农业剩余人口、截留外来流动人口、缓解大城市的人口压力有着重要意义。

## 一、强化县城在县域经济的核心作用

四川省县域经济总量较大,占全省经济总量的60%以上,但人均GDP较低,仅为全省的78.99%。而作为县域经济的核心——县城的发展不足,大多数特色经济优势不明显,在全国和全省的专业化程度低,第三产业发展较落后,是四川省县域经济发展滞后的重要原因,也是四川省与沿海发达地区发展差距的重要体现。要把发展壮大县城作为四川省推进城镇化的重要战略举措,将有限资源适度向县城倾斜,重点促进平原、丘陵和盆周山区发展条件较好的县城发展壮大,提高产业集聚和人口承载能力,形成强有力的县域经济增长极。对目前和未来集聚人口 10 万以上的县城,均应按小城市或中等城市规划建设,提高发展质量、效益和水平。

县城的发展必须坚持"以产兴城、以城促产、产城融合、协调推进",积极优化与城镇化相适应的生产力布局,努力提升县城产业承接能力和产业发展水平,充分发挥县域经济中心的带动作用,推动区域经济发展,带动周边地区的城镇化发展。

## 二、围绕城市群布局发展县城

重点围绕四大城市群布局发展县城,把一批经济基础较好、人口规模较大、环境承载力较强的县城培育成产业支撑强、地域文化特色鲜明、人居环境良好的大中城市,进一步完善城市群体系结构、增强城市群整体实力。

成都平原城市群,要紧紧围绕成都都市圈、绵阳都市圈、乐山都市圈和遂宁都市圈等的建设,加快仁寿、都江堰、广汉、中江、射洪、三台和简阳等县城向大城市发展,彭州、金堂、邛崃、崇州、大邑、蒲江、什邡、绵竹、中江、江油、峨眉山、蓬溪、大英、安岳、乐至和彭山等县城向中等城市发展。

川南城市群,要紧紧围绕"四市同城、大都市圈"的建设,加快资中、威远、荣县、隆昌、合江、泸县、叙永、珙县等县城向中等城市发展。

川东北城市群,要紧紧围绕南充都市圈和达州都市圈的建设,加快南部、渠县、大竹、邻水等县城向大城市发展,营山、蓬安、西充、华蓥山市、岳池、武胜、平昌、开江、宣汉、旺苍、苍溪培育为中等城市。

攀西城市群,要紧紧围绕攀枝花都市圈的建设,要加快西昌向大城市发展,会理、德昌等县城向中等城市发展。

## 三、重点加强片区中心镇的建设

为夯实四川省社会经济发展的底部基础,促进农民就地就近低成本城镇化,必须抓住"百镇建设试点行动"的契机,加强片区中心镇的建设,重点突破,以点带面,推动全省城镇化水平进一步提高。按照"省市县联动、分级实施"的方式,抓好省级、市(州)级、县级各级试点中心镇的规划建设。要强化产业支撑,突出发展特色经济,培育支柱产业和主导产业,大力发展劳动密集型产业和中小微企业,增强示范小城镇的吸纳能力、承载能力和辐射能力。因地制宜,逐步形成一批特色鲜明的商贸、工业和旅游镇,努力将示范小城镇建设为具有较强的产业支撑和较大发展规模的特色重镇,培育成为推动县域经济发展新的增长极。

## 四、完善小城镇配套设施建设

小城镇是一定区域农村的生活服务中心，是基础设施向农村延伸、公共服务向农村覆盖的主要载体，是吸纳农村富余劳动力、促进农村居民就地就近转移的主要途径，对四川省加快推进新型城镇化"夯实底部基础"、带动乡村腹地和县域经济加快发展起到不可替代的助推作用。因此，要提高小城镇的综合承载能力，注重小城镇建设质量，提高小城镇文化品位和宜居环境，完善城镇功能，进一步加强小城镇的教育、医疗、文化等公共服务设施，以及供排水、电力电信、环保环卫等市政基础设施的配套建设，提高其为周边农村的服务功能，增强吸纳农村人口的能力，为推进全省城镇化做出贡献。

## 五、推进新农村建设

根据"生产发展、生活宽裕、乡风文明、村容整洁、管理民主"的社会主义新农村建设总体要求，继续推进全省现代农业和新农村建设，完善农村基础设施建设，健全公共服务建设，加强环境综合治理，美化人居环境。进一步推进巴山新居、彝家新寨、藏羌新居、半农半牧区新村建设，加快建设灾后美好新家园，引导农民向农村新型社区适度集中。按照推进产业化、建设新农村、全面达小康的工作思路，坚持统筹城乡发展基本方略，以现代农业发展为支撑，以体制机制创新为动力，以农民持续增收、农村全面小康为核心，着力建设民富村美、文明和谐的新农村。具体措施如下。

（一）因地制宜布局新村

顺应未来农村居住人口大幅减少的客观规律，以尊重农民意愿为前提，推进乡村居民点整治，引导农民适度集中居住，实现公共服务设施和基础设施集中建设，适度集聚乡村发展资源，避免空心村等乡村凋敝现象的出现，并更好地发挥乡村公共设施的服务作用。

在河川沟谷平坝区，积极稳妥地引导农村居民点调整，在制度配套完善、农民自愿的基础上引导农村居民点跨行政村向交通便捷临近城镇的乡集镇、大型农村新型社区集中，鼓励多村联合发展，行政村内引导分散的自然村和零星农民住宅向集中居住点集聚。以交通便利、区位较好的农村居民点为依托，加大公共设施和基础设施建设投放力度，加强农村集中居住点与城镇的交通联系。

在浅丘陵等中度破碎地区，以引导行政村内分散的自然村和零星农民宅向集中居住点适度聚集为主，在行政村范围内或临近地区，适度集中建设行政村级集中居住点，选择交通便利、区位及基础设施条件较好的行政村建设大型农村新型社区，推动多村联合共建中心村级服务设施。

在中低山等高度破碎地区，以引导行政村内零星农民住宅下山，向较大的居民点和行政村集中居住点集聚为主。积极引导生态条件恶劣、空间过于分散的农村居民下山居住，鼓励引导农村居民跨行政村集中居住。

## （二）优化新村产业

积极引导农村产业结构优化调整，鼓励特色化发展，并处理好村庄建设与产业发展和生态环境保护之间的关系。

积极发展旅游型村庄，统筹处理村民生活设施与旅游服务设施的关系，促进旅游与生态资源的合理开发、永续利用，使乡村旅游成为农民增收致富的渠道，同时注意避免旅游活动对村民生活的不合理干扰。

大力培育特色农业发展型村庄，引导农特资源的产业化、生态化和精细化种养，提高农特资源生产的附加值。

优化发展工业、工矿型的村庄，防止污染工业在农村地区的无序布局，重点是处理好工矿污染物排放与农村环境的关系，结合临近城镇统筹安排生产生活与交通设施建设。

## （三）撤并乡村居民点，突出特色

引导衰落型空心村的留守居民向规划大型农村新型社区和行政村级集中居住点逐步转移。

加大传统乡村聚落的保护力度，尤其是民族地区的村寨聚落保护。应当保留并延续传统乡村聚落，尤其是民族村寨聚落的文化特色、建筑风格，尊重当地民俗要求，加强人文环境的保护和传承，重视对整体风貌及其环境的保护和管理，在完善农村生产生活设施的同时切实保护好传统文化及民族文化。

# 第七章　构建"两化"互动、城乡统筹的现代产业体系

"两化"互动、城乡统筹要求按照多点多极支撑发展战略的内在要求，根据四川省不同地区资源禀赋、产业基础和发展阶段等客观实际，充分把握国际国内产业大调整的历史机遇，分类提出不同地区城市或点极现代产业体系构建方案。

## 第一节　四川构建现代产业体系的战略重点

现代产业体系是一个动态发展的产业构成系统，在不同国家、不同发展阶段具有不同的实际含义，因而构建现代产业体系的本质要求与内容构成也具有鲜明的区域特性和时代特征。

### 一、现代产业体系的基本内涵

党的十七大报告指出，发展现代产业体系，要大力推进信息化与工业化融合，促进工业由大变强，振兴装备制造业，淘汰落后生产能力；提升高新技术产业，发展信息、生物、新材料、航空航天、海洋等产业；发展现代服务业，提高服务业比重和水平；加强基础产业基础设施建设，加快发展现代能源产业和综合运输体系。鼓励发展具有国际竞争力的大企业集团。

构建现代产业体系对于加快转变经济发展方式、推动产业结构调整升级具有重要的战略意义，其本质要求在于：一是形成较为完备的产业层次和行业部门体系；二是形成促进产业协调发展的新体系结构和日趋优化的新布局结构；三是形成高效的产业运行模式，最终推动产业结构进一步优化、区域竞争力显著增强、三次产业在更高水平上实现协调发展、产业在规模做大的基础上不断提升发展质量和经济效益。现代产业体系作为一个具有现代性特点的产业系统，其内部的产业具有创新性、集聚集约性、关联性和效率性等特点，体系构成主要聚焦在产业结构上，具体包括三次产业结构、行业结构、空间布局结构、企业组织结构等。

### 二、基本思路

高举中国特色社会主义伟大旗帜，以科学发展为主题，以转变经济发展方式

为主线,以调整优化产业结构为主攻方向,以科技创新为主要驱动,以建成现代产业体系为目标,进一步强化"工业强省"主导战略和"产业兴省"核心理念,积极发展以绿色、生态、高效农业和特色优势农产品加工为重点的现代农业,做大做强以先进制造业为主导、七大优势产业为支撑、战略性新兴产业和高新技术产业为引领的现代工业,培育发展以生产性服务业、现代旅游业等为重点的现代服务业,推进新型工业化、新型城镇化"两化"互动,新型工业化、新型城镇化和农业现代化"三化"联动、信息化工业化深度融合,走出一条具有四川特色的新型工业化道路,以产业的区域竞争力优势奠定四川省在现代化格局中的地位,为四川省加快建设西部经济发展高地和建设全面小康社会提供强大的产业支撑与发展动力。

## 三、重点领域

调整优化工业结构。加快推进工业转型升级,不断提高工业发展的质量、效益和可持续性,进一步增强产业核心竞争力,努力形成特色优势产业不断提升壮大、战略性新兴产业加快培育发展、传统产业改造升级的新格局,加快建设具有四川特色的现代工业体系。重点包括:一是加快改造提升冶金、化工、轻工、纺织和建材等传统产业,坚持以规模化、品牌化、高端化为主攻方向,综合运用高新技术、先进适用技术和信息化技术改造提升传统产业,提升装备水平,优化工艺流程,推动转型升级,不断增强传统产业的区域竞争能力。二是按区域、有重点、分阶段地做大做强七大优势产业,尤其是加快推动以重大装备制造为主导的先进制造业发展。立足全省资源禀赋和产业基础,坚持将发展壮大特色优势产业作为优化工业结构的重中之重,着力打造电子信息、装备制造、能源电力、油气化工、钒钛钢铁、饮料食品、汽车制造等产业,加快突破关键共性技术,推进产业深度集聚整合,不断延伸完善产业链,优化提升产业发展的层次和水平;同时积极对接国际国内市场,加快建设西部重要的战略资源开发基地、现代加工制造业基地和农产品深加工基地。三是培育发展新一代信息技术、新能源、高端装备制造、新材料、节能环保、生物等战略性新兴产业,力争尽快形成技术领先能力和规模竞争力优势。瞄准高端产业和产业高端,充分发挥四川省科技、产业和军工优势,以重大技术突破和重大发展需求为基础,在战略性新兴产业重点领域中有选择性地加快培育和发展一批战略性新兴产品及企业,形成一批具有自主知识产权的关键、核心技术专利和拳头产品,加快建设科技创新产业化基地,以新兴产业的率先发展抢占区域产业竞争的制高点。四是有序推进节能减排,加快淘汰落后产能,积极发展工业循环经济,推动资源综合利用。坚持"有保有压",逐步健全激励与约束机制,推广应用先进节能减排技术，推进清洁生产。大力发展循环经济，加强资源节约和综合利用。强化安全生产保障能力建设，加快推动资源利用方式向绿色低碳、清洁安全转变。

优化升级服务业结构。大力发展生产性服务业，积极推动生活性服务业协调发展，促进文化、旅游、商贸等传统服务业优化升级，加快构建现代服务业体系。重点包括：一是加快服务业与"两化"融合发展。把加快运用信息技术尤其是新一代信息技术作为推进服务业与制造业融合发展的助推剂，着力发展信息技术服务产业，推行供应链管理，通过技术创新、管理创新和业务流程再造等手段，推动制造业创新发展。二是加快推动生产性服务业跨越发展。立足先进制造业和现代农业发展需要，大力发展以工业设计、工业物流、金融服务、科技服务、信息服务和制造服务化等为重点的生产性服务业，积极发展服务外包、总部经济，支持总集成、总承包带动高端生产性服务业发展；建立健全生产性服务业和制造业融合发展的服务机制，完善生产性服务业服务支撑体系，加强与产业发展相配套的现代物流体系和平台建设，打造一批具有影响力、示范性和带动性的生产性服务业集聚发展示范区。三是促进生活性服务业协调发展。适应居民消费扩大和结构升级的需要，充分发挥生活性服务业对扩大消费、拉动内需的作用，调整和优化生活性服务业结构，大力发展商贸、旅游、文化、体育、房地产、家庭服务等具有良好发展前景和空间的生活性服务业；统筹城乡生活性服务业发展，促进生活性服务业从城市向农村延伸，促进生活性服务业规模扩大、领域拓宽、功能完善、协调发展，实现城乡基本公共服务均等化。

进一步优化农业结构。加强农业基础地位，不断调整优化农业结构，提高农产品加工的广度和深度，强化农业产业化经营的链接、聚合和带动功能，培育壮大龙头企业，加快建设以优势农产品生产基地为重点的现代农业体系。重点包括：一是继续加大"三农"投入，发展绿色、生态、高效现代农业。保障粮食生产和其他大宗农产品有效供给，保持四川省作为全国重要的优势农产品生产基地的地位。二是进一步加大农业科技投入力度，完善农业科技转化推广体系，大力发展特色效益农业，培育一批现代农业产业基地强县、现代林业产业强县和现代畜牧业重点县，打造一批特色农产品品牌。三是调整农业内部结构。进一步优化粮油产品结构，加速高产技术推广应用，优化品种结构，提高单产和品质；大力发展优势特色农业，进一步做大川西蔬菜、川西南名优茶、龙泉山脉特色水果产业带，加快打造川中柠檬、龙门山脉优质猕猴桃、攀西设施蔬果花卉等产业集中发展区，培育打造千亿蔬菜产业、三百亿水果产业和百亿茶叶、中药材、食用菌、蚕桑、花卉产业等优势主导产业[56]。四是培育壮大农业产业化经营主体，推动农业适度规模经营，带动农民发展现代农业，同时完善农业社会化服务体系，提高农业生产经营组织化程度。

## 四、主要路径

坚持创新驱动路径。以企业为主体,组建产学研战略合作联盟;围绕行业龙头企业发展,进一步完善专业化协作配套体系;坚持将创新贯穿于生产制造和市场竞争的始终,为"四川造"产品市场的兴起和扩张创造条件。搭建多元化投融资体系,吸引更多社会资金进入技术创新领域。加快科技体制改革,打通研发、制造、应用环节,促进科技成果转化和产业化。

坚持大中小微企业梯度化发展路径。着力推进实施大企业大集团"十二五"倍增计划,以大中小企业配套协调发展为核心,以大企业大集团精干主体、分离辅助、扩张重组、产业(产品)升级、技术扩散为重点,建立区域关联配套、集聚发展、协作分工的大企业大集团龙头引领带动中小企业配套协作、快速成长的现代产业分工体系,不断推动大企业大集团培育和中小企业发展再上新台阶。继续推进实施中小企业"一个计划、五项工程",坚持以"专精特新配"为方向,以产业-企业-产品(技术)-市场为主线,通过抓千户"小巨人"企业发展、千户小微企业"升规"培育、万户小微企业创业创新、万名企业家培训和万名大学生就业,推动全省中小微企业转型成长、加快发展。

坚持集中集群集约发展路径。按照"一业为主、特色突出、多元发展、功能齐备"原则,深入推进实施"51025"工程,推动企业向园区集中、园区向城镇集中、产业向龙头企业集中,加快园区建设,提高产业关联度、延伸并完善产业链,强化园区技术、金融、信息化、物流等公共平台支撑,打造具有区域特色和比较优势的产业集群,形成一批千亿园区、万亿集群或产业带。

坚持融合发展路径。推动信息化工业化"两化"深度融合和军民融合式发展,通过信息化技术改造提升传统产业,促进新一代信息技术与先进制造业融合发展,推动全省工业转型升级;要大力推进军民融合,充分利用四川省在军工产业方面的技术和人才优势,积极探索国防领域和民用领域科技成果、人才、资金、信息等要素的交流融合,建立军民结合、寓军于民的新机制,形成国防军工与民品发展相互促进的新格局。

坚持开放合作发展路径。进一步加快对内对外开放的步伐,坚定不移地实施"引进来""走出去"战略。积极承接国内外重大产业转移,注重招大引强与招才引智相结合,打造西部地区承接产业转移示范平台,促进相关产业迅速崛起、发展壮大,同时加强配套企业引进,带动整个产业链向四川省转移。要鼓励支持有条件的企业积极开拓国际国内市场,通过不断提升主导产品、拳头产品的国内外市场占有率,进一步强化四川省产业的区域竞争力优势,同时注意加强对外经济、技术和产业合作。

# 第二节　首位城市的现代产业体系

当前区域综合实力的竞争,集中体现为城市和城市群的竞争,而核心城市的首位度又一定程度上决定了该区域的整体发展水平,首位度越高,综合竞争力越强。成都经济总量、财政收入、社会消费等指标均占全省总量的 1/3 以上,在第二梯度的市州中,即使是德阳、绵阳等最靠前的市,其多项指标也只有成都的 1/6。因而,四川的首位城市,成都当仁不让。按照省委十届三次全会精神,成都在首位城市的现代产业体系构建中,必须要有全球视野、全局观念和纵深思维,纵向上要立足成都平原城市群和整个四川,承担起领先发展的历史责任,更好地发挥成都的带头、带动、引领、示范和辐射作用,横向上要融入全球经济体系,深度参与世界城市分工和全球产业合作,走在中西部地区前列,支撑西部经济核心增长极建设。

## 一、首位城市的产业特征

从世界范围来看,首位城市的首要特征是产业集聚度高,对一个国家或地区的作用和贡献突出。像纽约、东京、伦敦、首尔等世界级大城市,其经济总量均在全国份额的 15%～25%,既是首位城市,又是核心增长极。其次是产业结构优化,服务业发达。例如,上海的 GDP 占全国 4%左右,是我国最大的城市,2013年三次产业比达到 0.6∶37.2∶62.2,商贸、金融、保险、旅游等服务业成为主导经济产业。

近年来,在西部大开发和内陆地区开发开放战略的带动下,成都已开始进入工业化加快推进和经济快速增长阶段,作为全省首位城市的地位进一步巩固,在西部地区的首位度进一步提升,以现代制造业为先导,都市农业、先进制造业和现代服务业联动发展、紧密配套的首位城市产业特征逐渐凸显。

(一)产业结构持续优化

21 世纪以来,成都市已进入由工业化和城市化中期向后期转变的阶段,表现出城镇化加速发展,消费结构不断升级,产业结构调整加快的特征,2012 年三次产业比重达到 4.3∶46.6∶49.1,第三产业超过第二产业。

(二)高端产业快速集聚

瞄准高端产业和产业高端,高点起步、高位切入,大力发展高新技术产业和战略性新兴产业，进一步强化在全球的比较优势和在西部的高端优势。新能源、新材料、生物医药等战略性新兴产业规模，西部居第一位。电子信息、汽车机械等先进制造业和食品、家具等特色产业加快发展。英特尔、戴尔、仁宝、纬创、德州仪器、富士康、思科、西门子、通用、飞利浦等相继落户成都。

## （三）现代服务业不断增长

三次产业在国民经济中的比重快速提升，在中西部的现代服务业发展上处于领跑地位。交通运输仓储和邮政业、批发零售业、住宿餐饮业、旅游业等传统服务业稳步增长，软件与服务外包、电子商务、文化产业、养老产业等新兴服务业快速发展，金融、科技、物流等生产性服务业不断壮大。成都已成为中西部规模最大的金融、总部中心，中西部唯一入围全球服务外包新兴城市 50 强的城市，集聚了大批跨国公司地区总部、研发中心、国内大企业集团总部等。

## （四）都市农业特色化发展

成都地处都江堰自流灌溉区核心区，农业自然条件优越、资源丰富，是中国重要的优质农产品产区，中国西部重要的农产品加工中心和物流集散地。在工业化城镇化的进展中，突出农产品精深加工、有机高效设施农业、农业高端种业和规模化种植养殖业，切实加大对拥有农业新品种、新技术的现代农业龙头企业和农业科研机构等的引进力度，大力引进和发展休闲农业、观光农业等"一、三产业互动"项目，形成了各具特色的水果种植带、花卉苗木种植基地等，蔬菜、水果、花卉园艺等快速发展。

# 二、首位城市产业发展问题

从全省来看，成都作为首位城市的发展远远地把其他市州甩在后面，但是从全国来看，成都在国家中心城市建设中还落后于其他高位次城市，2012 年 GDP仅为上海的 40%、北京的 46%、广州的 60%。主要原因就是，产业对城市的发展支撑力还比较弱，仍处于主动承接产业转移、传统产业转型升级、先进制造业加快培育的阶段，发展还面临着比较突出的问题和矛盾。

## （一）结构性矛盾依然突出

产业结构不够合理，第三产业刚刚超过第二产业，以服务业为主的经济形态还亟须加快发展；高新技术产业和新兴产业快速发展，但是传统产业占比依然偏高，科技对产业的支撑作用有待加强；依靠投资拉动的产业发展模式没有根本性改变，而投资持续增长动力不足，制约居民消费需求扩大的因素没有得到有效改变，结构调整和新经济增长点培育缓慢。

## （二）竞相发展压力增大

在国家新的区域开发开放格局下，西安着力打造丝绸之路经济带新起点，西咸新区建设上升为国家战略；重庆依托长江经济带建设长江上游的经济中心和内河航运中心，同时加快国家级的两江新区建设；云南在国家战略推动下，加强沿边开发，建设国家向西南开放的桥头堡，相较而言，成都还缺少国家层面的战略推动，来自周边地区的竞争压力进一步增大，成都作为西部中心城市的地位受到来自多方位的竞争。

## （三）资源环境约束增强

从全球工业化规律来看，资源环境与产业发展呈倒"U"曲线，在工业化初期到中期阶段，随着工业化纵深推进，对资源环境的影响和破坏逐步增大；完成工业化进程后，经济发展与资源环境的矛盾逐渐减弱，最终进入良性循环轨道。目前，成都还处于工业化和城镇化加快推进的阶段，与资源环境的矛盾更加突出，尤其是长江上游生态保护和都江堰灌区保护对成都市的环境保护要求越来越高，加之人均占有土地和耕地资源不足，严重制约工业化、城镇化进程和农业规模经营[57]。

## 三、首位城市的现代产业体系构建

经过近年来的发展，成都已初步构建起以高新技术产业和先进制造业为主的现代产业体系，电子信息、汽车制造、新能源、新材料、生物医药等主导产业发展迅猛，金融、科技、商务等现代服务业发达。拥有一批国家级、省级经济开发区，是软件、新能源、生物、民用航空等产业国家级产业基地。集聚了一大批研发中心、创意中心，在电子信息、生物医药等方面已形成了一批具有竞争力的人才队伍。在首位城市的提质升位过程中，成都必须进一步加强新型工业化、新型城镇化互动，统筹推进城市和农村发展，重点推进天府新区建设，着力培育以战略性新兴产业和高端制造为主导的先进制造业，促进高端服务业聚集，积极发展现代都市农业，构建具有国际竞争力的现代产业高地和国家科技创新与产业化基地。

## （一）推进市域战略功能区建设

加快推进天府新城、金融总部商务区、东部新城文化创意产业综合功能区、北部新城现代商贸综合功能区、西部新城现代服务业综合功能区、国际航空枢纽综合功能区、交通枢纽和现代物流功能区、"198"生态及现代服务业综合功能区建设，精心打造"成都服务"品牌，建设服务西部、面向全国、走向世界的现代服务业基地。积极推进龙门山、龙泉山生态旅游综合功能区等建设，精心打造国家级旅游度假区和世界旅游知名品牌，建设国际旅游城市。大力推进高新技术、汽车、新能源、新材料、石化产业功能区建设，努力建设全国一流的高新技术产业基地、先进制造业基地和新兴产业基地。按照区（市）县错位发展的要求，确定区（市）县级战略功能区，以区（市）县为主体，自主配置资源、自主管理、自主发展。

## （二）加快建设天府新区

充分发挥和依托成都的核心影响力，创新机制、拓展空间、聚集资源，高起点规划建设天府新区。加快建设新川创新科技园，大力发展高端服务业、高新技术产业、现代制造业，完善金融、商贸、物流等综合服务功能，加快发展总部经济，优化人居环境，建设宜业宜商宜居的国际现代化新城，力争再造一个"产业成都"。

## （三）大力发展现代产业体系

坚持以高端化和高科技化为导向，深入推进产业结构调整，优先发展总部经济、金融保险、现代物流服务外包、文化创意等现代服务业和电子信息、航天航空、生物医药等高新技术产业，大力发展汽车、石化、新型建材等先进制造业，加快培育发展新能源、新材料、节能环保、物联网、新能源汽车等战略性新兴产业，积极运用信息技术和高新技术改造提升传统产业，努力占领产业高端，加快建立以现代服务业和总部经济为核心、以高新技术产业为先导、以强大的现代制造业和现代农业为基础的市域现代产业体系[58]。

优先发展现代服务业。按照先导、支柱、新兴三个层次，突出重点，分类指导，统筹推进，加快发展现代物流业、商务服务业、文化创意产业、会展产业等先导服务业，大力提升金融业、商贸业、旅游业等支柱服务业，重点培育电子商务、服务外包、数字新媒体、健康产业等新兴服务业，构建可持续发展的国际化、专业化、集约化、均衡化的服务业体系；积极推进服务业综合改革试点，努力建设全国服务业区域中心和改革创新示范区，建成服务西部、面向全国、走向世界的现代服务业基地。

大力发展高新技术产业。依托四川雄厚的科技资源和人才资源，以高新技术开发区、经济技术开发区和天府新区等载体为主要平台，加快电子信息、生物医药、新能源、新材料、节能环保、航空航天等高新技术产业发展，突出重点领域、主攻方向和拳头产品，抢占高端产业发展制高点，把成都市建设成为具有国际影响力的高新技术产业基地。

提升发展现代制造业。进一步推动信息化与工业化的融合发展，加大结构调整和转型升级力度，加强关键技术和先进工艺对传统制造业的高端化改造，加快产业结构向高端、高效、高附加值转变，推动汽车、食品、制鞋及箱包皮具、家具等优势产业以及石化、冶金建材等产业的细分行业向产业高端拓展。

加快发展现代农业。深入推进农业产业结构战略性调整，大力发展设施农业、生态有机农业、休闲观光农业和农产品精细加工，积极推进农业与二、三产业互动，建立现代农业产业体系。加强农业基础设施建设。加大土地流转力度，促进多形式土地规模经营，提高农业经营集约化、组织化程度。大力实施农产品品牌战略，加强农产品市场体系建设，加快建设一批设施先进、功能完善、交易规范的农产品批发市场和现代农业物流园区，培育一批立足西部、辐射全国、面向世界的各类农产品营销企业和农产品经纪人队伍，提升农产品市场竞争力。加强农业科技创新，发展农业机械化，积极推广新技术、新品种，加快建设一批农业科技园区和现代农业示范片（带）。完善农业科技、信息、金融等服务体系，提高农业现代化水平。努力建设"西部第一、全国领先"的现代农业示范区。

## （四）坚持创新驱动发展

加大政府对科技的投入，充分发挥政府投入的示范和引导作用，形成以政府投入为引导、企业投入为主体、金融信贷为支撑、风险投资为重要补充的多元化、多渠道、多层次的科技创新投融资体系。加强以企业为主体、以市场为导向、产学研紧密结合的区域科技创新体系建设，大力加强企业技术中心、工程技术研究中心、重点实验室、博士后工作站和各类专业孵化器建设，建成一批国家级和省级关键共性技术创新平台。支持科研院校创新发展。大力促进科技成果向现实生产力转化，围绕加快发展电子信息、生物医药、新能源、新材料、节能环保、电子商务、物联网、新能源汽车等高新技术产业、战略性新兴产业和现代农业，加强科技创新，形成一批具有自主知识产权的高新技术产品和知名品牌。着力推进企业自主创新，引导科技投入、创新人才、研究中心、科技成果向企业集聚，积极开展职工科技创新活动，培育一批集研发、设计、制造于一体的创新型企业，提升企业竞争力。发展民生科技，开展节能环保技术及标准的研究与应用示范。积极推进对外科技交流与合作，吸引和聚集国内外先进技术。完善激励技术创新的政策措施，健全科技创新服务支撑体系，全面实施知识产权战略并建成国家知识产权示范城市，营造有利于自主创新的政策环境。

### （五）提升开放发展水平

按照十八届三中全会提出全面深化改革要求，进一步放开一切可以开放的领域，加大城市宣传和营销力度，提升成都国际知名度和影响力，营造开放、透明、高效的投资软环境。深入实施开放合作战略，主动融入长三角、珠三角、长江经济带、丝绸之路经济带、京津冀、北部湾和港澳台地区合作，加大与央企合作力度，加强与欧盟及北美等发达经济体的合作，拓展与东盟、南亚、中亚等国家和地区的交流合作，形成内外联动、互利共赢的开放型经济体系。加强和改进投资促进工作，完善招商引资网络和政策，突出主导产业和战略性新兴产业，大力实施有重点针对性招商、专业化招商和以商招商，着力引进主业突出、核心竞争力强、能够带动产业升级和集群发展的大企业大集团，提升利用外资的质量和水平。加快转变外贸增长方式，优化对外贸易结构，扩大对外贸易规模，增加出口产品的技术含量和附加值。大力发展服务外包等服务贸易，拓展对外工程承包，鼓励有条件的企业开展国际化经营。加强保税区建设，把综合保税区建设成为发展外向型经济的重要载体和新引擎。

## 第三节　次级突破城市区域的现代产业体系

着力次级突破，就是推动有条件的市（州）和重点经济区率先突破，形成更多更强的支撑点和增长极。通过壮大区域中心城市，做强市（州）经济梯队，推动绵阳、德阳等发展基础好的市加快提升经济实力和发展水平，形成 10 个经济总量超过 2000 亿元、5 个超过 1500 亿元的市（州）。通过加快城市群和经济区发展，做大区域经济板块，除成都外再形成几个强有力的经济增长极。推动川南经济区一体化发展，建设国家级能源化工基地和装备制造业基地，打造"中国白酒金三角"核心区，发展临港经济和通道经济，建成经济总量超万亿元的新兴增长极。加快发展川东北经济区，提高天然气等优势资源开发利用和就地转化水平。建设西部重要的能源化工基地和农产品加工基地，建成经济总量近万亿元新兴增长极。抓住建设攀西战略资源创新开发试验区的机遇，推动攀西经济区加快发展。建设川西北经济生态示范区，促进生态建设与生态经济有机结合、协调发展[31]。

# 一、川南经济区

## （一）产业特征

川南经济区以宜宾、自贡、泸州、内江等区域性中心城市为核心，是全省仅次于成都经济区的第二大经济区，全省及成渝经济区重要的增长极，川、滇、黔、渝结合部的区域中心，西部有影响力的城市群。产业基础特别是工业基础较为雄厚，煤、硫磷、盐卤、水能等自然资源丰富，主要依托丰富的能源资源和化工基础，打造全国重要的资源深加工和现代制造业基地，成渝经济区重要的特大城市集群，川滇黔渝结合部综合交通枢纽，四川沿江和南向对外开放门户，长江上游生态屏障建设示范区。

## （二）产业发展问题

川南区域经济协作发展受地方保护主义和地区贸易壁垒制约，经济增长粗放，资源开发滞后，产业发展水平不高，结构趋同，化工、食品、机械（装备）制造等在各市产业结构中均占有较大比重。

## （三）现代产业体系构建

加快川南地区开发建设，打造全省经济发展新的增长极。依托"黄金水道"，有序推进岸线开发和港口建设，加强高速公路、快速铁路建设，建成全省次区域交通枢纽，形成四川沿江和南向开放的重要门户。大力发展临港经济，加快建设沿江产业带，发展壮大机械制造、能源、化工、农产品加工业，积极培育新材料、节能环保、生物等新兴产业，大力发展旅游、商贸、物流等服务业，打造"中国白酒金三角"核心区[59]。

加快传统优势产业的改造提升和以高端装备制造、新能源、新材料、生物医药和节能环保装备为重点的战略性新兴产业发展，打造西部重要的油气化工基地、能源工业基地、装备制造基地和饮料食品产业基地，形成全省工业发展新的增长极。发挥乐山、宜宾、泸州临港工业优势，以"黄金水道"和港口为依托，发展壮大机械制造、能源、化工等支柱产业，重点打造川南沿江重化工产业带[60]。推动自贡、内江、乐山等老工业基地转型升级，加大传统产业改造力度，加快页岩气开发，壮大提升饮料食品、机械制造、轻工纺织、冶金建材等传统优势产业。着力打造"中国白酒金三角"核心区域，建设有世界影响力的中国白酒区域品牌。加大自贡国家节能环保装备研制基地建设力度。

充分利用川南五市区域交通枢纽的优势条件，积极建设配套港口运输的堆场、仓储和配送，构建港口物流信息公共服务平台，打造现代物流综合体系，与川东北物流发展带共同形成支撑成渝经济区、纵贯南北的物流大动脉。推进川南文化旅游区建设。加快特色林产品就地加工转化和市场体系建设，大力发展生产性服务业和以竹文化为主的休闲旅游业，构建川南竹产业带。依托成渝经济区开发，围绕"长江黄金水道"、川南喀斯特地貌和"中国白酒金三角"、竹文化、盐文化、恐龙文化等资源，加快川南城市群旅游业协同发展，深度开发特色文化、生态旅游，打造川黔渝旅游"金三角"，推动川南区域旅游一体化发展。

大力发展优质水稻、饲用玉米、优质专用小麦和菜用型马铃薯等粮食作物生产，积极发展高粱、大豆、绿豆等优质专用小杂粮，建设"双低"油菜、优质柑橘、优质安全蔬菜、袋栽食用菌、名优茶叶、优质蚕桑、道地中药材等经济作物优势产区。加快适度规模生猪生产发展，建设肉羊、家禽、兔、奶牛、肉牛优势区域。大力培育工业原料林，加快人工中幼龄林抚育和低产低效林改造，积极发展乡村生态旅游业和林产品加工业。建设粮油、畜产品、饲料加工基地[61]。

## 二、川东北经济区

### (一)产业特征

川东北经济区涵盖巴中、广元、南充、广安和达州在内的5个地级市，是四川省第三大经济区，是川渝陕甘结合部的区域经济中心，国家重要的清洁能源化工基地，特色农产品生产基地，生态文化旅游区与川陕苏区振兴发展示范区[62]。构建连接我国西北、西南地区的新兴经济带。天然气、煤等储量丰富，人口众多，特色农产品资源丰富，以红色旅游、绿色生态旅游、历史文化旅游为代表的旅游资源独具特色。

### (二)产业发展问题

川东北经济区经济结构矛盾十分突出，传统的二元经济形态阻碍了经济社会的快速发展,各市三大产业比重严重落后于全省平均水平。传统产业仍占较大比重,工业经济缺少高技术的支持,企业自主创新能力比较低。

## (三) 现代产业体系构建

加快天然气等优势资源开发利用,提高资源就地加工和转化水平。重点发展清洁能源和石油、天然气化工、农产品加工业,建设西部重要的能源化工基地和农产品深加工基地。大力发展特色农业,积极发展红色旅游。依托嘉陵江、渠江和重要交通干线,构建连接我国西北、西南地区的新兴经济带[63]。

依托龙岗气田、普光气田、罗家寨气田、通南巴构造带的天然气开发,推动达州、广安、南充、巴中等地发展以天然气为主要原料的化工产业,打造天然气化工产业集群,建设西部重要的天然气化工基地。加快纺织、服装、丝绸、食品、建材等传统优势产业的改造升级,发挥龙头企业、名牌产品和驰名商标的带动作用,推动产业链条向高附加值的两端延伸,提高产业集中度和整体竞争力。以粮油、畜禽、果蔬、茶叶、食用菌、林木及其他特色农业为重点,加快南充、达州、巴中、广安、遂宁、广元等地的农产品深加工产业发展,建设特色农产品生产加工基地。加强产业协作配套,依托重庆汽车、摩托车产业基地和成都龙泉经济开发区汽车产业,加快南充、广安、遂宁、达州等地的汽、摩配套零部件加工业发展。积极承接重庆、成都两大经济区的辐射带动,把广安建设成为川渝合作示范区。

结合川东北经济区发展实际,重点鼓励工业企业主辅分离,发展第三方服务,促进服务外包。依托川东北天然气化工产业带、成德绵南资汽车产业带,发展以配套化工产业和汽车产业为主的工业物流、工业设计、科技服务业等生产性服务业,鼓励大企业将内部服务部门剥离,进行服务外包,吸引专业化服务企业投资,形成生产性服务业功能聚集区,带动整个成渝经济区中部地带的发展,联合双核城市共同打造中国经济第四增长极。以"蜀道遗踪三百里,蜀汉英雄两千年"为整体形象,突出参与性休闲文化旅游项目开发,支撑该区域将帅故里、三国文化、红军文化、大巴山生态等主题旅游产品。

在广元、巴中等盆周地区大力发展特色农业、生态农业和节水农业,推广林粮结合等山区耕作模式。重点发展名优茶叶、加工与菜用马铃薯及优质种薯、优质蚕桑、道地中药材、特色及秋淡季蔬菜、名特优食用菌等特色农产品生产基地建设。适度发展生猪规模生产,建设肉羊、肉牛、特色家禽优势产区。大力培育木竹原料林、特色干果、木本药材、林下种植养殖、林产加工业和生态旅游业。

## 三、攀西经济区

### （一）产业特征

攀西经济区以攀枝花、西昌等城市为中心，水能、矿产、生物、旅游等资源丰富独特，优势产业国内外竞争力强，是国家战略资源综合开发利用重点地区，中国攀西战略资源创新开发试验区、全国重要的钒钛和稀土产业基地、全国重要的水电能源开发基地、全省重要的亚热带特色农业基地[59]。

### （二）产业发展问题

攀西经济区资源开发方式落后，规模化、集约化开发程度较低。钒钛资源开发长期以炼铁为主，钛回收率低，铬、钴、镍、铂等稀贵金属未能得到很好的综合利用，部分矿区存在采富弃贫现象，大量尾矿和高炉渣堆弃，既造成资源浪费，又影响生态环境。钒钛磁铁矿多种金属伴生，深度开发不够，综合利用程度较低，开发利用难度大。

### （三）现代产业体系构建

依托钒钛、稀土、水能、特色农业、旅游等优势资源，加快技术创新和新产品开发，提高资源综合开发利用水平，建设中国攀西战略资源创新开发试验区、全国重要的钒钛产业基地、全国重要的水电能源开发基地和四川省重要的亚热带特色农业基地。推进攀西钒钛稀土产业优化升级，开发高技术含量和高附加值的钢铁产品。积极发展阳光旅游、生态旅游[59]。

以国家战略资源创新开发试验区建设为主导，整合资源、集中开发、延长产业链条、提高附加值、占领产业高端，加快资源优势向产业优势转化。创新开发模式，促进水电资源与区域优势矿产资源的结合，形成全国最优越的区域开发条件，最具竞争力的产业成长环境。加强钒钛资源综合利用和开发，依托攀钢公司和攀钢西昌钒钛综合利用项目，深化大型钒钛企业与上下游企业的战略合作，延伸产业链条，促进企业集聚，开发高技术含量和高附加值的含钒含钛产品，建设全国重要的钒钛产业基地。推进稀土资源与开发企业的整合，提高产业集中度，把引进企业与引进技术创新能力、资本实力相结合，开发高技术含量和高附加值产品。依托攀西地区磷资源，打造磷化工基地。加快铜、铅、锌等有色金属矿产资源的可持续开发，积极发展有色金属深加工，建设中国重要的有色金属深加工基地。大力推进金沙江、雅砻江、大渡河三江流域丰富的水电资源开发利用，建设全国重要的可再生能源生产基地。围绕烟叶、热带作物、马铃薯、苦荞麦、生物能源林木等优势特色农产品，加快发展深加工和绿色食品，强化产品质量和品牌建设，打造国家级优质特色农产品深加工基地。

结合川西北生态经济区与攀西经济区，构建全省南北向生产性服务业通道。以雅安为中心枢纽，立足攀西钒钛稀土产业带、凉山以及川西北甘孜阿坝地区特色农产品加工和资源性产业布局，依托城市和产业园区重点发展矿产资源、钢材和农产品（冷链）物流，辐射西部地区；以大型农产品商贸市场为支撑，发展中介服务业。

重点发展以优质石榴、脐橙、苹果、晚熟芒果、早市枇杷等为主的特色水果业和蚕桑业，以早市蔬菜为主的蔬菜业、花卉业，以优质水稻、加工专用马铃薯、荞麦为主的优质粮食生产和优质烟叶。大力发展建昌黑山羊、凉山半细毛羊等特色畜牧生产。培育速丰用材林，积极发展特色干果、木本药材、麻风树、林下种植养殖、林产加工业和生态旅游业[61]。

## 四、川西北生态经济区

### （一）产业特征

川西北生态经济区包括甘孜、阿坝两个州。自然风光优美，民族文化深厚，以保护生态环境、发展生态经济作为主攻方向，发展特色农业，是全国重要的藏药产业化基地。

### （二）产业发展问题

川西北生态经济区的经济基础薄弱，发展相对滞后，增长速度缓慢，城乡居民收入差距较大，面临石漠化、湿地退化等生态问题。

### （三）现代产业体系构建

以保护生态环境、发展生态经济作为主攻方向，因地制宜发展清洁能源、生态文化旅游产业，点状开发矿产资源，改进传统农牧业生产方式，建设特色鲜明、绿色生态的产业体系。积极推进生态移民、扶贫移民和牧民定居工程，逐步引导人口有序转移。加强以交通和水利为重点的基础设施建设，促进基本公共服务均等化，加快改善生产生活条件[59]。

　　坚持因地制宜、生态优先、适度发展原则，积极推动民族地区特色资源开发和特色产业发展。依托水电资源开发，发展以水电为主的可再生能源产业。加快发展铝、锂、硅、磁材、人工晶体等新材料产业，延长产业链，提高附加值。推进民族地区农牧产品的产业化，大力发展以牦牛、青稞、荞麦等为主的食品深加工业。培育壮大中藏药业，推动川产道地药材的产业化，建设全国重要的藏药产业化基地。大力扶持以唐卡、羌绣、藏饰为代表的民族民间手工业，积极开发生态及民族特色旅游商品。

　　利用区内丰富的天然林资源、独特的森林和天然湿地景观以及浓郁的藏羌文化，着力提升旅游服务能力，做强旅游产业。

　　重点发展牦牛、藏羊等具有高原特色的畜禽生产，统一打造川藏高原特色畜产品品牌，积极开发风味独特的绿色畜产品，建立绿色牛羊肉、奶生产基地。加快发展当地少数民族特需的青稞、荞麦等作物和甜樱桃、酿酒葡萄等特色水果以及秋淡蔬菜、食用菌、道地药材，搞好高原野生药材的人工种植。积极推进碳汇造林，开发林下资源和森林食品，发展原始林区旅游、原生态草原及湿地生态旅游、野生动物观光旅游。

# 第四节　底部基础县域的现代产业体系

　　县域是国民经济的基本空间单元，也是四川省全面小康社会建设的基础。实施多点多极战略，核心在产业，关键在工业，基础在县域。四川省现有 183 个县级行政单位，47 个市辖区纳入市级经济范畴，属于县域经济范畴共计 136 个县（市），国土面积45.2 万平方公里，占全省的93.2%，2012 年常住人口 5588.2 万人，占全省的69.2%，实现生产总值12932.3 亿元，占全省的54.3%，超过全省"半壁河山"。但县域产业发展整体水平不高，支撑普遍较弱，地区间差距大，工业化水平参差不一。构建县域现代产业体系，既是四川省建设经济强省和实现同步小康的重点，更是全面小康建设的难点。因地制宜发展壮大县域产业，支撑县域全面发展，是当前四川省县域经济发展的必然选择，是实现多点多极战略夯实县域底部基础的现实需要，是实现县域全面小康的必然支撑。

## 一、底部基础县域的产业特征

### （一）经济发达的县（市）工业比较发达

　　产业结构变动乃至工业化水平的不断推进与经济运行机制的转轨和经济增长模式的转换表现出高度的相关性。从经济内外关系来看，经济发展水平较高的县

（市）工业较发达。2012 年，平原与丘陵地区县工业产值占县域工业的 80.1%、占全省的 49.8%；工业增加值占县域工业的 73.69%、占全省的 40%。经济发展中等的县（市）工业比重较高。丘陵和盆周山区县工业增加值占县域的比重从 2007年的 55.6 增加到 2012 年的 64.84，提升了 9.2 个百分点。同期平原地区县因为产业结构调整和其他类区县工业加快发展，工业增加值占全省县域工业的比重从2007 年的 39.1 降到 2012 年的 24.75，降低了 14.35 个百分点。工业总产值在平原、丘陵、盆周山区与民族地区县呈逐渐降低的趋势。2012 年，工业总产值超过 300亿的县：平原地区有 7 个，丘陵地区有 2 个（超过 500 亿），民族地区有 1 个。工业总产值超过 200 亿的县：平原地区有 11 个，丘陵地区有 17 个，盆周山区有 2个，民族地区有 1 个。

## （二）县域产业空间分布与四川省城镇体系空间分布对应

县域主导产业类型与县域所处区位条件、资源禀赋及产业基础高度相关，基本服从"中心-圈层"或"核心-边缘"模式。从地缘关系来看，平原、丘陵、山区和民族地区县基本按照中心城市配套制造业基地—劳动密集型轻小加工业与资源精深加工基地—特色农副产品加工和资源产业的阶梯状空间布局。成都市通过明确各圈层和县区产业定位，将电子信息、新材料、节能环保、机械装备、医药保健等现代制造及配套产业布局在二、三圈层县域，将其建设成为成都市重要的城市配套产业功能区。成都周边的中江、彭山、简阳、名山等则通过市-市、县-县合作平台，承接成都的产业转移和扩散。资源丰富或远离中心城市的县域，充分利用本地自然矿产、农产品资源，发展资源采掘加工和农副产品加工业，形成了县域产业的主体。

## （三）县域产业结构不断调整提高

县域经济整体上处于工业化上升的阶段，即从工业化初期向工业化中期快速推进。县域经济发展具有"无工不强、无工不富"的特点。从产业间关系来看，2012 年，县域第一、二、三产业增加值分别为 2508.9 亿元、6854.1 亿元和 3569.3亿元，三次产业结构为 19.4∶53.0∶27.6，与全省 13.8∶52.8∶33.4 相比，第一、二产业分别高出 5.6 和 0.2 个百分点，第三产业则低出 5.8 个百分点。从分类区县来看，15 个平原地区县和 26 个盆周山区县的工业增加值占 GDP 比重分别高出全省平均水平 1.9 和 5 个百分点，44 个丘陵地区县与 51 个民族地区县的工业比重虽低于全省平均水平，但也明显高于第一、三产业。

## （四）县域产业集中集聚发展水平进一步强化

除了民族地区县，平原地区、丘陵地区和盆周山区的县域全部建有产业园区，"县县有园区"已成为县域产业发展的重要特点。2012 年，136 个县域建有 100 多个各类产业园区，约占全省园区数量的一半，其中有 29 个产业园区列入"51025"重点产业园区培育工程。从产业集中度来看，平原地区县产业集中度达到 70.6%，高于全省产业集中度 6 个百分点；丘陵地区县产业集中度达到 64.1%，略低于全省产业集中度；盆周山区县产业集中度为 52.4%；民族地区县产业集中度只有 27.60%。

# 二、底部基础县域产业发展问题

## （一）缺乏省级层面的产业规划

从全局性、长远性来看，迄今尚未编制高水平的四川县域经济或县域产业发展规划。当前，四川省正处在工业化、信息化、城镇化与市场化快速发展阶段，新的发展环境给县域提出了更高的要求。县域产业，特别是平原县、丘陵县、山区县的产业发展，需要从新一轮西部大开发、新丝绸之路经济带、长江经济带、成渝经济区、天府新区、三大发展战略、绵阳科技城、攀西战略资源创新开发试验区等国家、区域和省级层面的统筹规划中寻找立足点和突破点，发展既具有本地特色，又对接国际、国家、区域、省、市等多层面的产业分工合作体系。

## （二）主导产业不明及特色产业发展不足

县域主导产业类同现象突出，特色不够鲜明，产业错位发展、互补发展、协作发展的格局远未形成，地区产业结构呈现"小而全"和"大而全"。特色产业不突出。除了成都地区县域，大部分县（市）受发展阶段制约，县域产业门类众多，多数县有 4～6 个重点发展产业，部分县前三位主导产业的工业增加值之和不到县域经济的 40%，极个别县的前三位主导产业的工业增加值仅占县域经济的 10%～15%，起不到主导产业应有的引导与带动作用，造成产业特色不突出，区域产业链不易构建，上下游产业延伸度不足，产业关联度小，低端化，品牌效应差，产业规模较小，县域主导产业难以形成。

## （三）产业层次较低，发展方式粗放

全省县域产业中资源密集型、劳动密集型和低附加值的传统产业比重居高不下，一些高耗能、高污染的产业仍具有较高比重，资本和技术密集型的产业规模相对较小，高附加值、符合生态工业发展方向的新兴产业规模还非常有限。尤其是资源型县域，多数产业的发展方式仍然是"开采-输出"型，缺少就地精深加工与原料的综合循环利用，发展方式粗放，对生态环境具有一定的破坏性，不具有可持续性。在国家对高耗能、高污染和产能过剩行业严格执行产业政策的背景下，县域产业既保增长又促转型的压力增大、腾挪空间缩小。2012 年，全省县域共淘汰落后产能 330 户，占计划户数的 76.2%；淘汰落后产能占全省的 75%，水泥、平板玻璃、造纸、化工、冶金等行业成为县域淘汰的主要产业。

## （四）产业定位不清，布局不合理

各地产业发展定位没有很好地结合省上、所在区域或中心城市的主导产业发展规划，未充分考虑区域产业分工联系、产业链整合等关键问题，脱离县域区位交通和产业基础、资源禀赋等实际，盲目贪新、求全、追大。当前，四川省正在大力实施依托大资源、大项目、大企业的"7+3"产业发展规划，重点发展电子信息、装备制造、能源电力、油气化工、钒钛钢铁、饮料食品和现代中药等 7 个优势产业，积极培育航空航天、汽车制造、生物工程等 3 个有潜力的产业[64]。然而，四川省相当一部分县域产业发展各自为政，产业结构与产业布局极不合理，引进或从外部"空降"与"7+3"主导产业毫无关联的产业，搞无根基的"战略性新兴产业"，缺乏与区域产业规划衔接和产业配套与政策支持，产业结构与产品结构具有高度相似性。

# 三、底部基础县域的现代产业体系构建

## （一）总体思路

认真落实科学发展、加快发展工作要求，以多点多极支撑战略为统揽，大力推进工业强省产业兴省，因地制宜分类构建县域现代产业体系，走出一条扩量提质、转型增效、绿色低碳、高端切入、加速发展的县域工业发展之路，推动平原地区县领先发展、丘陵地区县追赶发展、盆周山区与民族县跨越发展，提供强大的产业支撑与发展动力。

（二）发展目标

力争到 2017 年，平原地区县 GDP 超过 500 亿、集聚集约水平高、工业占 GDP 比重的 50%、主导产业规模占县域工业的 40%左右；丘陵地区县 GDP 超过 300 亿、产业集群化发展、工业占 GDP 比重超过 50%、主导产业规模占县域工业 45% 以上；盆周山区县 GDP 超过 150 亿、产业支撑有力、工业占 GDP 比重的 55%、主导产业规模占县域工业的 50%左右；民族地区县因地制宜形成一批特色明显、优势突出、工业集中、竞争较强的优势主导产业。

（三）基本原则

（1）主导产业规模化。主导产业数量适中、规模大、质量优、效益好、辐射大、带动强、产业链完善。

（2）园区发展集聚化。引导产业向园区集聚发展，优化产业布局，促进产业向园区集聚化、集约化、集群化。

（3）产城发展一体化。产业发展与城市建设同步进行，产业功能、城市功能、生态功能融为一体。

（4）三产联动集约化。坚持工业反哺农业，城市支持农村，工业化带动农业现代化、工业化带动生产性服务业。

（5）产业创新协同化。坚持政府推动、企业主体、市场导向、研发引领、政产学研用紧密结合的发展模式。

（四）重点任务

（1）平原地区县：属于依附型的产业发展模式（区域经济一体化下中心城市配套型）。依托成绵乐交通经济带，发挥成都市首位城市的发展带动效应，在区域经济一体化发展过程中为中心城市主导产业发展提供配套服务，最终形成主导产业链上的重要配套产业集群。重点布局：特色优势产业和区域增长极配套产业。重点发展：全省 7 大优势产业的重要配套产业，着力打造电子信息、装备制造、汽车制造等现代制造业和高端装备制造、新材料、新能源、汽车制造、IT 制造、生物医药等新兴产业基地及产业特色鲜明、比较优势突出的软件与产业基地和创新集聚区。

（2）丘陵地区县：属于开放-承接型为主导的产业发展模式。依托成渝交通经济带、宜泸渝长江黄金水道，主要承接重庆以及来自中东部地区的产业转移。重点布局：特色制造业、特色资源精深加工业，打造承接产业转移示范基地。重点发展：加快建设沿江产业带，发展壮大机械制造、能源、化工、农产品加工业，积极培育新材料、节能环保、生物等新兴产业，大力发展旅游、商贸、物流等服务业，打造"中国白酒金三角"核心区。

（3）盆周山区县：属于混合型的产业发展模式。依托嘉陵江、渠江和重要交通干线，经济发展具有多样性，既有承接外来产业的发展模式，又有本地特色资源型产业发展模式。重点布局：西部重要的天然气化工基地、农产品生产加工基地。全国重要的钒钛产业、磷化工、有色金属深加工及清洁能源生产基地。重点发展：清洁能源和石油、天然气化工、农产品加工业，大力发展粮油、畜禽、果蔬、茶叶、食用菌、林木等特色农业，发展钒钛、稀土产业及磷、铜、铅、锌等有色金属深加工，着力打造区域协作配套的生产性服务业园区建设。

（4）民族地区县：属于自立型产业发展模式（特有资源及其相应产业）。依托本地特有资源优势，发展具有本地特色的产业。重点布局：特色资源型与劳动密集型产业及特色旅游产业。重点发展：以水电为主的清洁能源产业，发展铝、锂、硅、磁材、人工晶体等新材料产业，以牦牛、青稞、荞麦、核桃、花椒、特色茶、野生菌等食品深加工，培育壮大中藏药业，推动川产道地药材的产业化，发展唐卡、羌绣、藏饰为代表的民族民间手工业，开发生态及民族商品。

## （五）推进措施

（1）强化发展规划引导，优化县域产业空间布局。结合四川省主体功能区规划和工业发展规划，抓紧编制全省县域产业发展规划，加强规划衔接，统筹县域生产力布局。围绕七大优势产业和产业集群，以"转型升级、优化布局"为主题，科学定位和明确县域产业发展重点和方向，引导县域产业差异化发展。坚持分类指导，综合考虑产业基础、重大资源开发、重大项目建设、承接产业转移等因素，主动推进产业结构优化调整与合理布局。

（2）大力培育特色优势产业，提高县域产业发展水平。根据区域分工、产业定位、资源禀赋、市场优势、环境承载能力，制定完善县域特色优势产业发展规划，明确各类区发展重点和发展方向，大力支持地方特色优势产业发展。精心选择特色优势产品，实施育、产、加、销链条化发展，工业化带动，产业化经营，公司化管理，集中化突破，系列化开发，努力做大做强县域特色优势产业。积极培育特色优势龙头企业，支持和引进先进技术，改造传统产品，开发新产品，不断提高特色产品质量，努力提升特色产品品质，增强市场竞争力。

（3）加快产业园区建设，提升县域产业竞争力。注重经济区划功能定位，以经济功能为界统筹协调各类生产要素向园区集中。支持县域"51025"重点产业园区引领区域发展，提高园区内企业间、产业间的关联度，延伸并完善产业链，强化园区技术、金融、信息化、物流等公共平台支撑，提高园区综合承载能力。分层次推进产业园区建设，重点推动平原地区县园区产业集聚、创新集成、投资集约，提升产业发展层次。加快推进丘陵地区县园区集中集聚发展，构建完善的产业链分工协作体系，提高产业集聚水平。推动盆周山区县园区依托特色资源，合理规划建设产业园区，发展农产品加工等特色产业。鼓励有条件的民族县园区打破行政区划界限发展"飞地"产业园区。

（4）坚持工业化带动农业现代化，助推县域三产联动。以龙头企业为导向建立农产品种养基地。根据农产品生产需要的自然生态条件，选择最适宜农作物生长的区域布局农产品加工原料基地。实行标准化生产提升农业现代化水平。深化龙头企业-农户-基地的生产经营模式，支持企业为农户生产提供技术、资金、种子、农资及技术指导，促进传统农业向现代农业转变。引导农业转移人口农业闲置土地向农业现代化企业、经营大户集中，促进农村生产由家庭经营向农场或企业经营转变。以发展生产性服务业为重点，拉长服务业"短板"，着力解决服务业在县域经济的比重过低问题。突出发展金融保险、科技研发、文化创意、工业设计、现代物流等生产性服务业，鼓励有条件的县域发展生产性服务业集聚区，加快培育一批服务业龙头企业和知名品牌，加快县域服务业转型升级。

# 第八章 构建城乡协调共享发展的新格局

实现城乡协调发展需要遵照十八届三中全会精神，按照四川全面小康社会建设和城乡一体化发展要求，重点提出基础教育、医疗卫生、社会保障、金融等方面配置方案，推进"五个统筹"，深入实施"五项改革"，围绕十八届三中全会提出的治理体系和治理能力现代化要求，根据四川城乡社会发展的新阶段、新特点，提出城乡基层治理机制构建方案。

## 第一节 构建基本公共资源均等化配置体系

建立城乡统一的基本公共服务体系是推进城乡协调发展的基本内容。目前城乡一体化的基本公共服务框架尚在完善之中，建立覆盖城乡的公共服务体系将是一个渐进的过程，必须分阶段进行，需要逐步在基础教育、医疗卫生、社会保障、金融等方面实现城乡资源均等化配置。

### 一、构建城乡基础教育资源均等化配置体系

城乡基础教育资源均等化配置既是促进城乡教育公平、缩小城乡教育差距、推动城乡同发展的要求，又是保障城乡居民享有起点公平和机会公平的发展权，让农民平等参与现代化过程的关键环节。要想实现城乡基础教育资源均等化配置，关键在于破除城乡教育二元体制，以城乡基础教育发展规划、办学条件、师资配置、经费投入"四个一体化"为主要内容，构建城乡基础教育资源均等化新型制度体系[65]。

（1）规划一体化。在"城乡统筹"理念下，把城乡基础教育包括幼儿园、中小学建设全部纳入城乡发展规划，统筹资金配置，投资分布，空间均衡，做到基础教育资源布局与城乡基础设施建设同步规划、同步实施。

（2）设施一体化。在城乡基础教育发展规划一体化的基础上，实现城乡办学设施的一体化，以标准化设施建设为依托，促进资源向农村地区和薄弱学校倾斜，全面改善农村办学条件。

（3）师资一体化。要按照"城乡统筹"理念进行教师配置，在统筹提高教师待遇的基础上，促进教师资源在城乡之间的均衡配置。建立"交流共享"的城乡

教师流动机制，实现城区优秀教师向农村流动。

（4）经费投入一体化。统筹城乡教育投入力度，新增财政投入优先用于农村，用于民族地区，用于落后地区，确保农村教育经费增速超过城市教育经费增速，加大向农村的转移支付力度。

## 二、构建城乡基层卫生资源均等化配置体系

长期以来，我国卫生投入"重城市、轻农村"，资金投入偏向城市。这造成城乡基层医疗资源分布不均衡，优质资源过度集中在城市，特别是一线城市[66]。要实现城乡统筹必须建立城乡一体化的基层卫生资源配置模式（国办发〔2013〕14号）。

（1）要统筹城乡卫生服务体系建设，实现一体化的机构设置和资源配置。卫生系统要在规划中明确提出建设覆盖城乡的一体化服务体系。各级卫生机构的资源配置应根据人口和服务面积按统一标准测算配置，在经费预算、设施设备、编制和拨款，以及卫生人力资源等方面逐步实现城乡均衡配置。

（2）要统筹城乡卫生筹资和投入模式，建立统一的筹资渠道和财政投入标准。为保证城乡卫生资源均衡配置，必须建立城乡一体化的卫生筹资模式和卫生投入模式。突破一级财政养一级机构的财政投入模式。建立起区域范围内卫生发展专项资金，在统一管理的模式下，按卫生服务机构所承担卫生服务量实施分配，确保城乡医疗卫生机构提供同等服务、获得同等补偿。

（3）完善基本药物制度。在国家基本药物制度的框架下，根据城乡居民主要疾病负担，科学筛选和确定各地的基本药物目录，实行社区卫生服务机构、乡镇卫生院基本用药统一采购，统一配送，进一步降低群众药品负担。完善基本药物制度应当与加大财政投入、调整医疗服务收费结构同步推进，防止公立医疗机构由于补偿不到位出现运转困难的局面。

（4）区域医疗共享，合理分配资源。优化城乡居民就医流向管理，加快完善社区卫生服务首诊制和双向转诊制度，探索完善检验结果同城互认制度。整合城乡卫生系统信息化平台，建立标准统一、信息互通、资源共享的区域卫生信息系统，广泛开展以远程会诊、电子病历、电子健康档案、数字影像等为主的区域卫生信息化协同服务，促进优质卫生资源下基层。

（5）提高农村基层卫生机构服务水平。采取公建民营、政府补助等方式，加快推进农村基层卫生机构房屋建设和设备购置。通过购买服务的方式对农村基层卫生机构进行合理补助。制定乡村医生培养规划，建立在村卫生室执业的乡村医生定期免费培训制度，鼓励采取本地人员定向培养等方式充实、优化乡村医生队伍。

### 三、构建适应"两化"互动、统筹城乡的社会保险体系

构建适应"两化"互动、统筹城乡的社会保险体系，是重大的体制机制创新，坚持"广覆盖、保基本、多层次、可持续"的基本方针，按照"制度构架城乡统筹、待遇标准城乡衔接、机构设置城乡统一、经办操作城乡一体"的发展思路，加快适应"两化"互动、统筹城乡的社会保险体系建设。

#### （一）从制度建设入手，确保社会保险增强公平性

（1）加快社会保险制度建设。坚持把弥补制度缺失放在首位，全面推进新型农村社会养老保险和城镇居民社会养老保险制度试点，实现制度全覆盖，并将符合条件的各类群体纳入相应的养老保险制度，实现养老保险制度覆盖所有人群。以推进全民基本医保为目标，建立完善基本医疗保险制度体系。加快完善医疗、工伤、失业、生育保险制度体系，积极探索应对人口老龄化的社会保障政策。

（2）扩大社会保险制度覆盖面。将符合条件的各类人群纳入社会保险制度体系，重点做好农民工、非公有制经济组织从业人员、灵活就业人员的参保工作。继续解决体制转轨的社会保险历史遗留问题。强化新农保、新农合以及城镇居民基本医疗保险制度的政策激励机制，引导符合条件的人员积极参保、长期参保。完善被征地农民的社会保险政策，实行先保后征、应保尽保。加大资金支持力度，积极推进优抚对象、城乡残疾人和各类困难群体参加社会保险。

（3）稳步提高社会保险水平。有计划、分步骤地提高保障水平，逐步缩小城乡、区域、群体之间的社会保险待遇差距。统筹建立基本养老金正常调整机制，均衡职工基本医疗保险、城镇居民基本医疗保险、新农合的待遇水平，进一步完善失业保险金申领发放办法，健全失业保险金正常调整机制。

#### （二）从统筹衔接入手，确保社会保险适应流动性

（1）统筹城乡社会保险体系建设。在制度融合方面，要积极推动城乡居民养老保险统一经办管理，探索整合城乡基本医疗保险制度模式、管理职能和经办资源，推动城乡医保一体化管理。在政策衔接方面，可在目前将 60 岁以上城乡低保老人纳入城乡居民养老保险制度享受待遇的基础上，探索两项制度合并实施，确保政策效应的最大化。在新农保、城居保与职工基本养老保险的衔接上，要着力解决农民工参保选择难的现实问题，积极探索新农保、城居保与职工基本养老保险之间缴费年限的认定和换算，为下一步贯通衔接做好准备。

（2）进一步提高统筹层次。稳步提高各项社保统筹层次，扩大基金调剂和使用范围，增强基金共济能力。全面落实企业职工基本养老保险省级统筹，积极提升城乡居民养老、医疗保险统筹层次。推动医疗、工伤、失业、生育保险建立省级基金调剂制度，积极推进省级统筹。

（3）进一步做好社保关系转移接续。以农民工为重点，妥善解决流动就业人员社会保险关系转移接续问题，实现制度的有效衔接。以异地安置退休人员为重点，完善异地就医管理服务，探索建立参保地委托就医地进行管理的协作机制。

## （三）从强化保障入手，确保社会保险增强可持续性

（1）强化政府社会保障责任。进一步强化各级政府对困难群体尤其是城乡老年居民的社会保障责任，建立社会保险财政支出城乡统筹、公平共享的机制，提高财政用于社会保险支出的比例，并按城乡人口比例配置。明确地方政府保障和改善民生的基本责任和考核指标。适应社会保险事业快速发展需要，切实保障社会保险经办机构管理服务所需经费。

（2）强化社会保险基金监管。进一步提高社保基金管理的科学化水平，加大社会保险征缴力度，提升社会保险统筹层次，建立健全社会保险基金预决算制度，健全行政监督与社会监督相结合的监管体系，提升社会保险基金监管能力。完善社会保险反欺诈制度，建立医疗费用异地协查机制，实现对社会保险基金征收、管理、支付和运营的全程监管，加大社会保险基金非现场监督力度，确保基金的完整、安全。

（3）强化社会保险公共服务体系建设。加大政策支持力度，切实解决机构设置、编制配备、人员补充等问题，加快推进社会保障基层公共服务平台建设。以社保"一卡通"和"金保工程"实施为重点，加快建立标准统一、全省联网的社会保险信息管理系统，做到"跟踪一生、记录一生、服务一生、保障一生"。

## 四、构建覆盖城乡的公共文化服务体系

公共文化服务是政府公共服务的重要内容，是实现城乡统筹的重要内容。目前，公共文化服务体系建设与经济社会发展水平和人民群众日益增长的精神文化需求还不相适应。要通过构建覆盖城乡、结构合理、功能健全、实用高效的公共文化服务体系来实现公共文化资源的城乡均衡发展。

（1）加大公共文化服务投入力度，建立经费保障长效机制。加强公共文化服务体系建设，关键要解决资金投入的问题。要抓紧制定支持和保障公共文化服务体系建设的投入办法，坚持政府主导，逐步建立健全同公共财力相匹配、同人民群众文化需求相适应的政府投入保障机制，使公共文化基础设施和公益性文化事

业单位所需的资金有稳定的来源和保障。

（2）建设和完善基层文化设施网络，实现公共文化设施有效覆盖。设施网络是公共文化服务体系的基础。要统筹规划、合理布局，加强各类公共文化基础设施建设，实现公共文化设施网络的全面覆盖。要以农村和中西部地区为重点，加强县级文化馆、乡镇综合文化站、村文化室建设，深入实施广播电视村村通、文化信息资源共享、农村电影放映、农家书屋等文化惠民工程，推动公共文化设施建设向城乡基层倾斜。

（3）提高公共文化产品和服务供给能力，丰富公共文化产品和服务的内容。公益性文化单位要充分发挥骨干作用，面向基层、面向群众，着力提高生产能力和服务水平，多提供符合人民群众需求、质优价廉的文化产品和服务。

（4）加强公共文化服务体系建设统筹协调，实现公共文化资源共建共享。要统筹规划和建设基层公共文化服务设施，加强区域内文化、教育、科技、体育和青少年、老年活动场所的综合利用，推动形成融宣传教育、文化娱乐、信息服务、科学普及、体育活动等于一体的文化中心[67]。

# 第二节　实施五个统筹和五项改革

全面深化改革是新时期我国经济社会发展的新的强大动力，全面深化改革的核心是要为全面改革进行"顶层设计"，系统协调地推进各个领域的改革工作。城乡统筹工作本身就是改革，是通过体制机制的创新来释放蕴藏在中国广大城乡间巨大的发展潜力。城乡统筹是一个系统性的改革，也需要顶层设计，协调推进。"五个统筹""五项改革"，就是对统筹城乡的全面系统的构想，深入推动"五个统筹""五项改革"是构建城乡协调发展的新格局的内在要求，也是完成城乡统筹的战略路径和步骤。

## 一、坚持统筹互动，促进城乡协调发展

"五个统筹"是指统筹城乡规划，统筹城乡基础设施建设，统筹城乡产业发展，统筹城乡基本公共服务和统筹城乡社会管理，这是四川省在经过多年统筹城乡发展的实践中总结出的推进城乡统筹的主要途径和重要标准。

### （一）统筹城乡规划，优化城乡空间布局

统筹城乡规划就是将"城市规划"变革为"城乡规划"，即城乡一盘棋，将广大农村纳入城市产业发展、基础设施建设、社会事业发展、生态环境建设和文

化保护等各项规划范畴，一张蓝图绘到底，形成城乡统筹、相互衔接、全面覆盖的"全域发展"规划体系、城乡体系和监督执行体系。以县为单位推进统筹城乡全域规划，完善县域新村建设总体规划，扎实推进新村建设，完善新农村综合体公共服务功能，因地制宜促进农业转移人口就地城镇化。坚持产村相融成片推进新农村示范县建设。

（二）统筹城乡基础设施建设，改善城乡居民生产生活条件

　　加强城乡路网建设，推进城镇公交逐步向农村地区覆盖，推进市政公用设施向农村覆盖、推进生态环境建设一体化和城乡信息服务一体化，加大农村田网、水利等基础设施建设力度。建立健全农产品现代流通体系。加大财政性投入，配套完善新村聚居点和新农村综合体基础设施。完善村内公益事业一事一议筹资筹劳政策，加大财政奖补力度。积极推进农村小型公共基础设施村民自建。加大旧城改造工作力度，加快城市危旧房、棚户区改造，支持改善型住房消费，改善城市生活居住条件。

（三）统筹城乡产业发展，促进城乡经济共融

　　统筹规划建设产业园区、城镇新区和农民新村。有序推进工业空间布局集中，支持产业园区扩区升位。避免"村村点火、户户冒烟"弊端，顺应现代产业发展的规律，遵循"集中集约集群"发展的思想，统筹推进"三个集中"，联动推进新型工业化、新型城镇化和农业现代化。促进产业与城镇发展深度融合，推动农民就地就近城镇化。深入推进农业产业化经营，以现代农业示范区和现代农（林、畜牧）业重点县建设为载体，连片建设现代农业产业基地。创新农业经营体制机制，推广以农民家庭经营为基础、专业合作与产权合作相结合的适度规模经营，培育新型职业农民和新型经营主体。积极发展生产性服务业和生活性服务业。

（四）统筹城乡基本公共服务，推动城乡居民共创共享发展成果

　　进一步健全城乡一体人力资源市场。完善覆盖城乡的职业培训体系，加强面向农民工的职业技能培训和创业教育。逐步实施城乡一体的就业失业实名制管理，健全覆盖城镇和农村的人力资源信息网络。加强街道（乡镇）和城乡社区基层公共就业服务平台建设，加大财政扶持力度，推进市（州）、县（市、区）、乡（镇）、村（社区）四级公共就业服务机构联网运行。完善城乡劳动者自主创业配套政策和面向城乡就业困难人员的就业援助制度。促进城乡义务教育均衡发展，积极做

好深入推进城乡教育一体化。加快建立覆盖城乡居民的基本医疗卫生制度，完善县、乡、村三级医疗卫生服务体系，加强基层医疗卫生人才队伍建设，加快推进全科医生制度建设。不断提升基本公共卫生服务均等化水平，提高基本公共卫生服务经费标准，继续实施重大公共卫生服务项目。大力推动城乡文化一体化发展，引导城市文化机构到农村服务，推进国家公共文化服务示范区（项目）建设，创建一批精品文化旅游村寨，加大重点文化惠民工程建设力度，完善省、市（州）、县（市、区）、乡（镇）、村（社区）五级公共文化服务网络，探索建立完善公共文化服务指标体系和绩效考核机制。

（五）统筹城乡社会管理，维护城乡和谐稳定

加快推动街道职能转变、乡镇工作重心向社会管理和公共服务转移，建立健全、深入推广村（社区）党组织领导、村（居）民代表会议或村（居）民议事会决策、村（居）民委员会执行、村（居）务监督委员会监督、其他经济社会组织广泛参与的新型基层治理机制。适应统筹城乡发展需要，适当调整建制村和村民小组规模。出台加强城乡社区建设和创新社区服务管理的意见，编制农村社区建设规划。建立以项目为导向的政府购买服务机制，建立村（社区）公共服务和公共管理转移支付补助机制。逐步建立以县（市、区）、街道（乡镇）、村（社区）综合服务设施为主体、专项服务设施为配套、服务网点为补充的城乡社区服务网络。

## 二、抓好综合配套改革，激活城乡发展活力

"五项改革"是指户籍制度改革，农村产权制度改革，完善城乡社会保障制度、用地制度改革和农村金融创新。这是四川省在多年实践中总结出的推进城乡统筹的综合配套改革措施。

（一）积极稳妥推进户籍制度改革，逐步消除城乡户籍附属的福利差异

合理控制特大城市人口规模，全面放开大中小城市、小城镇落户限制。对有合法稳定职业、合法稳定住所的人员，进一步放宽本人及其共同生活的配偶、未婚子女、父母等的城镇入户条件。全面推行流动人口居住证制度，建立健全户籍与居住证、流动人员与居住证相互补充、有效衔接的实有人口管理制度，引导和促进符合条件的农业转移人口在城镇落户，有序推进农业转移人口市民化。完善农民工基本社会保障相关政策，逐步将农民工纳入城镇住房保障体系，推进基本

公共服务覆盖常住人口。启动建设省级流动人口综合信息平台，逐步整合公安、人口计生、民政、住房城乡建设等部门信息资源[68]。

## （二）有序推进农村产权制度改革，进一步明晰农村财产权利

积极稳妥推进农村土地承包经营权确权登记颁证。选择有条件的市（州）、县（市、区）开展耕地保护补偿机制改革试点，对承担耕地保护任务的农户和符合条件的集体经济组织给予耕地保护补贴。加快推进农村集体"三资"管理制度化、规范化、信息化。依托成都农村产权交易所，制定覆盖省、市（州）、县（市、区）三级并全省联网的农村产权交易平台和交易流转体系工作方案，同步研究制定相关配套文件，适时启动建设，逐步将土地承包经营权、林权等纳入交易。

## （三）加快完善城乡社会保障制度，逐步推进城乡居民社会保险制度并轨

推进城乡一体的社会保障体系建设。继续加大社会保险扩面征缴力度，进一步完善覆盖城乡居民的社会保险体系。科学整合新型农村养老保险和城镇居民养老保险制度。按照国家统一部署，研究整合城乡居民医疗保险制度，逐步实行统一经办管理，切实做好城乡居民大病保险试点。探索在全省行政区域内开展医疗保险异地就医结算。

## （四）积极稳妥开展用地制度改革，不断推进土地资源集约高效利用

探索开展用地制度改革，逐步提高农民在土地增值收益中的分配比例。稳妥推进成都市征地改革试点。在严格执行规划的前提下，积极规范推进城乡建设用地增减挂钩试点。在成都市、自贡市、德阳市和广元市开展农村集体经营性建设用地流转试点。在城镇总体规划和土地利用规划确定的城镇建设用地范围外，经批准占用农村集体土地建设非公益性项目的，允许农民依法通过引进社会资金、股份合作、自主开发等多种方式开发经营并保障农民合法权益。探索农村宅基地退出机制。

## （五）积极推进农村金融创新，不断提升农村金融服务水平

加快构建多元化、多层次的农村金融服务体系，鼓励金融机构直接服务农村集体经济组织和农户。大力发展村镇银行、小额贷款公司、农村资金互助社等新型农村金融组织，进一步发展"公司+农户+银行"等融资模式，着力发展小额信

贷等适合农村需要的微型金融服务。深入推进农村信用社改革和发展，保持县域农村金融机构法人地位基本稳定，推动符合条件的农村信用社改制组建农村商业银行。进一步推进农村支付结算体系、农村信用体系建设，推进农村产权抵押融资业务，推行农村土地流转收益和粮食直补抵押贷款业务试点，完善林权抵押贷款配套政策，建立政府扶持、多方参与、市场运作的政策性"三农"融资担保体系，稳妥推进包括政策性农险在内的涉农保险。建立农村金融服务创新联席会议制度。

# 第三节　城乡新型基层治理体系建设

随着统筹城乡的发展，我国现有的城乡分割的基层管理体制越来越无法适应社会管理的新要求，重建基层治理体系越来越迫切，必须探索一套全新的城乡一体的基层治理体系，使之与城乡社会经济统筹发展相适应。

## 一、城乡新型基层治理体系的本质

城乡新型基层治理体系应该把"坚持多方参与、共同治理"作为加快社会建设的基本原则，引入新型治理机制，通过健全社会规范体系、城乡基层治理机制、社会组织志愿服务机制和社会矛盾疏导化解机制等一系列制度性改革，在基层社会管理中实现"还权、赋能、归位"，使得政府"独自掌舵"的管理格局开始自下而上得以改变。

（1）"还权"。基层社会管理中的"还权"，是指地方政府在加强和创新基层社会管理中，通过剥离基层政府和街道办事处的经济职能，强化其社会管理和公共服务职能，促使基层政府还基层社会管理权予城乡社区（村），社区（村）还社区（村）公共事务的知情、参与、监督和决策等权力予成员及成员组织。通过"管理下沉、小单元治理"，扩大居民村民自治范围，实现了社区（村）管理主体的多元化，推进了基层民主，初步构建起"公民主体、载体多元"治理机制，实现社区（村）公共事务中多主体的民主参与机制和公共决策机制。

（2）"赋能"。"赋能"是指政府对承担基层社会管理职能的社会组织——城市社区居民委员会、农村村民委员会和其他社会组织——赋予其履行职责的能力，即在基层社会管理和公共服务领域突破制度障碍，把公共资源注入城乡社区自治组织和社会组织。通过地方财政为社区"民生项目"买单、资助社会组织参与社会服务，促使"政府建设财政"从基层开始转变为"公共民主财政"，既保障了民生项目和社区服务的实效，又通过对"村级公共服务资金""社区公共服务资金""社会组织发展资金"等公共资财的使用，锻炼和提高了社区组织管理运用公共资源、开展社区服务能力，以及社区组织和公民参与社会公共事务的能力。

（3）"归位"。"还权赋能"的目标是促使政府职能部门和社会自治组织在基层社会管理中各归其本位，即政府职能部门强化其服务职能和指导职能，在服务基层的同时还要承担支持和指导基层公共管理与公益事业的责任；社区（村）自治组织履行其自我管理、自我教育、自我服务的职能，为各种社会组织和居民村民参与公共事务提供空间和平台。通过在社区层面实现党委领导和政府指导下的社区自治，行政管理和自治管理之间正在形成多种形式的"有效对接和良性互动"模式，从"管理社会化、服务公平化、参与制度化"开始，探索理顺政府、市场、社会三者的关系、加快城乡社会建设的有效途径。

## 二、构建城乡新型社区治理机制的思路

城乡新型社区治理机制的构建就是要坚持党的领导，尊重和发挥人民群众主体作用，以扩大基层民主自治为目标，以加社区党组织领导核心地位为关键，以制度化、规范化建设为重点，深化城乡新型社区治理机制建设。

### （一）注重城乡社区主体多元化的组织建设

基层社会管理有别于社会管理之处就在于管理主体的不同。鉴于目前四川省的社区发展现状，社区管理主体也必须是多元化的，这就要求社区在组织构成中，特别注意接纳和吸收社区居民中新群体与不同利益群体的代表（如新居民以及流动人口、暂住人口在本辖区就业生活的代表）。目前，由于选举制度的限定，基层社区选举很难把一些新的利益群体纳入居村委。这就要求进行试点的社区，按照本辖区人口构成的实际情况，创新制度，尽量吸纳社区各利益群体的代表（如城乡社区的驻区单位、企业、机构、非户籍人口代表，商住楼社区的非业主人口代表，城乡结合部社区的流动经商人口代表，农牧社区的土地承包者和经营者代表，产业园区的业主代表和职工代表等）进入社区议事决策组织。特别要强调的是：社区的管理服务主体中一定要有弱势人群的代表，要注意特殊社群的需求。只有在组织结构上实现了社区管理服务主体的多元化，才能真正发挥其反映诉求、维护权益、提供服务、规范行为等社会职能。

### （二）注重构筑城乡社区的基础平台作用

对于新型社区，各地各级政府也应予以相应的"还权赋能"，从职责、保障、

方法等方面给予社区实际的权限、资源和学习培训，才能使社区有权力，也有能力、有方法履行其基层社会管理的职能，使社区服务中心成为公共事务的议事堂、公民教育的课堂、各方协商的会堂、居民活动的礼堂。同时，还应鼓励各试点社区在运作机制上改革创新，建立适应本辖区实际的、多样化的居民诉求表达平台、利益协调平台和公共事务参与平台，为社会协同、公众参与社会公共事务提供更多的机会和空间。

### （三）把基层社会管理纳入政府财政，为基层社会管理建立经济基础

政府设立基层社会管理财政预算，专项经费到社区后必须实行参与式预算管理，用于社区工作人员报酬、日常工作经费和民意裁决的社区民生项目。政府每年按财政情况注入资金，按社区人口规模和经济水平等指标，划拨到城乡社区。社区可利用定额划拨的专项资金筹资融资。

### （四）在基层社会管理中引入社会工作者和民间公益组织的第三方参与

鉴于目前四川省基层社会管理能力和经验严重不足的现实，建议在社区中引入政府聘用的社会工作者，或由民间公益组织提供的社会工作者，共同参与社区的社会管理综合试点工作。在四川省三年多的抗震救灾和灾后重建工作中，社会工作和民间公益组织在城乡社区建设中都曾发挥过非常积极的作用，他们以职业精神和专业技能服务社区居民、培育社区组织，形成社区可持续发展能力，所起的作用是不可替代的。社工服务和公益组织的参与，将为四川省的基层社会管理引入更多的社会资源、提供更多的社会支持、开拓更大的创新空间。

## 第四节　构建覆盖城乡的互联互通交通体系

交通运输作为国民经济和社会发展的基础性、先导性、服务性行业，是统筹城乡的重要支撑，要创先追赶、先行跨越。加快构建"互连贯通、功能完备、无缝对接、安全高效"的现代综合交通运输体系，全面推进"城乡统筹"现代综合交通体系建设。

### 一、覆盖城乡的互联互通交通体系

推进统筹城乡必须加快推进交通快速发展，加快构建畅通高效的现代综合交通运输体系。要围绕统筹城乡和区域发展，夯实底部基础的交通基础设施条件，

拓展交通运输服务广度深度，不断提高基本公共服务均等化水平。

　　构建覆盖城乡的综合交通基础设施网络，是四川省构建现代综合交通运输体系的物质基础。主要由综合运输大通道、主要干线交通网、一般干线交通网、城乡基础交通网、枢纽站场体系、综合交通衔接转换系统构成。

## （一）综合运输大通道

　　综合运输大通道由两种或两种以上运输方式线路组成，主要包括以高速公路为主体的干线公路，以快速铁路为主体的干线铁路，以及内河高等级重要航道。通道内各运输方式功能互补、布局协调，充分体现大运量、高效率、多样性和集约性特征。

## （二）主要干线交通网

　　主要干线交通网在综合运输大通道的基础上，补充连接首位城市、省内各经济区和城市群的快速通道，形成四川省综合交通运输骨干网，实现城市群内部城际间密切联系，并通达省域所有地州、城镇人口 10 万以上的城市，覆盖重要旅游景点、产业基地、交通枢纽和省域内所有区县，是支撑新型工业化与城镇化互动发展的重要交通基础设施网络。主要干线交通网由高速公路、重要干线公路、干线铁路和内河重要航道组成。

## （三）一般干线交通网

　　一般干线交通网主要由县城连接重点乡镇、县城间相互连通路线，以及连接重要交通枢纽、产业园区、旅游景点等客货集散点的路线组成，对于扩大干线交通网服务范围，加快中小城市城镇化、农业现代化和特色产业发展具有十分重要的作用。一般干线交通网由普通省道、地区重要航道及铁路专支线组成。

## （四）城乡基础交通网

　　城乡基础交通网通达乡镇、村庄及主要生产生活集散地，服务广大乡村地区客运出行和货物运输，重点体现交通基本公共服务职能，也是四川贫困地区实现跨越发展的重要基础。城乡基础交通网由县道、乡道和村道组成，规划总规模约35 万公里，实现所有乡镇通油路、所有建制村和人口较多的自然村通公路，具备条件的建制村通油路。其中，成都平原城市群及经济发达、城镇化水平较高的地区基本实现乡镇节点互联互通，连接乡镇的路线基本达到三级及以上公路标准，其他地区具备条件的通乡公路尽量采用等级公路。

## （五）枢纽站场体系

枢纽站场体系是依托综合交通基础设施网络，贯彻客运"零距离换乘"和货运"无缝衔接"理念，构建由机场、铁路枢纽站、港口、公路枢纽及客货运站点组成的交通体系，共同形成综合运输的组织平台。根据功能作用和服务范围，四川省枢纽站场体系由成都主枢纽、市州次级枢纽、县级集散枢纽和乡村客货运站点四个层次组成。

## （六）综合交通衔接转换系统

按照一体化运输的要求，构建综合交通衔接转换系统，加强铁路、公路、水路、民航、城市交通等多种运输方式有效衔接，促进运输方式之间和各层次线网之间顺畅转换，发挥综合交通运输体系的整体优势和组合效率。综合交通衔接转运系统包括枢纽集疏运系统、城市内外交通衔接系统、干线公路衔接系统。

## 二、覆盖城乡的综合交通运输服务系统

构建覆盖城乡的综合交通运输服务系统，是构建现代综合交通运输体系的内在要求。形成多层次、多样化、高品质、"以人为本"的城乡客运服务体系，城乡客运"一体化"、普遍客运"均等化"；全面形成与产业发展深度融合，覆盖普遍的快捷、高效、集约的现代物流服务体系。

## （一）城乡客运服务体系

服务于区域间人员快速流动、居民基本出行等运输需求，提供基础普遍化的多层次运输服务，形成城市公交客运网络、均等化普遍客运服务网络城乡客运服务系统。

落实公交优先战略，发展多种形式的城市公共交通，提高公交站点覆盖率，优化公交换乘枢纽布局，提高公共交通出行分担率，构建以公共交通为主的城市机动化出行系统，实现城市公交站点500米全覆盖，并逐步向郊区和乡镇延伸，加快推进城镇化进程。

依托普通国省道及乡村公路、普通铁路和水运渡口，面向广大农村地区，提

供以均等化为特征的交通运输基本公共服务，实现乡镇、建制村通班车率 100%，形成"覆盖广、通达深"的普遍客运服务网络。

## （二）城乡物流化货运服务系统

以信息化、标准化为手段，形成农村物流普遍服务网络的物流化货运服务系统，满足工业物流、商贸物流及专业物流发展对空间、时效、规模等方面的多样化运输需求。

依托普通国省道和农村公路，形成以县级配送中心、乡镇级配送站、村级联托运网点为节点的农村三级物流服务体系。加强交通与邮政的密切合作，充分发挥邮政的网络和服务优势，推进农村货运与农村邮政物流的融合发展，建立农产品、农资、农村消费品物流服务系统，提供覆盖城乡、深入农村千家万户的普遍物流服务，满足农村居民生产生活运输需求。

# 第九章　推进"两化"互动与"四化"同步发展

"两化"互动是"四化"同步的核心内容，"四化"同步是"两化"互动的逻辑发展。"四化"同步有三层内涵，需要处理好三种关系，实施起来有三个途径。信息化与三次产业的融合发展是实现"四化"同步的重要内容。首位城市、次级突破城市和底部基础县域要做好顶层设计，系统规划，结合自身实际，科学确立"四化"同步的目标和路径，推进工业化、信息化、城镇化、农业现代化同步发展。

## 第一节　同步推进工业化、信息化、城镇化、农业现代化

党的十八大报告明确提出坚持走中国特色新型工业化、信息化、城镇化、农业现代化道路，推动信息化和工业化深度融合、工业化和城镇化良性互动、城镇化和农业现代化相互协调，促进工业化、信息化、城镇化、农业现代化同步发展。"四化"同步发展既是基于对我国经济社会发展阶段性特征的科学把握，又是实现我国下一阶段发展目标的重大战略。

### 一、"四化"同步和"两化"互动的关系

"两化"互动是指工业化和城镇化互动发展，"四化"同步是指促进工业化、信息化、城镇化、农业现代化同步发展。"两化"互动是"四化"同步的核心内容，"四化"同步是"两化"互动的逻辑发展。

（一）"四化"同步的内涵

根据党的十八大报告"四化"同步有三层含义：一是信息化和工业化深度融合、二是工业化和城镇化良性互动、三是城镇化和农业现代化相互协调。三层含义是由工业化、信息化、城镇化、农业现代化的内部规律决定的。

工业化需要和信息化深度融合。信息化是工业化的产物，反过来又通过与工业化融合，带动工业化发展。随着信息技术的快速发展和普及应用，信息化与工业化融合已经正在成为一种全面、动态、优化的资源配置方式，重塑全球化时代

我国产业竞争新优势[69]。

工业化需要和城镇化良性互动。工业化是城镇化的动力，城镇化是工业化的载体，工业化要以城镇化集聚的要素为基础，城镇化要以工业化提供的发展空间为支撑；工业化和城镇化互动非常重要，一方面没有工业化的城镇化会形成"空城""鬼城"，过度工业化的城镇化会造成城市拥堵、环境污染等城市病，另一方面没有城市化的工业化缺乏可持续发展的市场支撑和要素支撑，将不可持续。

城镇化需要农业现代化相互协调。城镇化与农业现代化都是农村、农业发展的路径和手段，相互依托，相互促进。仅依靠城镇化，忽视农业现代化，很难从根本上改变农村的落后面貌，而且容易导致农业萎缩和引发"城市病"。仅依靠农业现代化，忽视城镇化，就不能吸纳农业转移人口，不能提高农业效率，不能建成现代农业。

## （二）"两化"互动是"四化"同步的核心内容

工业化是"四化"同步的根本动力。工业化是信息化的前提和基础，工业化后期推动了产业由劳动和资本密集型为主向知识密集为主转变，创造了信息技术发展的巨大需求，为信息化的发展提供了动力。工业化既能吸纳农村剩余劳动力，又能为农业现代化发展创造技术条件和提供坚实的资金保障。同时新型工业化所带来的技术和运作模式的持续进步，推动着农业现代化向纵深发展。

城镇化是"四化"同步的实现载体。以信息技术应用和信息产业发展为代表的信息化，需要稳定的平台和巨大的空间，而城镇化推动的要素聚集以及城镇内部生产、生活等方面对信息技术和产品产生的巨大需求，都为信息化提供了发展空间。城镇化所带来的农村人口的持续转移、新技术的不断应用为农业现代化创造发展条件和形成倒逼机制。同时城镇地区对农产品的多品种、高质量的市场需求，也进一步促进农业产业和产品结构的优化调整，推动传统农业向现代农业转变[70]。

## （三）"四化"同步是"两化"互动的逻辑发展

在新时期，国内外环境有了新的变化，对经济社会发展提出了新的要求，工业化和城镇化互动发展的内涵也有了与时俱进的发展，从"两化"互动变为"四化"同步。

一方面信息化是当前世界的潮流和趋势，通过信息化和工业化深度融合来推动工业化成为必然的选择，信息化也为实现工业化提供新的手段和要求；另一方面在新的历史条件下，城镇化和农业现代化成为解决三农问题的两种重要途径，城镇化和农业现代化相互协调发展成为新时期新型城镇化建设的应有之意。在这样的背景下，工业化和城镇化互动逻辑发展形成工业化、信息化、城镇化、农业现代化同步发展。

## 二、推动工业化和城镇化良性互动

工业化与城镇化良性互动是联动推进新型工业化、新型城镇化和农业现代化的核心环节。新型工业化、新型城镇化互动的内涵，就是要做到两者在时间上同步演进，空间上产城一体，布局上功能分区，产业上三产结合。

### （一）时间上同步演进

要推行城乡产业发展、城镇体系、基础设施、道路交通、环境保护、土地利用和新农村建设等相互衔接，尤其要推进交通、产业和城镇规划深度融合，加快建立有利于"两化"互动发展的体制机制，以及建立和创新与"两化"互动发展相匹配的社会管理体系。

### （二）空间上产城一体

要充分发挥产业对城镇的带动作用，增强城镇对资源要素的集聚作用。按照有利于产业发展的原则优化城镇空间布局，围绕产业发展需求完善城镇功能，以产业的增长促进城镇的扩张，以城镇综合承载能力的增强支撑产业发展，有序推进产业园区化、园区城镇化、产城一体化。

### （三）布局上功能分区

要结合实际、科学定位、发挥优势，形成各具特色的发展道路。按照国家主体功能区划分要求，根据区域环境承载能力、发展基础和潜力，宜农则农、宜工则工、宜商则商，尤其要避免在限制开发区域和禁止开发区域盲目发展工业和扩大城镇规模。

### （四）产业上三产结合

坚持一、二、三产业协同发展，大力发展现代农业，着力做强二、三产业。坚持工业反哺农业、城市支持农村，提高农业综合生产能力和产业化水平，促进农业产业化与新型工业化协调发展，发挥新型城镇化对新型工业化和农业现代化的支撑和服务作用，大力发展现代服务业，推动城乡经济社会一体化发展。

# 第二节　首位城市的"四化"同步发展

"四化"同步发展是新时期成都领先发展的必由之路。当前，成都正处在经济转型升级的关键期。面临着"国家宏观战略调整"和"第四次国际国内产业转移"等重大历史机遇。为了"加快建设开放型区域中心和国际化城市"，成为"西部经济核心增长极"，成都要立足自身实际，坚定不移地走工业化、信息化、城镇化、农业现代化同步推进的道路。

## 一、全面促进信息化和工业化融合发展

近年来，成都市信息产业发展较快，但信息化与工业化融合不深，在各行业各领域运用不够，对工业化、城镇化的推动力仍显不足。成都应该站在西部经济发展的制高点，立意高远，以高水平的信息化和工业化融合来推动首位城市的发展。

### （一）推动信息化与产业的深度融合

大力发展战略性新兴产业，推动信息化与工业化的深度融合。改造提升以汽车、石化、机械装备、冶金建材、食品加工等主导或特色产业，推进设计数字化、生产自动化、产品智能化、管理网格化、商务电子化，做大"成都制造"。融合发展电子信息、生物医药、新能源、新材料等高新技术产业，引导企业研发一批具有自主知识产权的信息化应用产品，做活"成都创造"。

推动重大技术突破，加快形成先导性、支柱性产业，切实提高产业核心竞争力和经济效益。实施国家科技重大专项，集中力量突破高端装备、系统软件、关键材料等重点领域的关键核心技术，着力提升关键基础零部件、基础工艺、基础材料、基础制造装备研发和系统集成水平。

加快电子信息制造业与软件业升级换代和创新发展，集中突破高性能集成电路、新型显示、关键电子元器件、材料以及基础软件、信息安全软件、行业应用软件等核心关键技术，全面提升产业核心竞争力[71]。领先开创物流智能化和标准化新局面，发展在线金融服务和金融创新，形成基于宽带和无线网络的消费热点和服务业态，做强"成都服务"。

推动通信业转型发展，统筹信息网络整体布局，加快"宽带中国"建设，构建下一代国家信息基础设施，推进三网融合，重点推动新一代移动通信、下一代互联网、移动互联网、云计算、物联网、智能终端等领域发展。

## （二）推进信息技术对企业能力的全面提升

实施企业能级提升示范工程，推进信息技术对企业自主创新能力、生产制造能力和产业链协作能力全面升级。要特别着力提升主导产业链协作能力，围绕装备制造、汽车、电子信息等协作性强的主导产业，建立产业链协同设计、协同物流、协同商务等信息平台，实现产业链龙头企业与配套商、分销商、客户等在产品开发、物流配送、商务交易等方面的集成优化运行，提升综合竞争力[72]。

## （三）推进信息技术多领域广泛运用

着力推进物联网、云计算等先进信息技术在城镇建设、社会事业等各领域的广泛运用，努力建设以智慧基础设施体系、智慧产业体系、智慧服务体系为基本要素的"智慧成都"。加快产业园区、交通设施、建筑节能设施、水电气管网等城乡基础设施智能化改造，提升城乡基础设施信息化水平。实施智能交通、数字城管拓展、数字环保、应急指挥、食品安全溯源、公民信息管理系统建设等工程，建立智能化的城市运行管理体系。实施"智慧生活"促进，提升医疗卫生、文化教育、就业和社会保障等领域公共服务信息化水平。

## 二、深入推进工业化与城镇化互动发展

从工业化与城镇化的良性互动来看，成都市处于工业化中后期，但工业化质量不高，产业结构与就业结构不够协调，以工立城、以工促农的带动力仍然不强。成都要推进工业化与城镇化的互动，在产业发展和城市化进程中更进一步，成为西部经济核心增长极。

## （一）推进产业布局与城镇布局双系调整

把市级战略功能区、工业集中发展区和现代服务业聚集发展区作为成都市推进"四化"同步的战略支点，充分利用工业园区规划调整的契机，重点关注第三圈层县市主导产业布局和一般乡镇产业空心化问题，形成主导产业功能区、配套

产业园、特色产业点梯级联动的市域现代产业空间新布局。以此为基础,围绕"一轴双核六走廊"的城市架构,形成主城区为引领、县城为支撑、小城市为纽带、小城镇为基础单元的全域发展新格局。

## (二) 推进旧城改造与新区建设双核共兴

中心城区和天府新区作为主城,应着眼于面向全国和全球集聚、配置资源,凸显其在成都城市群和市域城镇集群中的核心引领功能。作为新区,应理顺管理体制机制,加快建设直管功能区和新川创新科技园、电子信息产业园、国际汽车城等一批核心起步区,努力打造世界级的高端产业基地,建设国际化现代新城区。作为旧城,应着眼功能提升,加快"北改"区域骨干路网建设、大型专业市场调迁、棚户区和城中村改造,加快环城生态区建设,不断优化中心城区形态、业态、生态和文态,努力打造成都的"城市会客厅"。

## (三) 推进县城与重点镇多极支撑

14 个县城和 34 个重点镇应着眼于在市域内集聚和配置资源,承担县域经济发展和就近吸纳农村人口的任务,凸显其在县域经济中的支撑功能。要大力实施"县域经济倍增"和"重点镇财政收入超千万"行动计划,壮大特色产业,培育龙头企业,发展优势项目,最大限度发挥现代产业的规模集聚、辐射带动效应,建设一大批工业重城(镇)、商贸大城(镇)、旅游名城(镇)。

## (四) 推进园区立城与场镇兴业双向促动

要按照"产城一体"理念,立足园区建设一批产业新城。在与周边城镇距离较近、相互存在生产生活依附关系的园区周边,应尽快完善交通路网建设,鼓励城镇功能向园区延伸,促进城镇与园区连片发展。对离城镇较远的工业园区,要围绕主导产业的发展需要,配套完善公共服务和基础设施,强化城市功能配套,建设一批产业新城,形成以产兴城的典范。允许和鼓励一般场镇因地制宜发展投资规模小、污染排放少、经济效益高、民生效应好、补充配套能力强的产业项目,做强乡镇产业支撑,提升农村劳动力就地转化能力。深度挖掘 25 个历史文化名镇资源,建好"天府古镇群";支持不适合发展工业的乡镇筑牢生态本底,打造一批特色鲜明的旅游休闲镇、科技和设施农业示范镇、特色农产品集贸镇,形成主业突出、错位发展的城镇建设新格局。

（五）有效推进农民工市民化

按照尊重意愿、自主选择、因地制宜、分步推进，存量优先、带动增量的原则，以农业转移人口为重点，兼顾高校和职业技术院校毕业生、城镇间异地就业人员和城区城郊农业人口，统筹推进户籍制度改革和基本公共服务均等化。一是完善公共就业创业服务体系。加强农民工职业技能培训，提高就业创业能力和职业素质。二是抓好社会保障"安享工程"，建立健全基本公共服务体系，促进农村转移人口与城市居民享有同等的教育、医疗卫生、文化等公共服务。三是拓宽住房保障渠道。采取廉租住房、公共租赁住房、租赁补贴等多种方式改善农民工居住条件。审慎探索由集体经济组织利用农村集体建设用地建设公共租赁住房把进城落户农民完全纳入城镇住房保障体系。

## 三、持续推进城镇化与农业现代化协调发展

从城镇化与农业现代化的协调发展来看，近年来成都市城镇化发展较快，但城乡二元结构与城市二元结构并存，产与城、城与人在空间布局和时间进程上不够同步、不够协调，城镇化为工业化、农业现代化创造需求的空间有待深度拓展。通过农村土地制度和农业经营方式改革，大幅提升农业劳动生产率和比较效益，进一步释放农村土地、劳动力等要素和资源。围绕城镇化消费需求促进农业"接二连三"发展，形成以城带乡、城乡共荣的生动局面。

（一）加快农业产业化步伐

按照"农工贸旅一体化、产加销服一条龙"的要求，促进农业规模化、标准化、品牌化生产。抓好十大优势特色农业发展及示范区建设，突出发展高端种业、生态有机高效农业、农产品精深加工业及观光农业，提高农业比较效益。

（二）实施"富民强村"行动计划

鼓励农村在土地确权的基础上，大力发展土地股份合作、社区股份合作等新型合作经济组织。以推进农村土地综合整治为抓手，多形式发展现代农业和二、三产业，增加农民财产性收入和转移性收入。

## （三）推进农村市场化进程

加快建立包括农产品市场、农村金融市场、技术市场、劳动力市场、生产资料市场等在内的农村市场体系。完善农产品收储机制、价格平抑机制，建立相对稳定的农业市场，推进农业产业化和农民组织化。

## （四）培育新型职业农民

发展农业职业教育，建设农民田间学校，抓好农村基层组织管理人才、农业经营管理人才、农业技术人才、农业职业经理人才四支队伍建设，全力培养一大批有文化、懂技术、善经营、会合作的新型职业农民，推进农业人才的现代化。

# 第三节　次级突破城市的"四化"同步发展

市州经济是四川经济的重要组成部分，推动有基础有条件的地区加快发展，率先实现中心城市的次级突破。"四化"同步是实现率先次级突破的必由之路。次级突破城市要结合自身特点探索"四化"同步的具体形式，实现信息化和工业化深度融合，工业化和城镇化良性互动，城镇化和农业现代化相互协调。

## 一、推动信息化和工业化的融合

用人均国内生产总值、非农就业比重和城镇化率三个指标衡量，四川省多数市州处于工业化中期阶段，进入了工业化加速发展时期。为了率先实现次级突破，必须走新型工业化道路，实现信息化与工业化融合发展。

## （一）推进制造业信息化

次级突破城市应该因地制宜，紧抓特色，以电子信息、装备制造、能源电力、油气化工、钒钛钢铁、饮料食品、现代中药等主导产业和航空航天、汽车制造、生物工程以及新材料等潜力产业为重点，以项目为载体，加快推动实施新产品网络化协同设计开发、工业装备数字化提升、供应链信息化、节能减排信息化等试点示范，推动信息技术与制造技术在研发设计、生产过程控制、企业经营管理、产业链协同等环节上的融合，提高制造业生产、经营、管理的信息技术核心应用和信息化集成应用，推进生产型制造向服务型制造的转变。

## （二）促进信息服务业发展

次级突破城市应该加快推进物流与供应链、电子商务等行业的信息化应用，积极推动信息化公共服务平台建设。积极推动信息技术在制造业物流、城市配送物流等各类物流模式中的应用，推动建立以信息化为主要特征的第三方物流新模式平台；鼓励和扶持企业开展电子识别、商业智能、供应链管理等服务的信息技术研发和推广；加快推进面向企业提供信息化云服务、电子支付、认证检测等公共服务平台建设。

## （三）创新管理信息化模式

以两化融合业务支撑、产业园区管理、城市发展三个方面为重点，大力推动采用信息化手段，创新管理模式。一是推动以水平评估、技术培训、科技成果转化等两化融合基础工作为主的管理信息化平台建设；二是推动和规范产业园区开展管理信息化平台建设；三是利用物联网等新兴技术推动以智慧城管、智慧社区、智慧环保等为主的城市管理信息化建设。

## 二、实施工业化和城镇化的良性互动

率先实现次级突破城市应该结合自身实际，坚持走新型工业化道路，着力构建具有区域竞争力的现代产业体系，坚持走新型城镇化道路，着力构建现代城镇体系，实施工业化和城镇化的良性互动。

## （一）以产业优势率先实现次级突破

次级突破城市要集中力量把产业做强，形成产业优势，增强吸引各种要素的能力。大力发展实体经济，把工业做大做强，同时大力发展现代农业、现代服务业，形成三次产业协调发展的格局。

## （二）科学规划"两化"互动工作

次级突破城市要依据各地的资源特点，以产业集群、工业园区和产业链组合等方式，科学实施工业化城镇化的规划工作。确定出不同的规划方向和布局，以实现产业集群集聚，避免重复建设，恶性竞争。

## （三）有序拓展城市和产业发展空间

综合考虑城市未来发展规模、人口和产业集聚度、资源环境承载力等多重因素，结合城镇总体规划修编，科学规划城市新区。处理好城市新区与旧城改造的关系，统筹推进基础设施和公共服务设施建设。城市新区的发展必须有产业的支撑，坚持以产业的增长促进城镇的扩展。

## （四）加快转变工业经济发展方式

要把产业园区作为工业发展的主要场所，实现工业空间布局上的集中。推进园区内产业组织方式转变，围绕主导产业搞好配套发展，提高园区内企业间、产业间的关联度，打造产业集群。大力提高产业发展的科技含量和要素集约水平，用最少的资源产生最大的效益。

## （五）促进产业和城市相互促进协调发展

强化"两化"互动、产城融合的理念，做到时间上同步演进、空间上产城一体、布局上功能分区、产业上三产融合。协调和处理好产业与城市发展的关系，搞好城市规划与空间布局，把产业园区作为城市的一个功能区，同步规划建设生活配套和公共服务设施，把园区建设成为既是产业新城、又是城市新区的"两化"互动发展示范区。

## 三、促进城镇化和农业现代化的相互协调

城镇化和农业现代化都是解决"三农"问题的重要途径，对于次级突破城市，一方面要适度扩大城市规模，增强对农业转移人口的吸纳能力，另一方面要支持农业现代化发展，形成城乡统筹的发展格局。

## （一）加快推进次级突破城市的城镇化水平

吸纳农业转移人口是解决三农问题的重要条件。目前，首位城市规模较大，扩展受限，吸纳能力不强。底部基础限于的产业基础还不牢固，吸纳能力也有限。大力发展次级突破城市，适度建设新城区是有效吸纳农业转移人口的重要举措。

## （二）推动"三集中"，推进农业现代化进程

次级突破城市推进新型城镇化，吸纳大量农村富余劳动力从事二、三产业，并在推进城镇化进程中引导工业向工业园区集中，农民居住向中心村和镇区集中，农田向规模经营集中，并通过工业集中区集约用地模式、旧村改造模式和土地复垦模式，使人地关系得以改善。农村人口份额降低和人地关系改善后，在依法、自愿、有偿和加强服务的基础上，引导土地承包经营权向生产和经营能手集中，有利于扩大农业生产经营规模，提高农业生产效率，促进农业现代化生产水平[73]。

## （三）做好农业现代化的桥梁

次级突破城市是农村地区资金、技术、信息的聚集地，是龙头企业天然的载体和依托，是农业产业化向深层次发展的载体。次级突破城镇要充分发挥城镇的集聚效益，加强城市连接首位城市和辐射农村的功能，使农民能够方便地获得农业生产技术和市场需求信息，克服农业生产的盲目性，引导农民以市场需求为导向组织生产经营，促进各种市场中介组织和农村社会化服务组织的发展，为龙头企业创造良好的经营环境。

## （四）探索新型户籍管理办法，健全建立保障体系

次级突破城市要分类研究制定适应城镇化和农业化互动需要的新型户籍管理办法，支持符合条件的进城务工人员自愿落户，享受同城、同等市民待遇。建立健全覆盖城乡的就业促进与服务体系，实施对农村劳动人口、适龄青年就业培训、技能培训等就业促进工程。探索建立与新型工业化、新型城镇化发展水平相适应、可持续的城乡社会保障体系，解决进城务工人员和流动人口的教育、医疗、子女入学等问题。积极探索将进城务工人员、新入户农村人口纳入政府廉租房和经济适用房保障范围。将进城务工人员纳入社区管理，强化社区自治和服务功能。

# 第四节　底部基础县域的"四化"同步发展

底部基础县域经济是四川经济社会协调发展的基础，如果底部基础县域经济发展较好，则全省的经济社会发展就会上一个新台阶，如果底部基础县域经济不

强，则全省的发展成果不牢固。加快底部基础县域经济发展要坚持"四化"同步的路径。底部基础县域"四化"同步的发展要以产业发展为基础，园区和新城区发展为动力，推进新农村建设和农业现代化发展。

## 一、用信息化提升县域产业价值

### （一）信息化手段改造县域传统特色工业

应用信息化手段，改造传统特色产业。对钢铁、烟叶等资源的生产、物流等进行信息化改造和监控；对水泥、煤炭等生产进行信息化节能减排改造和监控；对特色旅游产业，进行网络推广和服务；对特色农业产品，进行信息化手段检测和电子商务推广；探索一系列城镇和农村信息化服务模式。

### （二）持续深入推进中小企业信息化

进一步完善面向县域中小微企业的信息化服务体系，不断提高综合服务和专业服务能力。解决中小微企业在技术创新、企业管理、市场开拓、投资融资、人才培养、信息咨询等方面存在的突出困难，降低中小微企业信息化应用门槛，增强发展活力。

### （三）拓展信息技术的应用范围

大力推进信息技术在农业生产、农产品市场流通和安全监管中的应用，推广信息采集与跟踪溯源等技术，促进农业电子商务发展，做优农业产业。

实施智能交通、数字城管拓展、数字环保、应急指挥、食品安全溯源、公民信息管理系统建设等工程，建立智能化的城市运行管理体系。实施"智慧生活"促进，提升医疗卫生、文化教育、就业和社会保障等领域公共服务信息化水平。

## 二、实施工业化和城镇化的良性互动

### （一）发展壮大特色优势产业，促进产城融合发展

依托产业基础和资源禀赋，强化产业支撑。坚持工业主导，以工业园区、专业镇为载体，大力发展壮大农副产品加工业、劳动密集型产业和配套加工业，加快建设一批工业经济强县。大力发展物流、商贸、金融等生产性服务业，优化发

展生活性服务业。实施国家（省）级资源旅游化工程，建设一批生态旅游强县。支持有条件的县城和镇发展成为中小城市，依托产业园区规划建设新城区，促进产城融合发展。

## （二）大力发展民营经济

强化民营经济在县域经济发展中的主体作用，按照"非禁即入"的原则和依法行政的要求，鼓励和引导民间资本投资县域特色产业和基础产业，培育壮大一批中小微企业，支持农民工回乡创业和发展。加大对民营企业在财政、税收、信贷、用地等方面的支持力度。提高政务服务效能，保障民营企业合法权益。

## （三）提升现代服务业水平

培育现代服务业成为县域经济的重要支撑产业，顺应新型工业化、新型城镇化要求，加快发展现代生产性、生活性服务业。着力改造和提升传统服务业，发展现代金融、物流、商贸等产业，大力发展电子商务和服务外包，建设一批商贸、物流园区。加快文化创意、休闲旅游等新型服务业发展。重点发展产业带动效应大、关联度高的现代服务企业，形成区域性竞争优势，全面提升平原地区县综合竞争力。

# 三、推进城镇化和农业现代化的相互协调

## （一）科学规划布局县城、集镇和新村建设

建设以县城、重点镇、中心村为重点的城镇体系，推动具备条件的县城发展为小城市。依托旅游景区和产业发展，规划建设一批特色小城镇。加快实施"百镇建设试点行动"，优先发展基础条件好、发展潜力大、区位优势明显的中心镇。坚持产业与城镇化、新农村同步规划、统筹建设，实现产城一体化发展。

## （二）加快推进农业农村现代化

切实保护基本农田，抓好粮食生产，深入实施现代农业千亿示范工程，建设现代农业产业基地和园区。推进现代农业、林业、畜牧业重点县建设，加快建设一批现代农业强县。推进农业产业化经营，大力培育行业龙头企业。创新农业经营体制机制，大力培育农业新型经营主体，完善农业社会化服务体系，培育新型职业农民，促进农民持续增收[30]。

## （三）统筹城乡改革发展

统筹城乡规划、产业发展、基础设施、公共服务和社会管理，推动城乡基础设施共建共享和基本公共服务均等化。以户籍、产权、社会保障、金融和基层民主制度为重点，深化统筹城乡综合配套改革，促进城乡生产要素自由流动。选择有代表性的县开展综合配套改革发展试点。探索以农民为主体参与农村建设用地的开发经营。探索合理利用未利用土地。全面放开城镇落户限制，加快基本公共服务由户籍人口向常住人口覆盖，促进农业转移人口市民化。

# 第十章　"两化"互动、城乡统筹的历史演进

　　"两化"互动、城乡统筹发展战略，是省委在全面总结统筹城乡综合配套改革试点经验的基础上，结合四川省正处于工业化城镇化的加速期、经济大省向经济强省跨越的攻坚期、全面建成小康社会的关键期，提出的立足于四川实际、把握科学发展规律的重大决策部署。这一部署贯彻落实了中央精神、抓住了关系经济社会发展全局的关键，是历届省委、省政府领导班子潜心思考、认真研究、大胆创新，推动四川"科学发展加快发展"的着力点和突破口，对于逐步探索出的一条新路子，在四川省全面建成小康社会，具有重大而深远的意义，见图10-1。

## 第一节　"两化"互动、城乡统筹战略初步提出

　　2002年11月，党的十六大报告中提出了统筹发展战略的初步构思。大会报告指出，农村富余劳动力向非农产业和城镇转移，是工业化和现代化的必然趋势。要全面繁荣农村经济，加快城镇化进程，就要统筹城乡经济社会发展，逐步提高城镇化水平。发展小城镇要以现有的县城和有条件的建制镇为基础，科学规划，合理布局，并同发展乡镇企业和农村服务业结合起来。消除不利于城镇化发展的体制和政策障碍，引导农村劳动力合理有序流动。

　　以党的十六大为开端，"加快城镇化进程、统筹城乡经济社会发展"被中央确定为今后一段时期的重要任务。全国各地认真贯彻落实党的十六大精神，四川省也积极尝试，探索出以联动推进新型工业化、新型城镇化为主的"两化"互动发展思路和以破除城乡二元结构为主的城乡统筹的发展思路，走出一条加快西部大省发展的新路子。

### 一、"两化"互动发展思路的初步形成

　　2002年5月，中国共产党四川省第八次代表大会指出，城镇化是实现工业化、现代化，改变二元经济结构的必然要求。要按照加快培育大城市、积极发展中小城市、重点发展小城镇的思路，逐步形成布局合理、等级规模有序、功能互补的现代化城镇体系。要打破城乡壁垒，促进各类要素双向合理流动，形成以城带乡、以乡促城、城乡互动、共同繁荣的新格局。全会明确了四川省今后工业化、城镇化的发展方向，这正是"两化"互动的初步发展规划。

2002年11月,党的十六大报告提出了统筹城乡

2002年5月,中国共产党四川第八次代表大会提出,要打破城乡壁垒,以城镇化实现工业化、现代化

2003年3月,出台《关于加快城镇化进程的意见》

2003年10月,十六届三中全会做出关于统筹城乡经济社会发展的重大部署

2004年3月,国务院印发《关于进一步推进西部大开发的若干意见》

2003年起,成都先行先试,全面探索统筹城乡发展的新路子

2007年12月,四川省委九届四次全会明确提出把联动推进新型工业化、新型城镇化作为战略重点

2008年,成都获批全国统筹城乡综合配套改革试验区,以此为契机,全省确定了3个试点市、17个县推进统筹城乡改革试点

2007年和2008年,省委分别召开九届四次全会及九届五次全会,基本形成"两化"互动、城乡统筹发展战略

2011年7月,省委、省政府出台《关于加快推进新型工业化新型城镇化互动发展的意见》

2011年12月全省经济工作会议,把"两化"互动、统筹城乡作为发展战略和长远战略布局来安排部署

2012年5月,中国共产党四川第八次代表大会正式提出"两化"互动、统筹城乡总体战略

2012年7月,全省召开深入实施"两化"互动、统筹城乡发展战略工作会

2013年5月,省委十届三次全会召开,被省委确定为我省三大发展战略之一

2013年12月,省委经济工作暨城镇化工作会议召开,贯彻落实"两化"互动、城乡统筹等"三大发展战略"

2014年2月,省委十届四次全会提出进一步深化"两化"互动、城乡统筹等"三大发展战略"

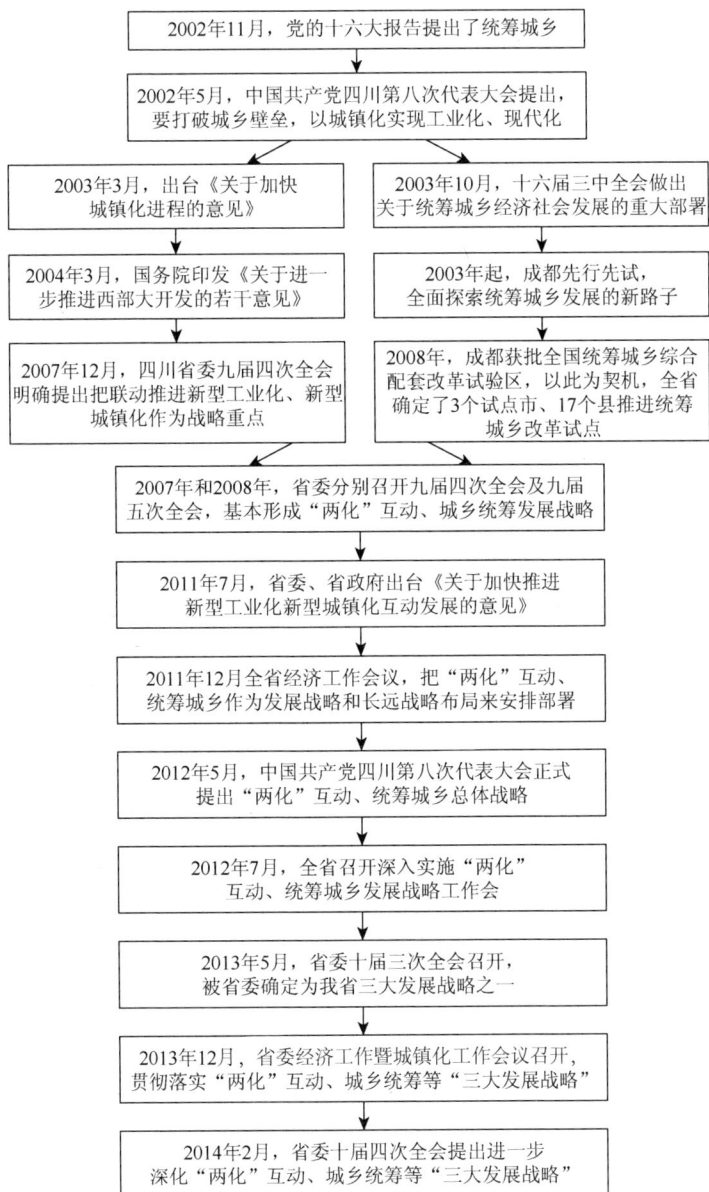

图 10-1 "两化"互动、城乡统筹的历史发展过程

2003 年 3 月,省委、省政府认真贯彻落实党的十六大和中国共产党四川省第八次代表大会精神,以西部大开发为机遇,出台《关于加快城镇化进程的意见》。该《意见》指出,要把握坚持现代化导向、坚持产业支撑、坚持可持续发展、坚持城乡协调发展等六项基本原则,加快四川省城镇化进程。同时,《意见》还明确提出四川省城镇化发展目标:到 2020 年,全省城镇化率达到全国平均水平,初步

建成完善的现代化城镇体系；形成一批经济发达、功能完备、特色鲜明、综合竞争力强的现代化城市。各级各部门要从调整优化城镇经济结构、加大城镇基础设施建设力度、加强城镇管理力度等八个方面着手，大力实施城镇化战略。这对推动四川省发展新跨越，全面建设小康社会，实现国民经济良性循环和社会协调发展的重大措施，具有重要历史意义。

2004 年 3 月，国务院印发《关于进一步推进西部大开发的若干意见》。意见指出，要办好乡镇企业，大力发展县域经济，加快城镇化进程，促进农村富余劳动力转移就业。促进西部地区传统优势产业参与国内外竞争，充分发挥国防科技工业优势，推广应用信息技术，在有条件的地方发展高新技术产业，把发展优势产业和调整改造西部老工业基地结合起来，提高老工业城市的经济实力和竞争能力，探索一条适合西部地区的新型工业化道路。四川省结合四川实际，在加强工业园区产业支撑、加快城镇基础设施建设等方面下足功夫，城镇化步伐基本上紧跟工业化的进程，"两化"互动助推经济飞速发展。

2007 年 12 月，四川省委九届四次全会明确提出把联动推进新型工业化、新型城镇化作为当前和今后一个时期全省工作的战略重点。全会提出，要努力把四川建设成为辐射西部、面向全国、融入世界的西部经济发展高地。要加快推进新型工业化，发展现代产业体系，建设工业强省，以工业跨越带动全省跨越发展。推进新型城镇化，按照城乡统筹、布局合理、节约土地、功能完善、以大带小的原则，以科学规划为龙头，以增强综合承载能力为重点，以区域中心城市为依托，以城市群发展为主体形态，推进工业化与城镇化的良性互动，培育新的经济增长极。

## 二、统筹城乡发展思路的初步形成

2003 年 1 月，中央农村工作会议指出，必须统筹城乡经济社会发展，把解决好农业、农村和农民问题作为全党工作的重中之重，放在更加突出的位置。要坚持"多予、少取、放活"的方针，发挥城市对农村的带动作用，实现城乡经济社会一体化发展。同年 10 月，十六届三中全会做出关于统筹城乡经济社会发展的重大部署。全会强调，要按照统筹城乡发展、统筹区域发展、统筹经济社会发展、统筹人与自然和谐发展、统筹国内发展和对外开放的要求，更大程度地发挥市场在资源配置中的基础性作用，为全面建设小康社会提供强有力的体制保障。

2003 年 10 月，为认真贯彻落实十六届三中全会和中国共产党四川省第八次代表大会精神，成都市在双流县召开了推进城乡一体化工作现场会，把城乡一体化正式作为全市的重大战略部署全面推进，揭开了统筹城乡发展序幕。2004 年 2 月，出台《关于统筹城乡经济社会发展推进城乡一体化的意见》，提出了统筹城乡经济社会发展、推进城乡一体化的指导思想、总体要求、主要任务和奋斗目标，在全省率先展开统筹城乡发展实践。2005 年 12 月，成都市提出把推进城乡一体化作为成都经济社会发展总体战略的建议，次年被纳入成都国民经济和社会发展"十一五"规划。自 2005 年以来，成都相继实施重大项目年、加快产业发展年、"三新"（实现工业新跨越，增创服务业新优势，开拓现代农业新局面）突破年等工作部署，有力地推进城乡一体化战略的实施。

2007 年 6 月，在国家发展改革委的大力支持下，国务院批准确立成都为全国统筹城乡综合配套改革试验区，为成都加快统筹城乡发展提供了重大的历史机遇。以此为契机，四川省委、省政府确定了自贡、德阳、广元 3 个省级试点市和 17 个试点县，扎实推进统筹城乡改革试点工作。试验区及试点市、县坚持统筹城乡、"四位一体"科学发展总体战略[①]，深入推进重点领域和关键环节的体制机制改革，加快推进城乡一体化，促进城乡经济社会协调发展。2008 年 8 月，四川省委、省政府批复各省级试点市总体方案，要求更多地探索出各具特色的新进展、新亮点，逐步构建城乡经济社会发展一体化新格局，为全国统筹城乡发展闯出新路子。

2008 年 7 月，地震后两个月召开的省委九届五次全会首次把"两化"互动与统筹城乡发展思路结合起来。全会提出，要坚持以人为本、尊重自然、城乡统筹、科学重建，把灾后恢复重建与工业化、城镇化、新农村建设结合起来，统筹推进灾后恢复重建与经济社会发展。2010 年 11 月，四川省委九届八次全会对四川发展阶段性特征做出论断：四川正处于工业化城镇化的加速期与建设西部经济发展高地的攻坚期，要坚持统筹兼顾、协调发展，统筹城乡改革发展，促进区域协调发展，实现经济发展与社会和谐的有机统一。至此，"两化"互动、城乡统筹战略得以初步提出。

## 第二节 "两化"互动、城乡统筹战略的形成和发展

### 一、"两化"互动、城乡统筹战略的形成

随着四川省抗震救灾和灾后恢复重建取得重大胜利，省委、省政府强调把联动推进新型工业化、新型城镇化作为全省工作的战略重点。2011 年 7 月，省委、省政府出台《关于加快推进新型工业化新型城镇化互动发展的意见》，做出加快推进"两化"发展的战略部署。该《意见》要求，各地要着力优化发展布局，加强规划统筹，引领"两化"互动；加强区域统筹，优化空间布局；坚持工业化主导，

---

① "四位一体"科学发展总体战略是指社会主义经济建设、政治建设、文化建设、社会建设四位一体发展，是全面、协调、可持续发展的内在要求。

推动产业转型升级；推进"三化"联动，城乡统筹发展。各地、各部门要把加快推进"两化"互动发展作为当前和今后一个时期的重要任务，努力保持"两化"快速推进势头，不断提升四川省在西部和全国发展格局中的地位。

2011 年 12 月全省经济工作会议召开，省委认真贯彻落实党的十八大精神，把"两化"互动、统筹城乡作为发展战略和长远战略布局来安排部署。会议指出，工业化城镇化"双加速"已成为四川发展的主要动能，要突出"两化"互动、统筹城乡、投资拉动、产业支撑的着力重点，强化发展举措，为经济增长构建更为强劲、更为持久的支撑力量。全省要抓住国家推进新一轮西部大开发、实施扩大内需战略和成渝经济区建设等重大机遇，着力抓好"两化"互动、城乡统筹、投资拉动、产业支撑，深化改革开放，保障和改善民生，保持经济平稳较快发展，保持社会和谐稳定，努力推动西部经济发展高地建设取得新的更大进展。

2012 年 5 月，中国共产党四川省第十次代表大会正式提出"两化"互动、统筹城乡总体战略。全会指出，"两化"互动、统筹城乡，是从四川实际出发、深入贯彻落实科学发展观、加快转变经济发展方式的必然要求。要坚持以工业强省为主导，把"两化"互动、统筹城乡作为推进跨越发展的主路径和主引擎，全面增强产业核心竞争力、城市整体竞争力和区域综合竞争力。全会对深入实施"两化"互动、统筹城乡发展战略做出部署：坚持走新型工业化道路，加快构建现代产业体系；坚持以工业化带动城镇化，提升城镇化质量和水平；加快推进农业现代化，扎实推进社会主义新农村建设；深化统筹城乡综合配套改革，促进城乡一体化发展；大力加强基础设施建设，全面改善发展保障条件。

2012 年 7 月，全省深入实施"两化"互动、统筹城乡发展战略工作会召开。会议指出，四川当前正处于工业化城镇化的加速期、建设西部经济发展高地的攻坚期、全面建设小康社会的关键期。实施"两化"互动、统筹城乡总体战略，实质上是要清醒认识四川发展所处的关键阶段，着眼实现全面小康、迈向现代化的奋斗目标，总结和汲取国内外现代化历程的经验教训，解决当前四川发展的阶段性矛盾和问题，走出一条科学发展之路，努力实现全面协调可持续发展。会议对全省进一步推进"两化"互动、城乡统筹发展工作进行深入部署。

## 二、"两化"互动、城乡统筹战略的丰富和发展

随着全球经济持续衰退、国内外发展形势日益严峻，2013 年 5 月，省委在认真总结"两化"互动、城乡统筹发展战略取得的成绩基础上，针对四川人口多、底子薄、欠发达、发展不平衡、二元结构特征和单极支撑格局尤为突出、但人才资源丰富的基本省情，紧扣四川省发展的主要矛盾，提出推动四川由经济大省向经济强省跨越、由总体小康向全面小康跨越，必须实施事关全局和长远的"三大

发展战略"——多点多极支撑发展战略,"两化"互动、城乡统筹发展战略,创新驱动发展战略。这"三大发展战略",多点多极支撑发展是总揽,"两化"互动、城乡统筹发展是路径,创新驱动发展是动力,三者相互联系、相互促进,是一个有机整体,统一于推进四川"两个跨越"的伟大实践。

2013年12月,省委经济工作暨城镇化工作会议在成都举行。会议要求,全省上下要深入实施"三大发展战略",充分释放改革动力,使经济发展更有活力、更有质量、更有效益、更有后劲。具体到"两化"互动、城乡统筹发展战略,则要围绕提升城镇化质量,以人的城镇化为核心,走出一条形态适宜、产城融合、城乡一体、集约高效的新型城镇化路子。要推进产城融合,更加注重以产兴城、以城促产,把城镇化与培育壮大产业规模、调整产业结构、促进就业创业结合起来。2014年2月,省委十届四次全会举行。全会进一步强调,建立健全城乡统筹发展体制机制,是破除城乡二元结构、让广大农民共同分享现代化成果的必然选择。要构建新型农业经营体系,培育和发展新型农业经营主体。推进农村产权制度改革,赋予农民更多财产权利。完善新型城镇化健康发展体制机制,以人的城镇化为核心,构建形态适宜、产城融合、城乡一体、集约高效的新型城镇化发展格局。

# 第十一章 四川新型工业化与城乡统筹的探索与实践

工业化是由农业经济向工业经济转化的过程，表现为一系列基要生产函数的序贯变化；但在不同时代背景和体制背景下，工业化有不同的发展道路和实现模式。我国工业化经历了一个从传统工业化模式到新型工业化模式的变迁过程。走中国特色新型工业化道路提出以后，我国工业走新型工业化道路，推进工业转型升级，取得了举世瞩目的成绩。四川也走了一条从传统工业化到新型工业化的转型之路，在实践新型工业化期间，基于四川省情和发展阶段性特征，四川逐步探索出一条新型工业化道路的四川模式。

## 第一节 四川新型工业化实践

从 2002 年以来，四川开始从传统工业化向新型工业化转型。一般认为，四川新型工业化实践，大致可以分为三个时期，即新型工业化探索期、工业强省时期和工业转型升级时期。

### 一、新型工业化探索期

新型工业化探索期大致是从 2002~2005 年，以四川省委工业工作会议（2004 年）召开为主要标志，以转变全省工作重点，大力促进工业发展，走新型工业化道路为内容，取得了明显的成效。

（一）背景

一方面，党的十六大把基本实现工业化作为我国在 21 世纪前 20 年经济建设的主要任务之一。另一方面，从四川的发展情况来看，2000 年以来工业已成为支撑四川经济增长的主要力量。"九五"以来，工业对四川全省经济增长的年均贡献率达到 43.6%，并呈逐年上升趋势，2003 年实现工业增加值 1171.4 亿元，增长 16.1%，对经济增长的贡献率达到 45.7%。与此同时，四川工业的发展总体水平仍然较低，工业总量偏小，企业效益不高，企业产品的竞争力不强，技术装备水平较低，研发能力不强，拥有自主知识产权少，产业结构不合理、层次较低，深精加工企业少；人力资源的潜力没有得到充分发挥，工业与一、三产业的结合率低。在这一背景下，四川在 2004 年召开了四川省委工业工作会议，确立了探索新型工业化四川实践的基本思路。

## （二）内容

　　2004 年四川省委工业工作会议中提出，工业是推进四川省经济发展的主导产业，全面建设小康社会的关键是工业。四川作为西部省份，走新型工业化道路、加快工业发展，形势紧迫，任务艰巨，意义重大[74]。四川省走新型工业化道路、加快工业发展的总体要求以"三个代表"重要思想为指导，树立和落实科学发展观，深入推进"三个转变"①，突出发展主题，转变增长方式，坚持以信息化带动工业化，推进产业整合与结构升级，加快体制机制创新，扩大对外开放，强化科技和人才的支撑，形成特色鲜明，优势突出，布局合理的工业发展格局，走科技含量高、经济效益好、资源消耗低、环境污染少、人力资源优势得到充分发挥的新型工业化路子，不断增强工业整体竞争力和综合实力，实现四川省工业跨越式发展。

　　四川走新型工业化道路是以加快发展高新技术产业、优势资源产业、装备制造业、农产品加工业等重点产业为抓手，突出比较优势，优化产业结构和区域布局，形成四川省工业发展的良好局面。通过收购、重组、兼并实现大企业的迅速扩张，加大产业整合度，着力培育大企业、大集团和产业集群，大力支持中小企业发展[75]。同时产业整合不断与工业园区建设相结合。

　　推进新型工业化要以体制机制创新为基础，强化市场在资源配置中的基础性作用；坚定不移地深化国有企业改革，大力发展民营经济，切实加强企业管理，主动承接产业转移，积极拓展海外市场，以大工业促进大发展。推进技术进步与创新，建设高素质企业人才队伍，强化工业发展的科技和人才支撑，坚持以人为本，实施可持续发展战略，正确处理工业发展与人口资源环境的关系[76]。

　　政府要切实加强和改进对工业工作的领导，强化工业意识，把工业工作摆在更加突出的位置。坚持统筹兼顾，切实转变工业工作的领导方式。加强学习研究，提高做好工业工作的能力和水平。转变政府职能，强化工业发展的保障措施。增强执行力，狠抓工作落实，要抓到人才上，要有激情[75]。各地市州认真研究本地工业状况，对照先进找差距，分析症结原因，抓住要害求突破，力争在思想认识上有新的提高，在实际工作中有新的起色。省级部门负责制定支持工业发展的具体办法和细化措施。对工作中的老大难问题，责任到人，列出时间表，逐一研究解决。

---

① "三个转变"：一是加快土地资源向土地资本转变，大力推进城镇化进程。二是加快民间资金向民间资本转变，大力发展非公有制经济。三是加快人力资源向人力资本转变，大力实施科教兴川战略。

## （三）成效

在一系列配套政策和措施实施后，四川新型工业化发展成效显著。2005 年，四川工业产业增加值增长 17.8%，对经济增长的贡献率达到 57.5%，增速较全国平均水平快 6.4 个百分点。其中，工业增加值增长 19.9%，对经济增长的贡献率为 53%。全省规模以上工业企业实现增加值 2034.4 亿元，增长 23%，增速较全国平均水平快 6.6 个百分点。推进新型工业化战略的实施，对四川的工业和经济发展起到巨大的推动作用，也推动了四川的新型工业化发展步入新的阶段。

## 二、工业强省时期

实施工业强省战略时期从 2005～2012 年，以 2006 年工业强省工作会议为主要标志，以工业强省工作为重点，四川工业成为四川省由经济大省向经济强省跨越的重要支柱。

## （一）背景

大而不强是四川省经济发展的特点，也是四川省工业经济的特点。四川工业经过多年发展，可是总体水平仍然落后，与发达省份相比，与四川省经济社会发展的要求相比，都还有较大差距。从速度来看，1978～2005 年，四川第一产业、第三产业和第二产业中的建筑业的增速都快于全国水平，而工业发展速度比全国慢了 0.6 个百分点。即使在西部，与一些省份相比，也有较大差距。2005 年以前，内蒙古连续多年保持工业增速、GDP 增速全国第一，2005 年规模以上工业增加值增速达到 30.9%，比四川省快 7.9 个百分点。从总量来看，2005 年全国工业增加值占 GDP 比重达到 46%，四川省只有 34%、低 12 个百分点，在全国仅列第 24 位。与经济总量排前三位的广东、山东、江苏相比，四川省第一产业增加值与它们大体相当，但经济总量却相差甚远，主要是差在工业上。2005 年，广东、山东、江苏三个省规模以上工业增加值均是四川省的 4 倍左右，分别比四川多 6256 亿元、6377 亿元、6020 亿元。从效益和竞争力来看，2005 年四川省工业增加值总量居全国第 11 位，但利润总额排到第 16 位。结构性矛盾突出，大企业、大集团、知名品牌偏少，科技创新能力不强，增长方式还比较粗放。工业落后是四川经济落后的根本症结所在。工业上不去，四川与发达地区的差距不但不能缩小，反而会越拉越大，甚至被排到后面的省市赶超。四川要实现追赶跨越，要实现富民兴川，不实施工业强省战略，一点希望也没有[77]。

## （二）内容

2005 年四川省委八届六次全会明确提出了实施工业强省战略。《中共四川省委四川省人民政府关于实施工业强省战略的决定》作为省委 2006 年 5 号文件日前正式下发。2006 年工业强省工作会议指出，工业强省战略的主要内容包括"一个过半，两个翻番，三个百亿过程"的奋斗目标和"五个突破，五个加强"的战略措施。

"一个过半，两个翻番，三个百亿过程"的奋斗目标是要求到 2010 年第二产业增加值占 GDP 比重超过 50%，其中工业增加值占 GDP 比重超过 40%；规模以上工业企业增加值超过 4500 亿元，实现翻番；净利润超过 700 亿元，实现翻番；年销售收入超过 100 亿元的大企业达到 25 户，年销售收入超过 100 亿元的特色产业集群达到 20 个，每年实施 100 项以上投资规模过 1 亿元的重点工业项目[78]。

实施工业强省战略，要在五个方面实现大的突破。一是要做好资源转化，在培育优势产业上实现大突破。2004 年，四大优势产业①增加值已占全省工业的71.8%，要作为工业发展的主攻方向，按照《四川工业优势产业整合与发展规划》的要求，进一步做大、做优、做强。以市场为导向，大力推动产业整合、要素整合、企业整合，提升产业综合竞争能力。二是要着力培育大企业和产业集群，在打造工业发展龙头上实现大突破。着力培育大企业、大集团，发展产业集群，建好工业集中区，充分发挥其引领作用和集聚效应，不断提升四川省工业整体实力。三是要加强自主创新与技术进步，在转变工业增长方式上实现大突破。要深化科研体制改革，建立有效的激励机制，积极探索技术创新成果作为生产要素参与收益分配，充分调动科技人员的积极性，培养和造就一大批既懂经营又有创新能力的团队和领军人物。四是要深化体制机制改革，在做强国有经济和发展民营经济上实现大突破。推进"三个转变"，搞市场化配置资源，是推进经济发展的根本手段。抓工业发展，也要坚定不移推进市场化配置资源。离开了这一条，工业经济就不可能有活力。五是要加快对内对外开放，在工业招商引资上实现大突破。同时还要采取各种措施，切实加强对实施工业强省战略的领导。工业是四川省对内对外开放的主要领域。抓住"外资西进、内资西移"的机遇，扩大对内对外开放，加大招商引资力度，是推进工业强省的现实途径[77]。

工业工作要实现"五个加强"，各级各部门要切实加强对工业工作的领导，充分调动各方面力量关心、支持工业发展，不断优化发展环境，在提高工业竞争的"软实力"上狠下功夫，努力把四川省工业工作提高到新的水平。一是在领导力

---

① 四大优势产业是指高新技术产业、优势资源产业、装备制造产业和农产品加工产业。

量上要加强。抓经济的主要精力要放在抓工业上，把工业发展摆在更加突出的位置，党政"一把手"要亲自抓工业。二是在政策支持上要加强。在特色优势产业、装备制造业、企业技术创新等方面，国家支持西部地区工业发展的政策很多，通过研究政策，吃透政策，用好政策，最大限度地争取国家支持。各级各部门要强化"保障与服务"意识，在支持工业发展上，要给足政策。三是在企业家队伍建设上要加强。企业家是各种生产要素的整合者，工业强省最终要通过优秀的企业家来实现。四是在运行保障上要加强。要加强煤电油运气等的协调和调度，保障工业企业正常生产经营。加强银企、银政合作，重视中小企业融资担保体系建设，积极争取金融部门的信贷支持，逐步解决存贷差过大的问题，创造良好的金融环境。五是在氛围营造上要加强。四川省是传统的农业大省，工业文化底蕴不厚、氛围不浓。要广泛宣传工业在"强省、富民、兴川"中的重要地位与作用，宣传实施工业强省战略的重大意义和重大举措[77]。

## （三）成效

工业强省战略实施后，成效显著。2007 年全省实现了工业经济效益、速度双增长，全部工业增加值 3144.7 亿元，增长 21.5%，对经济增长的贡献率达 55.1%。规模以上工业实现增加值 2597 亿元，增长 24%。高新技术、优势资源、装备制造和农产品加工四大优势产业完成增加值 1904.7 亿元，增长 27%，占规模以上工业增加值的比重达到 73.3%。工业利润创历史最高水平，全部国有及年销售收入 500 万元以上的非国有工业企业实现净利润 430.7 亿元，增长 33.6%。工业经济效益综合指数达 174.7。"三个百亿工程"①初见成效，新增 6 户销售收入超百亿元的企业。企业家信心指数达到 129.3 点，企业景气指数达到 132.6 点，为历史最高点。

## 三、工业转型升级时期

一般认为，四川开始实施工业转型升级，以国务院《工业转型升级规划（2011—2015 年）》为标志开始全面启动。在新的历史时期，四川开始实施工业转型升级以"五大发展理念"为引领，按照"转型才能更好发展、后发也要高点起步"的思路，通过"四管齐下"的方式推动七大优势产业和五大高端成长性产业发展，调整优化传统产业结构，实现工业转型升级。"十二五"期间，四川工业在量上有了扩展，在质上有了提升。

---

①"三个百亿工程"是指四川年销售收入超过 100 亿元的大企业达到 25 户，年销售收入超过 100 亿元的特色产业集群达到 20 个，每年实施 100 项以上投资规模过 1 亿元的重点工业项目。

## （一）背景

四川实施工业强省战略以来，整体进入工业化中期阶段，工业增加值从 2007 年的 3868 亿元增加到 2014 年超过 1.3 万亿元，其中重大装备、能源电力、油气化工、钒钛钢铁、建材等重化产业得到了快速发展，其占比已高达工业的 67%。重化产业是传统产业，在工业强省过程中，传统产业对我省经济高速增长做出了重要贡献，发挥了支撑作用。但是，传统产业对资源的过度消耗和对环境的污染，已经使过去粗放的增长模式难以持续。面对资源环境约束加剧，国家层面将进一步加大控制温室气体排放力度，未来几年，对传统产业特别是重化工业的大规模改造成为必然选择。

从国际经验来看，从中等收入经济体迈向高收入经济体，必须有先进制造业和先进服务业作为支撑。四川近年大力发展七大战略性新兴产业，推动发展五大高端成长型产业，但总量还较小，占比较低（2014 年为 15.9%），与东部发达省市的差距较为明显。四川制造业规模超过 8000 亿元，但先进制造业占规上工业的比重仅为 22% 左右，比全国低 10 个百分点以上，工业转型升级成为必然选择。

## （二）内容

以新理念和新思路培植工业发展新动力，推动工业转型升级。实施工业转型升级应该"四管齐下"，即按照"调优存量、管好增量"的总体思路，一是通过改造提升传统产业与有效化解产能过剩相结合；二是培育壮大优势特色产业与加快发展战略性新兴产业相结合；三是统筹发展生产性服务业与做大做强先进制造业相结合；四是有序承接产业转移与稳步淘汰落后相结合。总体上，要以加快转变经济发展方式为主线，把产业结构调整优化作为全省工业转型升级的主攻方向，加快推进产业结构调整优化升级[79]，具体看，包括如下五个方面。

### 1. 系统推进全面创新改革，培育引领经济发展新动能

牢固树立转型才能更好发展、后发也要高点起步的理念，把握新一轮科技革命和产业变革新趋势，大力实施创新驱动发展战略，加快转方式调结构，为全省经济社会持续发展提供有力支撑。优化重点区域布局，打造创新发展增长极；发展创新型经济，形成创新发展增长带；发展壮大创新型企业，培育创新发展增长点；完善政产学研用协同创新体系，提升支撑创新发展能力；打通成果转化通道，推进科技经济深度融合等方面，开展产业创新，统筹推进经济社会和科技领域改

革，加快形成适应产业转型升级的体制机制和发展方式，推动经济增长保持中高速、产业发展迈向中高端，加快建成国家创新驱动发展先行省。

### 2. 发挥工业主导作用，促进形成多点多极支撑发展新格局

继续突出工业主力军作用，发挥工业对于转化资源、促进增收、带动就业等方面的重要作用，在继续扩大总量中调整优化结构，在加快发展中转变方式，为提升首位城市、着力次级突破、夯实县域底部基础提供产业支撑。抓住天府新区、绵阳科技城、攀西战略资源创新开发试验区纳入国家战略和成都高新区升级为国家自主创新示范区等一系列重大机遇，在制造业城市群、现代产业基地、特色产业带建设上取得新的突破，在建立完善现代产业体系的同时，形成更加科学、合理的产业空间布局结构，努力把调整比例、补齐短板、优化结构的任务落到实处。

### 3. 推进绿色化改造，实现低碳循环可持续发展

推进绿色化改造，实现低碳循环可持续发展，重点要在加快淘汰落后产能的基础上对传统产业进行绿色化改造重组。一是实现传统产业低碳发展、绿色发展和可持续发展，焕发传统产业发展生机和活力，对油气化工、食品饮料、冶金建材、轻工纺织等传统产业全程推进绿色制造，推行产品生态设计，提高产品设计开发的生态化水平，加强清洁生产管理体系建设，加强重大关键共性的清洁生产技术攻关。二是加快传统产业重组步伐，支持水泥、有色、化工等行业企业兼并联合，从而支持一批真正有技术、管理和市场优势的重点企业做大做强。三是大力发展节能环保产业。加快大气、水、固废污染治理装备制造业的发展，尤其要推进系统集成。加大城市矿产、生活垃圾、汽车及农林废弃物资源的循环利用。着力开展工业绿色服务，包括互联网+绿色产品，绿色工程，能源合同管理，环保合同管理，绿色金融服务等，在发展新兴产业的同时为传统产业的绿色化改造提供装备和支撑服务。

### 4. 加强内外联动，开辟工业发展新空间

通过扩大开放带动创新、推动改革、促进发展，提升四川在全球产业链、价值链、供应链中的地位。一是对内开放。四川工业产品以国内市场为主，必须始终瞄准重点地区加大招商引资，主动承接产业转移；必须紧盯国内市场，多措并举提高"四川造"工业品在国内市场的整体占有率。二是要抓住"一带一路"战略机遇，抓好优势产能合作。三是要提高进出口的技术含量，在巩固现有电子信息、机电产品出口的基础上，积极引进国外高技术设备、技术产品，特别是要鼓励并购国外先进技术（企业）和引进国外高端人才。

### 5. 支持贫困地区建好工业平台

在共享发展方面，要支持贫困地区建好工业平台，为坚决打赢扶贫攻坚战增添动力。在县域工业发展的规划指导、政策资金、项目合作、人才培训等方面，加大工作力度，支持贫困县转化特色资源，增加财政收入，促进群众就近就业、增收脱贫[80]。

## （三）成效

2010 年以来，四川全省工业领域深入实施"三大发展战略"，围绕"两个跨越"目标任务，坚持把调整优化产业结构、加快转型升级作为工业发展的中心工作，实施调存量与扩增量并举，在发展中调结构，在调结构中促发展，推进信息化与工业化深度融合，推进制造业服务化、服务业制造化，全省工业产业结构不断优化，创新动力持续增强，工业发展质量和效益稳步提升，为全省经济跨越发展提供了有力的产业支撑。经过 5 年发展，四川工业增加值由 2010 年的 7326.4 亿元扩大到 2015 年的 1.26 万亿元（预计数），年均增长 12.9%左右，高于同期全国平均增速 5.1 个百分点，在工业大省中名列前茅，其中规模以上工业增加值年均增长 13.3%左右；工业占 GDP 的比重保持在 43.5%左右，对 GDP 增长贡献保持在 50%。预计 2015 年四川规模以上工业企业实现利润总额 2000 亿元左右，比 2010 年增加 500 亿元。2015 年四川全省工业投资预计达到 7000 亿元、技改投资达到 5000 亿元，2010 年以来，四川工业投资总量超过 3.3 万亿元[81]。

# 第二节　其他地区新型工业化道路实践

我国许多地区将走新型工业化道路作为重要发展战略，通过推进新型工业化来实现本地区的快速发展。由于我国幅员辽阔，各地区情况千差万别，而且走新型工业化道路也是一个逐步探索的过程，各地区在实践新型工业化的过程中，有成功的经验，也有的走了弯路，各个地区形成了不同的模式。

## 一、发达地区新型工业化实践

广东大力解放思想，坚决打破传统路径依赖，积极推进机制体制创新，主动加快转型升级，走新型工业化道路，推动科学发展。广东发展新型工业化的经验主要体现在以下四个方面。

（1）提升产业发展层级，推动制造业高级化和培育战略性新兴产业。重点推进装备制造业高端化、汽车产业自主化、钢铁产业规模化、石化产业集聚化，提升先进制造业集聚发展水平；培育发展 11 个战略性新兴产业，重点发展高端新型电子信息、新能源汽车、半导体照明产业，力争新兴产业增加值占生产总值比重达到 10%；用高新技术、先进适用技术和现代管理技术改造提升一批传统制造业，力争优势传统工业增加值占传统工业的比重达 64%。

（2）强化以企业为主的创新驱动，提升产业国际竞争力。广东提出强化自主创新的核心推动作用，培育 100 强自主创新企业，重点打造 50 家国家级创新型企业。完善创新成果与产业需求对接机制，建设 100 个省部产学研技术创新联盟，实施下一代移动通信芯片等 100 个重大科技成果产业化示范工程。改革政府创新投入的统筹使用、管理监督和绩效评估体系，完善创新资源配置机制。

（3）优化企业组织结构，强化产业转型发展支撑。提出大力支持一批超百亿的大型骨干企业壮大规模、增强实力，培育一批 100 亿、500 亿和 1000 亿企业。实行用地专项保障、能源资源倾斜、用电指标由省统筹单列保障。以汽车、钢铁、水泥、稀土等产业为重点，推进企业兼并重组。推动建立以大企业为龙头、中小企业专业化配套的协作体系，打造先进制造业产业集群。

（4）实施产业梯度转移，推动区域产业协调发展。推动由按行政区域配置资源向按经济区域配置资源转变，实施提升珠三角带动东西北战略，推动珠三角产业成链条转移到粤东西北，促进发达地区"腾笼换鸟"、欠发达地区产业倍增。加快珠三角一体化进程，建设广州南沙、深圳前海等重大平台，推动广佛肇、深莞惠和珠中江经济圈深度合作。实施东西北地区联动发展，推进厦深铁路广东段等铁路以及县县通高速公路、陆路出省通道建设，打造粤东、粤西沿海重化产业带，联动形成新的发展格局。

## 二、中部地区新型工业化实践

（一）湖北省

湖北确立了"十二五"期间"两圈一带"战略，引导增量，优化存量，促进区域内的资源整合、要素配置和经济合作，走新型工业化发展道路，逐步形成"一核两极三带三群"的空间发展格局。湖北实施新型工业化的经验主要有以下四个方面。

（1）大力推进技术创新，增强产业核心竞争力。围绕科技创新和技术进步这个中心环节，提升企业自主创新能力，着力突破制约产业发展的重点领域和关键环节，增强产业核心竞争力，推动工业经济发展走上创新驱动发展的轨道。

（2）大力推进产业集聚，优化产业布局。围绕全省工业总体发展格局，根据各地资源禀赋、产业基础和区位特点，合理定位产业发展方向，完善区域内和跨区域的产业链，促进产业集群式发展，形成以各类产业园区为基础，特色产业基地为支撑，优势产业相对集中、聚集发展的产业形态和空间格局。

（3）强化项目带动，增强产业发展后劲。围绕项目建设推动产业发展这个核心抓手，坚持高起点谋划、高质量推进、高标准要求，切实抓好项目谋划、引进、建设和服务，以大项目带动大投资、发展大产业，以持续有效的增量投入带动转型升级和结构优化，增强发展后劲。

（4）积极发展绿色低碳产业，提升可持续发展能力。围绕工业绿色发展模式，积极强化节能减排，推行清洁生产，扩大循环经济规模，促进工业低碳增长，努力以最少的资源能源消耗、最小的环境代价促进工业经济可持续增长。一是推进节能减排工作。狠抓重点企业节能降耗和污染减排，严格执行国家产业政策和投资管理规定，强化用地审查、节能评估、环境影响评价，严格控制"两高"行业低水平重复建设，继续控制"两高一资"产品出口，严控能耗污染增长源头。二是大力发展循环经济。支持开展"城市矿产"示范基地建设，加大对重点行业、重点领域、产业园区工业废弃物综合利用的支持力度，支持循环经济技术开发、示范推广及能力建设，加快再生资源回收体系建设，加强资源综合利用，不断提高资源循环利用水平。[82]三是大力推行清洁生产。发挥典型企业的示范引导作用，鼓励更多企业实施清洁生产，创建绿色企业。四是淘汰落后产能。继续开展淘汰落后产能行动，完善落后产能退出机制，加快淘汰高耗能、高污染的落后工艺、技术和装备。

（二）江西省

江西坚持以工业化为核心，以大开放为主战略，以体制机制创新和科技创新为强动力，从八个方面探索实践新型工业化道路。

（1）及时抓住机遇，扩大对内对外开放，广泛参与国内外分工、交换，尽可能地利用内资和外资，学习和吸收先进的技术与先进的经营管理经验。

（2）在遵循客观经济规律的基础上，实行有效的宏观调控，构建经济持续快速健康增长机制。

（3）追求国民经济协调发展，使基础产业适应经济发展的要求，消费品工业不断满足人民群众日益增长的物质文化生活需要，在大力发展高新技术产业的同时，加速改造传统产业的步伐，在强调发挥劳动力资源丰富和经济成本低的比较优势的同时，增强各个产业的竞争优势。

（4）通过自主研究开发和引进消化先进技术，缩小与发达地区的差距，在科技进步的机制上，坚持以企业为主体，以产业化、市场化和增强国内外竞争力为目标，从体制和运行机制等方面改变科技研究与生产及市场脱节的状况，在人力资源的开发上，既重视发展高等教育，又重视基础性的义务教育，既重视培养高技术人才，又重视掌握操作技能熟练工人的培养。

（5）坚持公有制为主体，大力鼓励非公有制经济发展，使创造财富的源泉涌流。

（6）发挥市场机制在资源配置中的基础作用，通过市场供求关系、价格杠杆和优胜劣汰的竞争机制调节与优化生产要素的配置，提高资源利用效率。

（7）正确处理工业与农业、城市与农村的关系，不断加大支农力度，改善农村生产生活条件，在坚持农村家庭承包责任制的同时，发展农村的专业化、社会化分工体系，把分散的农户与大市场联系起来，促进农业产业化经营和农村人口向城镇集聚。

（8）始终坚持"三个不准"原则：即严重污染环境的项目坚决不准搞；严重危害人民生命健康和职工安全的项目坚决不准搞；黄、赌、毒的项目坚决不准搞。

## 三、西部地区新型工业化实践

（一）重庆市

直辖以来，重庆工业经济快速发展，支撑作用明显增强，成为经济发展的第一驱动力以及财政收入的重要来源、改善民生的重要途径。为进一步壮大工业规模、提升工业实力、增强发展后劲、提升工业化水平，重庆市提出把发展工业放在经济工作的首要位置，深入推进重庆新型工业化。

（1）结合自身实际做强做大工业"6+1"支柱体系。包括加速发展电子信息产业、实施"云端计划"、优化提升汽车产业。加快形成以长安为龙头、整车企业为支撑、零部件企业配套的"1+6+1000"汽车产业体系，形成乘用车、微车、商用车、特种车四大产业集群；振兴先进装备制造业。面向全球开发和引进增长潜力大、竞争优势强的装备工业产品，打造千亿级摩托车产业集群和轨道交通装备、风电成套装备、数控机床等智能装备、环保安全装备、船舶装备、航空航天装备、页岩气装备等能源装备、内燃机、大型铸锻件、基础零部件等十大百亿级产业集群，建成国家现代装备制造基地；发展综合化工产业。深度推进与国际化工巨头及央企的合作，促进综合化工产业跨越式发展。推广"一体化、园区化、集群化"模式，加快推进千万吨炼油、百万吨乙烯等战略性重大项目，构建天然气化工、炼油石化、化工新材料、精细化工等四大百亿级产业集群，建设资源优化配置、竞争优势突出的综合性化工基地。

（2）提升工业可持续发展能力。包括优化产业空间布局，立足"1+2+7+36"开发区（园区）平台体系，加快建成一批产业链完善、规模效应明显、核心竞争力突出的产业集群；促进大中小微企业协调发展，充分调动和发挥国有、民营、"三资"企业的积极性，着力发展"十百千亿"大型企业集团；推动企业技术进步，实施技术改造专项计划；建立一批以企业为主体的战略性新产品成果中试基地、技术成果转化平台；强化质量建设和品牌塑造，支持企业面向全球制定实施品牌战略，通过收购国外品牌、自创品牌海外注册等方式，创建具有国际影响力的行业品牌；推进企业节能减排，坚决落实国家产业政策及淘汰落后产能、节能减排、关闭散小企业年度计划，淘汰一批能耗高、污染重、安全隐患突出的落后产能，严格控制引进高耗低效项目，限制发展过剩产能[83]。

（3）落实推进新型工业化的保障措施。包括加速发展生产性服务业；完善园区基础设施；组织实施重大项目示范；强化运行调度保障；强化人力资源开发和保障；切实减轻企业负担。

## （二）贵州省

贵州省"十二五"期间，依托资源能源优势，大力实施工业强省战略，走一条具有贵州特色的新型工业化之路，加快建设国家重要能源基地和重要资源深加工基地，力争电力、煤炭、冶金、有色、化工等五大产业产值分别超过 1000 亿元。贵州实施新型工业化实践的经验有以下六个方面。

（1）坚持优化环境与转变作风相结合。秉承发展为要、民生为本、企业为基、环境为重的理念，着力深化改革、扩大开放、改善环境，抓帮扶、优服务、促效益。由"重管理、轻服务"向"寓管理于服务之中"转变，下放审批权限、减少审批环节、完善规章制度、严格执法执纪，积极为企业搞好服务，转变工作作风，优化发展环境。

（2）坚持扩大开放和深化改革相结合。以开放促改革，以改革迎开放，营造对外开放的良好环境。先后面向央企、全国优强民营企业、长三角、珠三角、港澳台、成渝等"走出去"开展招商，通过举办生态文明贵阳国际论坛、中国（贵州）酒博会、泛珠三角区域合作与发展论坛等各种平台"请进来"。以"万亿招商项目千次推介对接"活动为载体，探索了产业链招商、以商招商等各种行之有效的模式。

（3）坚持平台建设和项目推动相结合。全省上下始终把抓项目和抓园区作为促进工业经济快速发展的重中之重，认真贯彻落实省委、省政府集中打造"5 个100 工程"和贵安新区发展平台的重大决策部署，以项目为主要抓手，扎实推进100 个产业园区成长工程。

（4）坚持产业发展和转型升级相结合。按照盘活存量、扩大增量、创新驱动、优化升级的思路，推进全省工业在追赶中转型，在转型中发展，在发展中升级。推动传统产业转型升级。依托资源优势和产业基础，通过结构调整、科技创新、优化升级、淘汰落后、节能降耗等手段，做大做强以煤、电为主的能源产业，大力发展资源精深加工，推动煤电磷、煤电铝、煤电钢、煤电化一体化协调配套发展。

（5）坚持发展民营经济和激发市场活力相结合。实施民营经济三年倍增计划、提高民营经济比重五年行动计划、百亿民营企业培育工程、中小企业成长工程、"3个15万"扶持政策、"万户小老板"创业行动计划，推动中小企业公共服务平台建设，着力培育一批大型民营企业，支持一批中小企业，扶持一批小微企业，做大市场主体，增强经济活力。通过兼并重组、品牌塑造、产业链延伸、资本运作、推动上市等途径，培育一批有核心竞争力的大企业大集团。

（6）坚持科技创新驱动和人才队伍建设相结合。抓科技创新用好用活人才，抓产业发展和园区建设集聚人才，抓机制创新激活留住人才。实施百千万人才引进计划，建设贵州科学城，成立贵州产业技术发展研究院，设立科技产业投资基金，实施"9+3"计划，开展中小企业"银河培训""星光培训"，建设适应产业发展需求的人才队伍[84]。

## 四、各地区新型工业化实践的经验

东部地区、中部地区和西部地区在新型工业化道路实践过程中，突显了一些快速推进新型工业化的典型省市。这些地区探索总结出独特的经验。认真学习典型省市在新型工业化道路实践中的经验，对四川推进新型工业化建设有重大启示。总结上述典型省市的新型工业化实践，可以看出在如下七个方面存在共性，这些共性也就是新时期顺利推进新型工业化的规律性。

### （一）强调规划引领，坚持统筹发展

各地在推进新型工业化的过程中，高度重视规划制定和实施工作，强化规划的战略性、前瞻性和导向性，做到总体规划和专项规划有机衔接、产业布局和城镇发展统筹安排，优化产业布局，以科学规划指导、推进产业转型升级，为新型工业化营造了良好的政策环境。

### （二）强化创新驱动，以科技创新提升产业竞争力

各地都注重创新发展，通过提升科技创新能力，打通产学研用各个环节，

加快自主知识产权产业化，实现自主创新的核心推动作用，培育自主创新企业和具有较强市场竞争力的拳头产品；各地都注重实施品牌战略，提升企业的竞争力。

## （三）注重结构调整，推进传统产业和新兴产业同步发展

各地都结合自身产业基础和发展实际，大力培育发展具有比较优势的战略性新兴产业和高技术产业；同时注重传统产业的转型升级，对传统产业进行技术改造和工艺提升，力争实现传统工业的二次创业。

## （四）突出龙头企业培育和产业集群发展

优化产业组织结构是各省市的共同选项。通过培育龙头企业，以及产业配套和引领示范，带动大中小企业协调发展，逐步形成完整的产业链和产业集聚。注重园区建设，坚持典型引路，示范带动，引导企业集中、集聚、集约发展。

## （五）优先保障工业生产要素供应

各地都意识到新型工业化对国民经济发展的支撑和引领作用，也是经济转型升级的有力保障。各地都完善和强化要素资源保障，加大对发展产业集群所需土地、人才、金融等要素的保障力度，推进资源要素向优质产业集群倾斜，努力为加快块状经济向现代产业集群转型升级提供有力支撑。

## （六）注重政策引导，加大财政资金投入

各地都注重财政资金的引导作用，充分发挥有限的财政资金在支持产业发展上的引导作用，设立了各类有利于加快新型工业化进程的专项资金，通过专项补助和贷款贴息等手段，加大企业技术创新、技术改造、培育战略性新兴产业、淘汰落后产能、培育大企业大集团和中小企业发展等方面的财政投入，同时也吸引了一大批金融资本和社会闲散资金注入工业发展中，为工业发展增添新活力。

## （七）转变政府职能，提升公共服务水平

各地均意识到，随着市场经济的进一步深化，市场的资源配置作用日益显现。

因此，各省市不断推进由管制型政府向服务型政府的转变，创新服务机制，减少项目审批和生产经营活动许可，充分发挥市场在资源配置中的基础性作用。政府逐步将工作重心放到完善市场经济管理制度，加强规划制定、宏观统筹和市场监管等方面，把服务企业的重点逐步转向产业政策掌握、形势分析判断、要素保障协调、创业辅导服务等方面，积极培育发展第三方管理咨询机构，构建与先进制造业相匹配的生产性服务业服务体系，提高办事效率和服务质量。

## 五、各地区探索经验对四川的启示

四川地处中国西部，工业基础较为薄弱，二元结构比较明显。推进新型工业化，首先要厘清思路，找准实现的途径，明确推进新型工业化应该注意的问题。

### （一）正确处理好政府与企业的关系

在推进新型工业化的进程中，政府的作用是无可替代的，但各地区的经验证明，市场经济条件下企业才是市场的主体。在推进新型工业化的过程中，政府不能替代企业的主体地位，如果政府的作用超越了一定的限度，反而会影响新型工业化的进程。政府应该通过制定重大发展战略，推行宏观经济政策，加强产业引导，规范企业行为，维护市场秩序，优化行政环境来推动新型工业化，而不能再和过去一样以简单粗暴的工作方式，干预企业生产经营规划和市场正常秩序。因此，在推进新型工业化的工作中，政府要找准位置，转变职能，有效地发挥政府的推动作用。

### （二）重视传统产业的转型升级

依靠科技创新大力发展战略性新兴产业和高技术产业是走新型工业化道路的核心战略。但传统产业在很长一段时间内，仍是社会经济发展和保障就业的基础，如果不加强技术改造和制造工艺的提升，则将挤占新型工业发展所需的环境与资源。因此，在大力发展高新技术产业的同时，要注重运用新技术和新工艺改造传统产业，促进传统产业的二次创业。

### （三）实现差异化发展

从过去的发展经验来看，只要是国家提倡发展的，或者是利润高、门槛低的产业，就会出现过度投资现象，从而导致产能过剩，带来一系列的连锁反应。这就要求各级政府在制定规划和招商引资时，要结合发展实际，根据当地的比较优势，有选择的发展。企业在投资新项目和涉足新行业时，要考虑是否符合企业自身长远规划及行业前景、市场需求等多方面因素，减少盲目投资，实现差异化发展。

## （四）实现新型工业化的同时必须注重保护环境

加快发展与环境保护是工业化初期不可回避的矛盾，必须面对的尖锐问题。如何正确处理经济发展与环境保护的关系，发达国家和地区既有成功的经验，也有深刻的教训。新型工业化的一个重要目标就是要发展资源消耗低、环境污染少的产业。中央也明确不再唯 GDP 论，要求各级政府树立正确的政绩观。在新型工业化建设中，发展经济时更不能忽视环境保护，要按照科学发展观的要求，坚持走资源节约型、环境友好型发展之路。

# 第三节　四川新型工业化与城乡统筹

新型工业化和城乡统筹有紧密的关联关系，四川省在推进新型工业化的过程中，兼顾统筹城乡发展，形成了新型工业化促进城乡统筹的格局。

## 一、新型工业化与城乡统筹的关联关系

新型工业化是我国在新的历史条件下，同步推进工业化、信息化所探索的一条科技含量高、经济效益好、资源消耗低、环境污染少、人力资源优势得到充分发挥的工业化道路，其既有一般工业化道路的历史特征，又有联动推进信息化的时代特征。根据工业化进程的一般规律，城乡关系会经历由分到合的两个阶段。在工业化初期和中前期，往往是农业支持工业，农村支持城市发展，在这一阶段，不仅没有城乡统筹，反而城乡间的差距是持续扩大的；进入工业化中后期，城乡关系将出现工业反哺农业，城市反哺农村的新格局，城乡关系从城乡分离向城乡统筹转变。在这一转变过程中，有两种作用主导着这一进程。

## （一）产业结构优化升级促进城乡统筹

### 1. 产业结构高级化促进城乡接轨

随着新型工业化进入中期以后，我国的工业产品的数量、种类和质量大幅提高。在商品市场，消费品特别是耐用消费品逐渐从城市流向农村，提高了农村消

费市场的品种和数量。近年来,通过家电下乡等消费促进政策,在消费结构上,农村居民和城市居民间的差距逐渐缩小,这是消费品市场层面的城乡统筹。此外,从农业要素市场来看,随着工业化进程进入中后期,我国的装备制造业的水平实现了快速跃升,生物化学产业快速发展。产业结构的提高为农业发展提供了新型装备,使工业化初期相对昂贵的农机具变得相对便宜,而且质量和效率持续提高,像设施农业等资本密集度较高的农业方式在我国的比重也越来越大。生物科技为农产品质量和数量提高提供了支撑,互联网和电子商务的发展拓展了新型农业经营方式,开拓了订单农业、直销农业的发展空间。

### 2. 产业转型升级促进农村剩余劳动力加快转移

随着工业化进入中后期,三次产业的比重发生了根本性的变化,第二产业的比重逐渐下降,第三产业的比重逐渐上升。第三产业的快速发展已经成为支撑国民经济发展的主导力量。从第三产业内部的结构来看,虽然既包括研发、设计等高端生产性服务业,但随着城市经济的增长,中低端生产性服务业和生活性服务业也在持续增长。这些服务业的增长为吸纳农村剩余劳动力奠定了一定的基础。

### 3. 市场的扩展促进农村比较优势的发挥

2000 年以来,随着我国加入世界贸易组织(World Trade Organization,WTO),我国的进出口数量从很少增加到很多,外贸依存度从 1999 年的 33.29% 上升到 2014 年的 41.84%。按照比较优势原理和我国的要素禀赋结构,传统上我国出口劳动密集型的产品,进口资本和技术密集型的产品。随着工业化的推进和要素的积累,近年来,一些高技术含量和资本密集型的产品也逐渐开始出口。由斯托珀-萨缪尔森定理(the Stolper-Samuelson theorem)可以看到,在国际贸易中我国劳动密集型商品相对价格的上升,将导致该商品劳动的实际价格或报酬提高。而在我国的劳动力构成中很大一部分是来自于农村转移人口或者是农村临时性输出人口,因此随着这部分人收入的提高,城市居民和农村居民的收入差距将会下降。

## (二)布局结构调整促进城乡统筹

### 1. 产业梯度转移

在新型工业化过程中,一个典型的现象是产业梯度转移。这一转移过程表现为两个趋势,一是国际上一些发达国家不断把其制造业部门转移到我国的趋势,二是我国一些沿海地区不断把产业向中西部地区转移。在这一进程中,劳动力资源的分布成为产业转移选择定位的关键因素之一。转移到中西部地区的往往有一些劳动密集型产业,这些产业的跨区域转移将增加中西部地区劳动收入,其中很大一部分收入会转移到农村,增加该地区的农村家庭收入。

### 2. 农村工业布局

在新型工业化过程中,我国的产业发展出现了集群发展的典型特征。研发设计等核心产业往往布局于城市或者城市周边区域,而以龙头企业为中心的配套产业集群往往分布于周边的小城镇。从实践效果来看,这一格局是发挥城乡要素禀赋优势,优化城乡劳动力、土地、资本和技术等生产要素配置的结果,促进了城乡统筹发展。

## 二、四川新型工业化与城乡统筹互动

### (一)四川新型工业化与城乡统筹互动的重点和目标

促进新型工业化和城乡统筹互动是四川两化互动城乡统筹发展战略的重要内容,四川形成了统筹城乡产业发展促进城乡统筹的基本思路,形成了以县为单位,以农业和农村产业化项目为抓手,以农民增收为目标的新型工业化推进城乡统筹的基本思路。在2013~2015年,均出台了统筹产业发展促进城乡统筹的文件[85-87]。提出根据省内不同区域的空间特点,在平原、丘陵等区域承载能力较强和农业生产条件较好的地区建设一批突出区域特色的工业经济强县(市),形成一批产业基础牢固的工业强县富县,并提出到2017年,力争一半以上的县工业总产值超过200亿元,30个以上的县工业总产值超过500亿元,全省培育2个以上工业总产值超过2000亿元、3个超过1000亿元的工业强县(市)[88]。

### (二)通过反哺进一步加强农业发展

在现有粮食直补政策的基础上,四川省开展了粮食直补政策改革试点,改变了传统粮食直补到人的体制,建立农业补贴同粮食生产挂钩,探索通过反哺提高粮食生产能力的机制。对全省现代农业重点县和现代畜牧业重点县予以重点扶持;培育"万亩亿元示范区"和"千斤粮万元钱"粮经复合产业基地予以财政扶持,对蔬菜、水果、茶叶等现代特色产业予以财政扶持。通过反哺农业,进一步提高农业生产能力和改善农产品品质,提高了四川省农业综合生产能力。

不断完善农业经营体制机制,在基本农村经营制度不变的前提下,发展了以农民家庭经营为基础、专业合作与产权合作相结合的新的农业经营体制,培育农村新型经营主体,鼓励和支持农民自愿联合发展专业合作、股份合作等多种形式的农民专业合作社,鼓励引导工商资本到农村发展适合企业化经营的现代种养业。

## （三）发展支撑城乡统筹的县域产业

产业带动能力强和就业吸纳能力强对城乡统筹发展意义重大，需要重点发展。在城乡统筹实践中，四川重点支持农产品精深加工业发展。依托区域特色鲜明的农产品资源优势，建设 50 个省级农产品加工示范基地，推进工业化带动农业现代化，在全省推动了农产品加工业发展，培育农产品加工产品品牌，打造农产品精深加工基地。以百万人口大县为重点，在川东北、川南经济区以及成都经济区等人口大县，布局和承接省内外纺织、服装、鞋帽、家具等劳动密集型产业和机械、电子等劳动密集型企业，促进农村转移劳动力就地就近就业，建设省内重要的产业承接基地。

## （四）信息化引领农村现代化

信息化是新型工业化的重要方面，通过信息化促进农村现代化是四川促进城乡统筹的重要途径。四川对农产品专业市场进行信息化、电商化改造提升，支持农业经营主体实现农产品线下展示、线上交易、产销对接等功能，支持农户开展订单生产，发展原产地和无公害、绿色农产品直销、直供、分销、预售等新型农村农产品流通模式。支持乡镇商贸中心、农村综合服务社等传统农村商贸网点实施信息化提升，发展线上线下融合的电子商务。壮大农村电商市场主体，引导农业生产基地、农产品加工企业、农资配送企业、龙头物流企业应用电子商务。

# 第十二章　四川新型城镇化与城乡统筹的探索与实践

中国共产党四川省第八次代表大会和省委八届二次全会做出了奋力推进四川发展新跨越、全面建设小康社会的总体要求，四川进入了加速推进城镇化时期。在这一进程中，四川的城镇化进程可以分为三个前后相连又各有特点的阶段，展现了不同的城镇化发展重点。与此同时，四川省在推进城镇化发展中存在一些困难和问题，需要在新时期通过体制机制创新加以解决。

## 第一节　四川省城镇化实践

四川省处于西部欠发达地区，城镇化发展一直落后于全国平均水平。进入 21 世纪，四川逐步进入城镇化发展中期，十余年来，四川省城镇化发展可以划分为三个阶段，分别是以经营城市为抓手的城镇化发展，新型工业化、新型城镇化互动发展，加快推进新型城镇化发展三个阶段。

### 一、以经营城市为抓手的城镇化发展

2003 年，四川省城镇化率达到 30.1%，开始步入城镇化发展中期。省委、省政府为加快城镇化进程，研究出台了《关于加快城镇化进程的意见》[89]、《关于实施经营城市战略的意见》[90]、《关于加快重点小城镇建设的若干意见》[91]等一系列推进城镇化发展的重要纲领性文件，把经营城市的思想和理念贯穿到城镇规划、投资、建设、管理和发展的全过程，以经营城市为抓手，走出了一条具有四川特点的城镇化发展道路。到 2010 年，四川省城镇化率达到了 40.18%，比 2003 年高出 10 个百分点。

（一）在经营城市理念指导下的重要转变

经营城市就是把现代市场经济的经营理念、经营机制和经营方式运用到城市的规划、投资、建设、管理、营运的全过程，把城市作为巨大的国有资产来经营，构建城市建设投资主体多元化、融资方式多样化、运作方式市场化的新体制。经营城市对象主要是经营城市建设发展过程中形成的各类资产，包括经营土地、整

合城市资源、盘活城市资产。从总体来说，分为经营有形资产和无形资产两类，有形资产包括城市土地、城市基础设施、市政公用设施、旅游基础设施及其附属物等。无形资产包括开发权、使用权、经营权、冠名权、广告权以及城市品牌、人文资源等相关权益。

在经营城市这一理念的指导下，四川省实现了工作重心由传统的建设城市向经营城市转变，相应地，城市基础设施建设和公用事业发展由政府单一投资模式向多元化投资模式转变。

## （二）深化投融资体制改革

四川省积极探索经营城市的新机制、新途径和新方法，改革投融资体制，培育投资主体，创新筹资方式，优化管理体制，进一步拓展投融资渠道，不断扩大城市建设资金的来源和范围。

### 1. 搞好城镇土地资产的经营和管理

明确提出了由政府全面高度垄断土地一级市场，深化土地有偿使用制度改革，全面推行城镇国有土地有偿使用制度、储备制度以及土地使用权招标、拍卖和挂牌出让制度。通过经营城镇土地，使土地收益成为城镇建设的重要资金来源。土地收益纳入政府财政基金预算管理，缴入财政金库，主要用于城镇基础设施建设及土地收购、储备、整理和开发。

### 2. 完善投融资主体多元化体系

着力优化、盘活城市资产，使城市市政公用基础设施建设市场化；积极创造条件，在商业银行信贷、国债资金、资本市场融资、转让经营权融资、国内外资金、民间投资等多个渠道筹集市政公用基础设施建设资金；实行市政公用产品和服务有偿使用，普遍实行城市垃圾处理和污水排放、处理收费制度。

### 3. 坚持政府引导、市场运作，发挥政府资金的导向功能

通过各级政府集中部分财力支持基础性项目和公益性项目，以弥补"市场失灵"造成的产品及服务真空，最大限度地发挥政府资金的导向功能。

## 二、新型工业化、新型城镇化互动发展

随着汶川地震灾后恢复重建全面完成，四川省进入工业化中期阶段，处于工业化城镇化"双加速"时期。此时，四川省又面临着国家实施新一轮西部大开发、

实施扩大内需发展战略、启动建设成渝经济区和国内外产业向西部大规模转移等重大机遇，但四川工业化城镇化进程总体落后于全国平均水平，工业的整体实力和竞争力不强，城镇化滞后于工业化，工业化与城镇化互动性不够。因此，四川省出台了《关于加快推进新型工业化新型城镇化互动发展的意见》。随后，在城乡环境综合治理实践两年多的基础上，四川省人民代表大会通过并施行《四川省城乡环境综合治理条例》，为改善人居环境、容貌秩序和发展环境，有效提升城镇化发展质量提供了法律保障。这一阶段，四川是通过联动推进新型工业化、新型城镇化来加快推进城镇化进程的新发展时期。

## （一）"两化"互动指导下产业园区和城市新区蓬勃发展

四川省把产业园区作为产业集群发展的主要载体，作为联动推进工业化与城镇化的主要抓手，建设了成都、绵阳、自贡、乐山四个国家级高新技术产业开发区，成都、德阳、绵阳、广安、广元、遂宁、宜宾临港和内江 8 个国家级经济技术开发区和 11 个国家级产业园区。此外，结合省内各地区资源环境因素和发展状况，大力推进省内区域合作发展，支持市（州）之间建立合作产业园区，发展"飞地"园区，加强重要产业之间的协作和配套。

在城市新区建设方面，四川省以产业聚集区为依托，根据产业聚集区和人口居住区的需要，科学规划城市新区，有序推进城镇空间拓展，弥补现有城区功能缺陷，突破发展局限。推进产业文明与城市文化相融发展，推行低碳建筑，建设绿色城市，把城市新区建设成为经济社会发展的重要增长点及现代产业发展示范区。

## （二）城乡环境综合治理促进城镇环境质量有效提升

针对全省各地在城乡人居环境和容貌秩序方面存在的不少亟待解决的问题，以及"5·12"汶川特大地震对城乡人居环境和容貌秩序造成了严重破坏的情况，四川省委、省政府做出了《关于全面开展城乡环境综合治理的决定》（川委发〔2009〕15 号），随后，按照以人为本、共享和谐，统筹安排、标本兼治，因地制宜、分类指导的原则，全面开展了三年的城乡环境综合治理行动。通过城乡环境综合治理，城乡污水与垃圾处理等基础设施建设进一步加快，常住人口在 1 万以上的县城，基本建立了污水处理设施和生活垃圾处理设施；着力解决绿地率和绿化覆盖率低的问题，一批城市成为国家级和省级园林城市；城乡卫生死角得到有效清理，城乡面貌焕然一新。城镇人居环境得到改善，城镇功能进一步完善，城镇化发展的物质载体得到有力强化。

## 三、加快推进新型城镇化发展

站在新的历史起点上，遵照党的十八大精神，四川省委适时确立了加快推进新型城镇化建设的战略，并出台了《关于2013年加快推进新型城镇化的意见》和重点工作实施方案（在本部分简称《意见》和《方案》），以及《进一步加快推进新型城镇化八条措施》，开启了四川省推进新型城镇化发展的新实践。

### （一）以人为核心的城镇化

四川省新型城镇化的精神就是人的城镇化。农业转移人口进城，首先需要就业岗位，《意见》提出的第一个工作重点就是做强产业促进就业，坚持把新增城镇就业岗位放在首位，推进产城一体、园城共融，不断增强城镇吸纳就业能力，并结合工业、建筑业和服务业的特点，分别提出了新增就业岗位25万、25万和100万的具体目标；当农民工有了就业岗位后，就需要有住房，《意见》要求加快保障性住房建设，四川省的农民工住房保障行动也顺势而生，2013年，全省首次在公共租赁住房中锁定了30%的房源定向提供给农民工；当农民工安居乐业后，必然要解决身份问题，享受与市民同等的公共服务权利，《意见》明确了户籍、社保、基本公共服务均等化等重要的改革目标。与此同时，城镇还要有足够的空间和承载能力为人的城镇化提供保障，因此，小城镇建设、旧城危旧房和棚户区改造、城市新区建设、城镇基础设施建设也成为《意见》和《方案》的重要组成部分。

### （二）适合省情的新型城镇化道路探索

四川省委十届三次全会提出要走一条形态适宜、产城融合、城乡一体、集约高效的新型城镇化道路。在这一思想指导下，四川省坚持以城市群为主体形态，支持有潜力的区域中心城市发展壮大，构建特大城市为核心、区域中心城市为支撑、中小城市和中心镇为骨干的现代城镇体系。首先，积极优化与城镇化相适应的生产力布局，推进大城市工业转型升级，提升中小城市产业承接能力和发展水平，攀西国家级战略资源创新开发试验区正式批复，自贡、乐山等高新技术产业开发区升级为国家级，绵阳科技城打造创新驱动和军民融合发展新城，产城融合使得新型城镇化发展具有强劲动力和旺盛生命力；其次，把城镇建设与新农村建设统筹考虑，加快推进巴山新居、彝家新寨、藏羌新居、半农半牧区新村建设，引导农民向农村新型社区适度集中[92]，促进基础设施和公共服务向农村延伸，通过城镇化发展促进城乡一体；最后，针对四川省人地矛盾突出的问题，规范推进城乡建设用地"增减挂钩"试点，用活用够国家在川土地管理改革试点政策，大力开展农村土地综合整治，积极推进城镇低效用地再开发、工矿废弃地复垦利用试点，努力拓展城镇建设用地空间，努力实现集约高效的城镇化。

## （三）解决新型城镇化发展的瓶颈问题

四川省在新型城镇化实践过程中，注重结合新型城镇化发展情况研究解决问题，2013 年 8 月，省委组织召开全省加快推进新型城镇化工作现场会，进一步解放思想、拓宽思路，加大新型城镇化推进力度。2013 年 9 月，省政府适时研究出台了《进一步加快推进新型城镇化八条措施》[93]，分别就信贷和投融资、多渠道筹资、小城镇发展、城镇基础设施建设和人才保障等新型城镇化发展的瓶颈问题提出具体解决措施。

### 1. 充分发挥信贷和投融资平台作用

鼓励支持金融机构创新构建适合新型城镇化发展的投融资机制和金融服务模式，采取多种方式组建多元化的新型城镇化专业投资公司。首次明确提出组建省级新型城镇化发展专业投融资平台，筹集资金支持旧城危旧房和棚户区改造、小城镇建设与城市新区建设。

### 2. 多渠道筹集旧城危旧房和棚户区改造资金

针对旧城危旧房和棚户区改造资金不足的问题，充分研究了政府、社会、企业和个人的关系，调动各方积极性。政府层面，通过积极争取中央财政支持，增加省级财政预算，调整市、县财政支出结构的方式，强化财政性资金保障；并明确提出市、县可以从城市维护建设税、城镇公用事业附加、城市基础设施配套费、土地出让收入、中央代发地方债券资金、国有资本经营预算等渠道中按规定安排危旧房和棚户区改造资金。社会层面，鼓励和引导民间资本可以通过直接投资、间接投资、参股、委托代建等多种方式参与危旧房和棚户区改造。企业和个人层面，鼓励企业出资参与危旧房和棚户区改造，并充分调动企业职工参与改造的积极性，合理承担安置住房建设资金。

### 3. 加快小城镇发展

为促进农业转移人口就近城镇化，四川省对小城镇建设投入、用地保障、产业发展和行政管理等方面做出重要部署。一是提出了连续 3 年的 100 个试点镇建设，省市县三级财政都安排专项资金，支持试点镇市政基础设施建设；二是明确了每年给省级试点镇单列建设用地指标；三是按照宜工则工、宜商则商、宜旅则旅的原则，因地制宜、依托资源、突出重点，发展小城镇的工业、旅游、商贸等特色产业；四是积极探索将建设管理、市场监管、公共服务、民生事业等县级管理权限下放试点镇，增强试点镇自我发展能力。

### 4. 城镇基础设施建设和人才保障

针对城镇基础设施欠账多的问题，四川省明确要求各地要抓住国家经济政策预调微调、加大对地下管网等城镇基础设施建设投入的机遇，积极推进城镇基础设施建设，增强城镇综合承载能力。面对基层规划建设管理人才匮乏的现状，提出了开展多层次的城镇规划、建设和管理培训；在省内高等院校、规划勘察设计和科研单位中选派一批专业技术人员到县及试点镇挂职，提供专业技术人才支撑；建立健全小城镇规划建设管理机构，配备专职管理人员，强化小城镇建设管理等三个方面的人才保障措施。

## 四、四川新型城镇化存在的问题

十余年来，四川省在推进城镇化发展方面取得了显著的成效，然而，不可避免地还存在着不少问题需要着力解决，归纳总结四川省在城镇化发展实践过程中存在的突出矛盾和问题，也是今后加快推进新型城镇化发展的"负面清单"。

### （一）城镇化质量不高

随着改革开放的不断深入和全面建设小康社会步伐的加快，四川省的小城镇建设步伐不断加快，城镇化水平与全国的差距逐年缩小。2006年四川省城镇化率为34.3%，比全国低10.0个百分点，到2014年四川省城镇化率上升为46.3%，仍比全国低8.5个百分点。此外，除总体水平不高以外，区域差异大也是一个特点。从21个市州城镇化率水平来看，2014年底，最高的成都市为70.4%，最低的甘孜州仅有26.9%，相差43.5个百分点。从区域分布来看，川南城市群城镇化发展水平接近，整体高于川东北城市群，少数民族地区较为滞后。

### （二）城市对农村剩余劳动力的吸纳力不强

区域性中心城市发展不足，辐射效应不明显。四川具有规模集聚效益的大中城市数量偏少，仅有4个超过百万人口的城市，目前仍有多个中等城市承担着区域中心或副中心城市的职能，中等城市数量少、规模小，呈"小马拉大车"的局面，难以真正起到区域中心作用。

县城的聚集作用大于辐射作用，不足以带动腹地乡村地区的社会经济发展。四川省多数县城的城镇人口规模在 3～10 万人，小城镇的数量偏多、规模偏小，人口和产业的聚集能力较弱。许多小城镇发展动力不足，基础设施建设滞后，难以形成较为完善的城镇供水、排污、供电等基础设施和商业、科技、教育等社会化服务体系，更难以服务于周边农村。

小城镇建设发展薄弱，对人口和经济聚集效应不强。目前小城镇产业特色不够，对非农产业的承载、集聚力不强，对农村剩余劳动力的吸纳有限。小城镇在建设、运行、维护等方面资金政策资源等投入不足，城镇的功能仍需健全。

## （三）城镇基础设施不完善，综合承载力不强

基础设施供应能力不足，投资力度有待进一步加大。水资源的短缺、水源污染、节水措施不落实等仍然是大多数城市供水紧张的重要因素；城市交通拥堵特别是大城市拥堵问题还未得到有效解决，公交优先政策还需进一步落到实处，公交线网规划不完善；城市道路网密度低，结构不合理；大运量公交系统建设滞后，交通结构失衡，交通拥堵加剧；因地方配套资金到位率低和资金投入不足等，城市垃圾无害化处理、城市污水处理设施建设进展缓慢，设施不足，处理率低。

基础设施供应和服务质量不高。城市供水水质标准偏低；公共交通行业的发展主要是体现在车辆的增长，而乘车环境、车况、服务质量、换乘条件还需要较大的改善；城市道路占用严重，利用效率较低；燃气安全事故时有发生；城市垃圾处理达不到规定标准，而且由于资金不足等，一些已建成的垃圾处理、污水处理设施又难以保证正常运行，不能充分发挥作用。

## （四）城镇建设缺乏特色

大多数城镇定位不清、在自然和人文资源保护上的意识不强，对于传统文化和城市风貌没有很好的挖掘，缺乏应有的特色。特别是城镇的老镇区由于缺乏规划和保护，片面强调经济发展，历史建筑和历史文化街区保护不够，造成地区文脉断裂。

设市城市特别是大、中城市旧城区普遍密度过大，容积率过高，居住环境质量不高。全省部分地方尚存在城镇污染源的治理工作不力，城市生活污水处理率、垃圾无害化处理率较低的情况。

## （五）新型城镇化发展体制机制有待进一步健全

户籍和资金是制约四川城镇化发展的瓶颈。传统的户籍制度把户口和社会保

障、医疗、子女教育、社会福利、社会地位等直接挂钩，形成了进城农民与原有市民的不公平身份和不平等待遇，在保障制度上的差异导致很多农村剩余劳动力不愿进入城镇生活，严重地制约着农村劳动力的转移和小城镇的发展。地方政府虽有努力，但受经济、人口素质等多方面因素影响，小城镇在就业、养老、医疗、教育等社会保障上还无法与大城市相比，保障制度改革落后，制度实施无法有效跟进，政府投入的保障资金不足。很多小城镇的户籍制度还基本维持原状，这些都严重影响和制约着小城镇保障体系的建设完善，保障制度的不健全减弱了小城镇对农村剩余劳动力的吸引力，也制约着城镇的长期发展。2014年，四川省建制镇参加农村新型合作医疗人数为3977.8万人，同比增长0.5%，占乡镇总人口的比重为80.3%；参加农村社会养老保险的人数为1832.0万人，享受农村居民最低生活保障的人数为211.7万人[94]。

# 第二节　其他地区新型城镇化实践

2007年10月，党的十七大提出走中国特色城镇化道路之后，全国各地开展了新型城镇化的实践，江西省、河南省和重庆市的城镇化进程与四川具有相似性，归纳总结这些地区的推进新型城镇化特点，可以为四川省推进新型城镇化发展提供参考和借鉴。

## 一、江西省新型城镇化实践

江西省是国内推进新型城镇化发展较早的省份之一，采取了先搭班子，后出台并适时调整完善政策的方式，不断推进新型城镇化发展。

### （一）成立领导小组并出台意见

2010年，江西省人民政府决定成立江西省推进新型城镇化工作领导小组，由省长任组长，出台了《中共江西省委江西省人民政府关于加快推进新型城镇化的若干意见》，主要从以下几方面推进城镇化建设：优化城镇空间布局，构建集约发展的城镇体系；科学编制城镇规划，强化规划实施监管；发挥生态优势，建设资源节约、环境友好型城镇；完善城镇基础设施，提高城镇承载力和带动力；加快发展特色支柱产业，壮大城镇经济实力；以示范镇为重点加快小城镇建设，推进城乡一体化；科学经营和管理城镇，促进城镇和谐发展；形成有利于新型城镇化又好又快发展的政策机制。

## （二）借力户籍改革加快城镇化进程

在推进城镇化进程中，为促进人口合理有序流动，江西省结合国家户籍管理制度改革工作，适时出台了《关于深化户籍管理制度改革加快城镇化进程的意见》。该《意见》本着统筹兼顾，服务大局，遵循规律，有序推进，因地制宜，创新管理的基本原则，在设区市市辖区，县级市市区、县人民政府驻地镇及其他建制镇范围内实施户籍管理制度改革。放宽县（市）、小城镇落户条件，放宽设区市市辖区落户条件；研究制定与户籍管理制度改革相适应的配套政策和措施，加快推进城镇化发展。

## （三）完善政策进一步加速城镇化进程

为了全面落实中国共产党江西省第十三次代表大会提出的坚定不移实施加速城镇化发展战略的总体要求，进一步加速城镇化进程，提升城镇化发展质量和水平，江西省人民政府出台了《关于进一步推进城镇化发展的实施意见》，与之前出台的《中共江西省委江西省人民政府关于加快推进新型城镇化的若干意见》相比，该《实施意见》更加强调构建产业支撑体系、农村人口转移、统筹城乡、土地制度改革和创新投融资体制机制。2012 年，江西省城镇化率达到 47.5%，高出预定的城镇化率目标 1.5 个百分点，实践证明了江西省推进新型城镇化发展是符合本省实际的。

## 二、河南省新型城镇化实践

2007 年 10 月，河南省政府召开全省城市发展与管理工作会议，首次提出要走新型城镇化道路，走符合河南实际的新型城镇化道路。此后，随着新型城镇化建设理论与实践的不断探索，全省上下不断加深对新型城镇化的认识，关于推进新型城镇化建设的思路逐步明确，以新型城镇化引领"三化"协调发展已形成共识。在党的十八大、十八届三中全会精神和中央城镇化工作会议的指导下，本着科学有序、积极稳妥的思路推动新型城镇化发展，河南省出台了《中共河南省委关于科学推进新型城镇化的指导意见》，开启了河南省推进新型城镇化的新起点。

## （一）优化布局协调发展

河南省按照"抓两头、促中间"的思路，着力提高中心城市辐射带动能力，增强县级城市集聚产业和人口的能力，有重点地发展中心城镇，推动大中小城市和小城镇协调发展。同时，更加注重新型城镇化提质提效，强化城市组团总体规划，加快中心城区与城市组团间快速通道规划建设，把县城、县级市作为农业转移人口落户的重点，加强基础设施和公共服务体系建设，支持中心镇分别发展成为现代中小城市、特色名镇和农村区域综合服务中心，形成大中小城市与中心镇协调共进、科学合理的新型城镇化格局。

### （二）联动推进中原经济群发展，引领区域经济增长

河南省紧紧抓住中原城市群纳入《国家新型城镇化规划》中西部三大城市群之一的重大机遇，以郑州为中心，洛阳为副中心，开封、新乡、焦作、许昌、平顶山、漯河、济源等地区性城市为节点构成紧密联系圈，规划多条城际铁路线，以交通枢纽带动大物流、以大物流带动大产业、以大产业带动城市群，使之成为推动国土空间均衡开发、引领区域经济发展的重要增长极。

### （三）充分发挥规划引导作用，城镇化建设赢在起点

河南省在推进城镇化进程中，充分发挥规划的引导和调控作用，把以人为本、尊重自然、传承历史、绿色低碳理念融入城市规划全过程，科学确立城市功能定位和形态。例如，郑州新区引入生态城市、环形城市、共生城市、新陈代谢城市、地域文化城市等先进理念，极大地提升了郑州的形象和地位。而作为我国首个航空港经济发展先行区，郑州航空港经济综合实验区的概念性总体规划暨重点地区城市设计方案也邀请了来自世界各地的多家知名规划编制机构参加，用领先世界的思想、方式来建设郑州航空港区。

## 第三节　四川新型城镇化与城乡统筹

新型城镇化本身就包含了城乡统筹的内容，实现城乡统筹发展是新型城镇化建设的重要目标之一。四川在推进新型城镇化建设的不同阶段，从产业支撑和扩大就业能力着手，以小城镇建设为抓手，推进农业转移人口市民化，实现了新型城镇化下的城乡统筹深化。

### 一、新型城镇化与城乡统筹的关联关系

城市和农村是对立统一的综合体，城市的发展和农村的发展在不同历史时期表现出不同的特点。新中国成立以来，城市发展和农村发展的相互关系不断发展演变。

在新中国建立初期，为了实现国家的现代化，建立比较完备的产业体系，我国采用的是通过农业剩余支撑工业发展，通过农村贡献确保城市供应的牺牲农村发展城市阶段。在这一阶段，城市发展越快，农业剩余和农村贡献就越大，造成了较大的城乡差别。进入工业化中期以后，我国城镇化进入加速阶段，但是各地在城镇化的过程中出现了"房地产城镇化"的特征，城市面积扩大了，城市建筑增多了，但是城乡区别仍然泾渭分明，以制度形式固化的城乡差别阻碍了农村剩余劳动向城市的转移和城市资源向农村的流动，城乡分治的格局并没有明显变化。由于传统城镇化道路存在诸多弊端，所以我国开始探索走以人为本、四化同步、优化布局、生态文明、文化传承的中国特色新型城镇化道路。在新型城镇化过程中，城乡关系有了良性互动，形成了城乡统筹的新格局，新型城镇化促进和强化了城乡统筹过程。

## （一）城乡统筹是新型城镇化建设的重要内容

与传统城镇化道路不同，我国的新型城镇化是统筹城乡的城镇化，实现城乡一体化发展不再是城镇化过程的逻辑推论，而是国家以规划形式确立的推进城镇化的重要内容。《国家新型城镇化规划（2014－2020年）》[95]中，把推动城乡发展一体化独立成篇，文字内容占了整个规划的八分之一强，使城乡统筹成为新兴城镇化建设的六大部分之一。在当前阶段，站在新型城镇化的角度推进城乡统筹，主要是构建城乡一体的要素市场，实现城乡规划、城乡基础设施和公共服务一体化，加快农业现代化进程，以城镇化为契机推进社会主义新农村建设。

## （二）人的城镇化是新型城镇化的关键所在

城乡统筹是通过统筹城乡发展，使城乡居民享有平等的权利、均等化的公共服务、同质化的生活条件，同步实现全面小康，使农村居民、进城务工人员及其家属与城市居民一样。因此城乡统筹的对象应该包括两个层面，一个是统筹在农村工作和生活的居民，使之与城镇居民享有相同的公共服务，另一个是统筹在城市工作和生活的农业转移人口，使之与所在地城镇居民享有相同的公共服务。新型城镇化是以"人的城镇化"为核心的城镇化路径，促进农业转移人口市民化是新型城镇化的核心任务之一。从目前新型城镇化的实践来看，深化体制机制改革，加快户籍人口城镇化速度，使已经在城镇工作和生活的农业转移人口与城镇居民享有同等权利、履行同等义务已经成为一种规律和趋势。农村转移人口能够在城镇安居乐业是新型城镇化下的新常态。这改变了传统城乡关系导致的城乡人口割裂关系，建立了农村和城市之间人口正常流通机制，实现了统筹在城市工作和生活的农业转移人口的重要目标，是城乡统筹的重要手段。

### （三）小城镇建设是新型城镇化的重要支撑

小城镇建设是城乡统筹的重要支点，也是新型城镇化的重要支撑。在新型城镇化过程中，通过加快小城镇体系建设，可以实现更高水平和更广区域的城乡统筹。城乡统筹具有明显的区域性，因此不同地区的城乡统筹水平具有差异性。发达地区的城乡统筹水平和欠发达地区的水平之间存在差异，大城市周边区域的城乡统筹水平和偏远地区的水平存在差异，甚至山区和平原的城乡统筹水平之间也存在差异。一个区域的城乡统筹水平往往是向该区域中心点极的公共服务水平看齐的，而在远离大城市的广大农村区域，城乡统筹水平一般是和所在区域的县城与城镇公共服务水平看齐的。通过小城镇的建设让便捷的生活设施和公共服务体系深入乡村，而不是单纯地改变乡村传统面貌来有效提高城乡统筹的深度和广度。小城镇建设是新型城镇化的重要支撑，提升县城和重点镇基础设施水平，县城和重点镇建立规范的市政设施和公共服务设施体系，构筑多点多极支撑的、协调的大中小城镇体系是有利于实现城乡统筹的。

## 二、四川新型城镇化与城乡统筹

四川的新型城镇化与城乡统筹互动发展大致可以分为三个阶段，第一阶段是2010～2013年，这一阶段是强调通过新型工业化和新型城镇化互动推进城乡统筹；第二阶段是2013年以后，这一阶段主要强调通过加快小城镇建设推进城乡统筹；第三阶段是推动以人的城镇化为核心的城乡统筹阶段。

### （一）通过小城镇建设推进城乡统筹

四川省出台了一系列政策加快重点小城镇发展，从2013年开始，连续3年，每年启动100个省级试点镇建设，加大小城镇建设投入。通过盘活存量土地、增减挂钩、土地综合整治、集体建设用地流转、工矿废弃地复垦整理、城镇低效用地再开发等土地政策，保障小城镇建设用地。按照宜工则工、宜商则商、宜旅则旅的原则，因地制宜、依托资源、突出重点，发展特色小城镇。积极推进小城镇行政管理体制机制创新，加快推进小城镇政府职能转变，进一步理顺县镇间的职责关系，优化机构编制资源配置，强化小城镇经济发展、社会管理和公共服务等职能。积极推进城镇市政基础设施建设，加快小城镇道路桥梁、供水供气、电力电讯、污水和垃圾处理、园林绿化等城镇基础设施建设。2013年以来，泸州、阆中、成都、绵阳和眉山先后成为国家新型城镇化综合试点地区。

## （二）推进农业转移人口市民化

全面放开除成都市以外的其他城镇的落户限制，清理并废除不利于农业转移人口落户的限制条件，促进农业转移人口落户城镇，享受城镇居民同等权益。将农业转移人口随迁子女义务教育纳入教育发展规划和财政保障范畴，公办义务教育学校应对农业转移人口随迁子女普遍开放，将农业转移人口及其随迁家属纳入社区卫生服务体系。完善社会保险关系转移接续办法，将农业转移人口参加的医疗保险和养老保险规范接入城镇社保体系。实行城乡统一的就业失业登记制度，将符合条件的农村劳动者全部纳入就业失业登记范围，按规定平等享受职业介绍、职业培训等公共就业服务[96]。

## （三）从城乡统筹到推动城乡发展一体化

在新型城镇化过程中，城乡统筹发展成为一项重要内容。四川省积极探索建设城乡统一要素市场，着重推进城乡统一的人力资源市场、城乡用地市场和农村金融市场建设。统筹城乡基础设施建设，推动基础设施向农村延伸，强化城乡基础设施连接，推动水电路气和信息通信等基础设施城乡联网、共建共享。加快公共服务向农村覆盖，以"6+1"村级公共服务中心①建设为载体，加快形成政府主导、覆盖城乡、可持续的基本公共服务体系，推进城乡基本公共服务均等化。"十二五"期间，三次产业结构从 14.4∶50.5∶35.1 调整为 12.2∶47.5∶40.3；城乡居民收入比从 2.8∶1 缩小为 2.6∶1；城镇化率从 40.2%提高到 47.7%，城乡统筹发展成效显著。

---

① "6+1"村级公共服务中心是指将便民服务中心、综治维稳中心、医疗卫生中心、农民培训中心、农家购物中心、文化体育中心和村两委集中在一起的综合项目。

# 第十三章  四川城乡统筹的探索与实践

统筹城乡是四川经济社会发展新阶段的新趋势、新矛盾、新挑战、新机遇。党的十六大以来，全国各地对城乡统筹进行了丰富的探索，本章在总结四川省及其他典型省市城乡统筹实践经验的基础上，深入分析四川推进城乡统筹实践的经验和面临的主要问题。

## 第一节  四川城乡统筹的实践经验

统筹城乡是四川在党中央、国务院的领导下，重点推进实施的一项综合配套改革。2007 年，四川省以国家批准成都市设立全国统筹城乡综合配套改革试验区为契机，在全省开展统筹城乡综合配套改革梯度试点。这项工作得到了省委、省政府高度重视，特别是省委十届三次全会以来，工作推进力度进一步加大。全省上下按照省委、省政府的部署要求，大力推进统筹城乡发展工作，取得初步成效。

### 一、全省统筹城乡的丰富实践

在统筹城乡过程中，四川通过多措并举推动户籍制度改革，深入推进农村产权制度改革和不断完善城乡社会保障制度等实践，探索出一条西部地区统筹城乡的有效路径。

### （一）多措并举推动户籍制度改革

#### 1. 分类引导农业转移人口有序向城镇转移

2003 年以来，四川省打破以"农业人口"和"非农业人口"为身份标志的户口登记模式，取消"农业户口"和"非农业户口"划分，统一登记为"居民户口"。2008 年底，基本完成了全省户籍人口登记为"居民户口"的工作。同时，进一步取消原农业户口需经"农转非"才能迁入城镇的规定，规定只要符合条件，无论原户口是什么性质，均可直接办理迁入城镇落户手续，户口迁移和投靠限制逐步放宽。2009 年，按照加快推进城乡一体化发展的要求，制定《统筹城乡协调发展推进户籍制度改革的实施意见》，对全省 21 个市州分三类推进户籍制度改革：对特大型城市成都,结合全国统筹城乡综合配套改革试验区建设,支持其按照"剥离待遇、自由迁徙"的思路,推进全域成都城乡户籍自由迁移和城乡基本公共服务均等化;对自贡、德阳、广元三个省级统筹城乡综合配套改革试点城市,开展统筹城乡户籍制度改革试点;对全省其他地区,全面取消县级城市、小城镇户籍限制,鼓励符合条件的农业转移人口进城落户。2013 年 5 月,结合推进新型城镇化进程,制定出台《关于服务新型城镇化建设改进户政管理工作实施意见》,全面启动新一轮户籍制度改革:除成都市外,全面放开全省大中小城市、小城镇落户限制条件,吸引和鼓励农业转移人口落户城镇;将已脱离农业生产的农村居民、失地农村居民和农村集中居住点居民作为重点群体,率先推动转户,带动其他农业转移人口进城落户[97]。

### 2. 逐步推行居住证制度

全省将在总结成都市居住证制度经验的基础上,加快在省内其他市州全面推行流动人口居住证制度,推动建立健全户籍与居住证相互补充、有效衔接的实有人口管理制度,切实保障办理了居住证的群众在就业、医疗、社保、住房、计生、子女就学等方面与本地户籍居民享受同等待遇,吸引流动人口主动登记办证并融入城镇[98]。

### 3. 设立公共户口簿和放宽集体户口入户

2012 年,四川省在各地的人才交流中心、派出所或乡镇推行"公共户口簿"制度,进一步放宽落户政策,对符合落户条件的大中专毕业生、专业技术人员和因房屋拆迁、离婚等暂无住房的群众,经本人提出申请,可在公共户口簿落户。

## (二)深入推进农村产权制度改革

### 1. 保障和完善农民财产权利

在全省范围内推进农村产权制度改革,进一步明晰农村土地、房屋等财产权利归属,建立完善产权保护机制,促进解决农业转移人口进城的后顾之忧。2013 年上半年,全省已基本完成农村集体土地所有权、宅基地使用权、集体建设用地使用权的确权颁证工作。112 个县开展了农村土地承包经营权确权登记工作试点。其中,成都市已全面完成各项农村产权的实测确权,并设立成都农村产权交易所,建成了全市联网的农村产权交易服务体系。内江、南充、巴中等市也建立了部分县级及乡镇农村产权交易平台,促进了各类农村产权规范有序流转、农民财产权利依法实现。

### 2. 探索允许农民带着财产权利进城

成都市规定，农民进城落户不以放弃农村宅基地使用权、土地承包经营权、林地承包经营权等原有利益为代价，农民的各项权益不因居住地的迁徙、职业的改变而受到侵害。巴中市规定，凡市域范围内农村居民转为城镇居民的，其在农村的各项财产权利得以继续保留。

## （三）不断完善城乡社会保障制度

### 1. 城乡养老保险制度进一步健全

截至 2013 年 11 月底，全省新农保和城居保参保人数达 2967.58 万人，完成年度省政府民生工程目标任务 2670 万人的 111.15%，参保缴费人数达到 1395.32 万人，完成年度省政府民生工程目标任务 1260 万人的 110.74%。职工养老保险制度也取得新进展。相继出台养老保险关系转移接续办法和职保、居保间转移接续办法，切实维护了灵活就业人员、外地务工人员和居保参加人员的养老保险权益，进一步提高了制度灵活性。明确将机关编外工勤人员全部纳入企业职工基本养老保险，明确了在职参保人员丧葬费、抚恤金支付标准。

### 2. 城乡医疗保险制度更加完善

截至 2013 年 10 月底，全省城镇基本医疗保险参保人数达到 2463.6 万人，覆盖率达到 97%，其中，城镇职工参保人数达到 1278.7 万人。城镇居民参保人数达到 1184.9 万人，达到非农业人口（2512 万人）的 97% 以上。新农合保障群众受益进一步提高。全省新农合参合人数 6243.83 万人，参合率 99.23%，创历史新高，新农合预计全年受益人次达到 1.4 亿人次。不断提升医疗保险待遇，全省职工医保、城镇居民医保最高支付限额分别达到 19.3 万元和 11.3 万元，新型农村合作医疗保险最高支付限额调整到 10 万元以上。积极推进医疗保险城乡统筹，成都、泸州等 6 个市（州）和南充顺庆区等 4 个区（县）已实现居民基本医疗保险城乡统筹，由人社部门统一管理。初步探索出建立统一的城乡居民基本医疗保险制度的指导思想、目标和路径。2014 年，全省由人社部门直接管理的参保人数 3579 万，占城乡医保参保总数的 40% 以上。完善失业、工伤保险制度。出台农民工失业保险相关政策，在全省范围内统一农民工与城镇职工失业保险参保缴费和待遇享受办法。2013 年重点抓了以事业单位为重点的工伤保险扩面征缴工作，对 5.4 万名工伤人员调整了工伤保险相关待遇，从省本级调剂金中向四个统筹地区调剂了 4366 万元。

3. 社会救助制度更加健全

2013 年底，全省城乡低保标准平均值分别达到 320 元/月、160 元/月，较上年分别增长 20 元、19 元。成都、德阳、广元、眉山、南充、宜宾、雅安、内江、资阳筹市州调高了城乡低保标准。全省实现了以市州统一制定区域性低保标准。2013 年，符合条件困难群众政策范围内住院自负费用救助比例城市达到 63.7%、农村达到 62.5%，全省 92.3%的县市区建立了医疗救助"一站式"服务机制。困难群众临时生活救助制度方面，省财政从 2010 年起，每年安排 2000 万临时生活救助资金用于开展城乡困难群众临时救助。四年来，全省共救助临时生活困难家庭 48.3 万户，累计支出救助资金 1.9 亿元。稳步推进农民工住房保障，把农民工住房困难问题纳入城镇住房保障体系统筹解决，建立了农民工住房保障制度，开展"农民工住房保障行动"，2013 年，全省 7.16 万套（间）公共租赁住房中有 3.2 万套（间）房源用于农民工住房保障，占可供房源总量的 44.7%。

## 二、成都市城乡统筹的实践经验

成都市从 2003 年开始，把城乡一体化正式作为全市的重大战略部署全面推进，揭开了统筹城乡发展序幕。2007 年 6 月，国务院批准确立成都为全国统筹城乡综合配套改革试验区，为成都加快统筹城乡发展提供了重大的历史机遇。近年来，成都市先行先试、积极推进，在城乡统筹的实践过程中进行了不少有益的探索。

### （一）设立耕地保护基金

2008 年，成都在全国率先建立耕地保护基金制度，成为全国第一个对农民保护耕地给予经济补贴的城市。耕地保护基金由市、县两级根据"统一政策，分级筹集"的原则，各按 50%的比例共同筹集，主要来源包括每年市、县两级新增建设用地土地有偿使用费，每年市、县两级土地出让收入的一定比例资金，耕占税返地方政府部分，特殊情况下，若有不足，则由政府财政兜底。耕地保护基金由市、县两级各按 50%的比例共同筹集，主要由市县两级政府的部分土地出让收益、新增建设用地土地有偿使用费和耕地占用税构成，不足部分由市县两级财政兜底[99]。然后，根据全市耕地质量和综合生产能力，对耕地（包括水田、旱地、菜地及可调整园地等）按基本农田和一般耕地实行类别保护与补贴。其中，对基本农田的补贴标准为 400 元/（亩·年），对一般耕地的补贴标准为 300 元/（亩·年）。这实际上建立了一个"发达地区支援落后地区、城市反哺农村"的分享机制，促进了城市化带来的高额土地收益在城乡之间和不同区（市）县之间的统筹使用，使城市收益向农村转移。

## （二）开展农村土地、房屋确权颁证

对农村土地进行分类梳理，找到土地现状和政策之间的平衡点，提出切实可行的确权办法，依次确认各种农村财产的产权。例如，对农用地，先确立法律已明确表达的承包地的农户经营权，在承包地确权完成后，再按照"应确尽确"的原则，推进自留地、未利用地等其他农用地的确权工作。在集体建设用地方面，首先从历史遗留问题较少的宅基地的确权开始，先易后难，逐步推进。对于农村宅基地面积普遍超标的现实，本着"尊重历史、面对现实"的原则，提出凡持有以前颁发的宅基地证件或其他相关证明的，以证件上确立的面积为农户的宅基地面积；其他各种情况，则以年度变更的农村居民点台账面积为总控制，把超标面积的房屋、附属设施、独用院坝等占地，明确为"其他集体建设用地"，经农村基层自治组织协商后，再确权给实际占用的农户或集体经济组织[100]。

## （三）建立农村产权交易市场

建立耕地、林地与集体经营性建设用地使用权的流转机制方面的关键是建立农村产权交易市场，促进生产要素在城乡之间的有序流转和优化配置，逐步实现集体土地和国有土地"同地同权"。根据具体情况，成都探索了多种集体建设用地入市模式。一是联建受灾农村房屋模式。2008 年汶川地震后，成都及时出台政策，允许地震重灾区农户和集体经济组织利用确权后的集体建设用地，通过市场机制吸引社会资金按规划联建受灾农村房屋，该政策出台后一年多，成都重灾区利用联建政策引入的社会资金就达数十亿元。二是县级农村土地房屋登记交易中心公开挂牌出让模式。2008 年锦江区第一次在农村土地房屋登记交易中心公开挂牌出让了两宗集体建设用地，这两宗集体建设用地被确定为使用期 40 年的商业用地，最终以每亩 80 万元、总金额 1857 万元的出让价成交。这是我国 1987 年法律允许国有土地使用权公开拍卖以来，首次公开拍卖集体经营性建设用地使用权。三是通过统一的农村产权交易平台流转。为了保障集体建设用地在更大范围内规范流转，成都市搭建了统一的农村产权交易平台。2008 年 10 月，成都成立全国首家农村产权综合性市场平台。随后，2010 年 7 月，由成都市国土资源局、市房管局、市林业园林局、市农委下属机构分别按一定比例出资，按有限责任公司法律架构设立的成都农村产权交易所正式注册成立，并形成覆盖市、县、乡三级的农村产权交易平台，5 年实现交易总额 379 亿元，2013 年上半年交易额超过 40 亿元。确权流转初见成效。

## （四）开展"拆院并院"试点

2005 年 5 月，成都市郫县选定唐元镇长林村作为"拆院并院"工作试点，涉及人口 411 户 1434 人，辖区面积 2294.4 亩。在项目实施之前，人均建设用地面积为 255 平方米，建设用地占全村土地总面积的 24%。整理后，该村的人均建设用地面积减少到 79.4 平方米，净增加的 263 亩耕地用于城镇建新区的犀浦镇、友爱镇工商业发展建设。通过全村统一规划，共新建了 3 个集中聚居点。79.4% 的农户选择统建房，20.6% 的农户选择自建房。统建成本 405 元/平方米，其中 300 元/平方米由农户从拆房补贴（30～240 元/平方米）中抵扣，不足部分由农户自筹，超出 300 元/平方米部分由政府补贴，每户农民建房过程中，还要平均自筹 5600 元左右，由当地银行负责用小额贷款支持。整个项目农村拆旧区花费 5500 万元，以其提供的建设用地指标来算，合每亩 20 万元，包括旧房拆除补贴、集中居住配套设施建设、水工建筑整治、土地复垦。城镇建新区总计花费 8000 多万元，合每亩 40 万元，包括旧房拆除补贴、土地补偿费、安置补助费、青苗及地上附着物赔偿。城镇建新区的 263 亩耕地，在取得挂钩指标后，以每亩 420 万元的价格拍卖，总价款 11 亿元。土地拍卖总价款中上交中央财政 1.2 亿元税收，另交 25% 的土地出让金计 2.75 亿元，5% 的耕地保护基金 5500 万元，10% 的社保住房基金 1.1 亿元，以上税费总计约 5.6 亿元。拍卖总价款与总费用相差约 4 亿元。以净新增耕地面积来算，郫县唐元镇长林村共从城市土地增值收益中分享到亩均 20 万元的收入。相当于有 5% 的城市土地收益反哺给农村[99]。

## （五）推行居住证制度及公民信息管理系统建设

成都市自 2011 年起实行居住证制度，切实保障办理了居住证的群众在就业、医疗、社保、住房、计生、子女就学等方面与本地户籍居民享受同等待遇，吸引流动人口主动登记办证并融入城镇，进一步保障流动人口合法权益、促进基本公共服务覆盖城镇常住人口。同时，成都市深化全域成都城乡统一户籍制度改革，于 2011 年启动了公民信息管理系统建设，2013 年正式运行，归集入库数据 5157 万条。

## （六）开展农民养老保险改革实践

2007 年 10 月，金堂县率先在成都周边郊县（非五城区和高新区）推广农民养老保险，其中男年满 60 周岁，女年满 55 周岁及以上人员，参保只要一次性缴费 7920 元，就可在次月领取 90～130 元不等的养老金。根据规定，凡是户籍关系在该县的年满 18 周岁，有土地承包经营权且从事农业劳动的人员，皆可由本人或代理人持户口簿和身份证原件及复印件到所在地乡镇劳动保障所办理。办理时，分为超过从业年龄人员（简称一类人员）和从业年龄内人员（简称二类人员）两个标准。一类人员只要一次性缴纳 7920 元，就可从参保缴费的次月起按月领取养老金。二类人员缴费标准是个人每年以上一年四川省在岗职工平均工资的 30%为缴费基数，按缴费基数的 10%进行缴费，在个人缴费的同时，政府以个人缴费基数的 2%给予补贴。

# 第二节　其他省（市）城乡统筹的实践

自党的十六大以来，加快城镇化进程、统筹城乡经济社会发展一直被中央确定为今后一段时期的重要任务。各省（市）在统筹城乡发展改革过程中取得了很大成绩，有一些值得借鉴的成功案例。

## 一、天津市华明镇"宅基地换房"

"宅基地换房"这项改革的核心内容主要有两个方面：第一，农民以其自有的宅基地换城市商品房和基本服务设施。华明镇 12 个村的农民利用 3133 亩宅基地（户均 0.24 亩，约 160 平方米）置换了 129.8 万平方米的城市住宅（户均 98 平方米）。按平均楼层为四层的标准计算，建新区折合住宅建设用地 487 亩。加上道路、绿地、公建和配套设施等，共占地 3476 亩。第二，以集体建设用地换安置资金。华明镇 12 个村除宅基地外的农村公共建设用地（道路、学校、医院等）有 8938 亩，加上宅基地共 12071 亩。华明新镇规划用地面积为 8427 亩，除去农民住宅建设和服务设施用地 3476 亩，还余 4951 亩。其中 2905 亩为商业开发用地，2046 亩为其他用地。预计土地出让收益为 34 亿元，而复垦、还迁和配套建设成本为 33.5 亿元，资金大体平衡。通过"宅基地换房"，农民主要感受到的改善有如下几点：一是孩子的教育水平得到提高。村里的许多孩子在天津市市区内的中小学接受教育。二是生活质量得到了提高。居住环境得到改善，居民收入水平提高，产生了对高品质生活的追求。三是看病更方便。医疗设施条件得到改善，不用担心急病救治的问题。

## 二、浙江省嘉兴市的"两分两换"

所谓"两分两换"，就是将宅基地与承包地分开，将农民的搬迁安置与土地流转分开；以承包地换股份、换租金（以承包地做股，组成土地股份合作社经营土地）、换保障。以宅基地换钱、换房、换地方，推进集中居住，转换生活方式。以承包地换保障是指嘉兴市推出的一项全民社保制度，2007年，嘉兴市出台了城乡居民社会保险暂行办法。如果农民将承包地全部流转10年以上，则政府将按照城镇居民的社保标准给予补贴，农村居民按上年度纯收入的8%缴纳社保金，政府按照城镇居民上年度人均可支配收入5%进行补贴。不愿流转土地的农户仍可保留农地，可将土地入股，交由集体经济组织统一经营，由此获得股份收益。以宅基地换钱就是货币安置。对农户的宅基地和房产评估作价后一次性给予农户补偿，农户拿着补偿款自愿选择在城市购买商品房。以宅基地换房主要有两种方式，一种是换取城镇的公寓房，这些公寓房类似于经济适用房，农户在缴纳土地出让金后可以转让；另一种是以宅基地交换集体土地性质的联排房。以宅基地换地方所占的比例最高，这是一种在不改变土地性质的前提下由政府统一打造安置区的基础设施，然后采用引导的方式吸引农民在规划好的新区自行建房。值得一提的是，不论农户选择哪种交换方式，农户仍然拥有自己的承包地经营权，政府对承包地与宅基地的处理是分开的。截至2011年底，嘉兴市共有14个镇进行了"两分两换"的试点，总共融资27.7亿元，完成投资11亿元。通过"两分两换"节约出来的建设用地指标一部分留给本村壮大集体经济实力，一部分用于试点镇的工商业发展和基础设施建设。

## 三、重庆市开展"地票"交易

2008年12月成立了重庆市土地产权交易所，来自全市范围内的集体建设用地指标均可以自由交易，即"地票"交易，到2009年12月，共举办了6场"地票"拍卖会，拍出"地票"总额达8300亩，成交金额为7.38亿元。"地票"的起拍价，由首场的每亩4.3万元升至第六场的9.3万元，成交均价则由每亩8.04万元升至9.56万元。在"地票"交易中，进入重庆农村土地交易所的"地票"，全部由重庆市下属各区县土地整理中心提供。"地票"的购买方则包括重庆市各级国有土地储备机构、开发园区、国有企业和民营企业。重庆市在"地票"交易的过程中，明确"地票"的交易所得，在扣除了复垦费用后，绝大部分必须返还给土地的主人即农民及其集体。"地票"交易的意义在于，它在城乡建设用地增减挂钩的基础上，通过建设用地指标的公开拍卖，用土地市场机制吸引更多的社会资本参加村庄整理和新农村建设。它突破了"挂钩指标"生产、交易和分配的行政垄断与封闭。因为在"地票"交易制度下，包括农民家庭在内的所有拥有土地权属的主体，均可提出复垦立项申请，经批准后自行或与他方合作筹措资金、实施复垦项目、生产"建设用地指标"。在复垦项目完成并验收合格后，项目的投资主体就可以得到与净减少的农村建设用地面积相等面额的"地票"，并可以在重庆农村土地交易所通过"招拍挂"的方式公开出让。由此可以看出,重庆市政府不再直接控制"挂钩指标"的生产、交易和分配,而转变为确立"建设用地指标"的交易规则、监管指标的生产与交易的第三方管理者。

## 四、河南省新乡市农民产业转移

新乡市没有将大项目一味安置在城市核心区,而是促进制造产业向农村转移和集中。新乡市将农民自愿拆迁复垦后节约的土地更多地用于农村自身的产业发展,通过合理的产业布局,更好地满足了本地农民的就业和发展需求。一方面,新乡市依托产业集聚区向农村转移的势头,加快本地的工业化发展。新乡市依托城市、县城、集镇和原有产业基础,在全市规划了 28 个产业集聚区,引导产业向产业集聚区集中,带动农民就近转移就业。28 个产业集聚区辐射全市半数以上乡镇、三分之一的村庄。另一方面,通过建设农村新社区,推动城镇化发展。新乡市将全市 3571 个行政村,按照城镇社区标准规划为 1050 个行政村,每个社区人口规模为 3000~5000 人。最后是确保耕地不减少,转变农业发展方式,明确提出走不以牺牲农业和环境为代价的新型工业化、城镇化的路子,推进农业现代化发展。

## 五、湖北省武汉市探索农村产权交易新模式

武汉市为保障农村综合产权交易所高效、有序运行,探索出"交易—鉴证—抵押"的农村产权交易模式。农村集体资产的产权转让、出租、入股、抵押或其他方式流转交易,必须在武汉农村综合产权交易所进行。至 2013 年底,武汉土地、水域滩涂的承包经营权、集体经济组织"四荒地"的使用权等,均可在农交所流转交易,交易成功后,企业或经营者即可获得鉴证书,据此就可向银行融资贷款。此外,武汉市每年还拿出 200 万元,对融资的企业进行补贴。如果企业无法还款,则银行可以将其土地的经营权等抵押物,委托农交所继续在产权交易市场上转让,从而保证银行和农民的利益。农交所自 2009 年运行以来,共进行了农村产权交易 1470 宗,交易金额 89.6 亿元,流转土地 92.9 万亩,约占全市农用地的 1/6,抵押融资 9.7 亿元[101]。

# 第三节　四川城乡统筹实践中的主要问题

总体来看,四川省推进统筹城乡改革,面临的主要问题是工业化城镇化发展不足、以工促农以城带乡能力不强,因此打破城乡二元结构是一个长期的过程。具体来看,表现在如下五个方面。

## 一、农民的财产权利难以实现

（1）确权颁证配套政策不完善。对农村集体经济组织及其成员如何界定，新增成员的集体收益分配权益如何保障等问题，没有统一规定，各地操作方式不一，容易留下遗留问题。

（2）产权流转交易服务体系不健全。大多数地方都未建立农村产权交易平台和配套服务机制，农民的财产权利经确权后虽然有了"本本"，但变成"本钱"还很困难。

（3）确权颁证经费负担重。以土地承包经营权实测确权颁证为例，亩均成本约 40 元，平均一个县大约 1800 万元，再加上农村房屋产权等的确权，总的经费需要更多，均由地方财政负担，工作推进缓慢。

## 二、农村用地制度改革尚需政策配套

（1）被征地农民的保障机制尚不健全。法律规定的土地征收补偿标准偏低，对征地农民的多元保障还不完善，因农村集体土地征收引发的矛盾纠纷频发。

（2）城乡建设用地增减挂钩试点政策还需完善。增减挂钩的范围和指标规模还较小，且禁止跨县交易，影响土地级差收益。土地增值收益分配还不规范，土地增值收益必须及时全部返还农村的政策还没有落到实处。

（3）盘活农村集体建设用地的机制还不健全。鼓励进城农民有偿退出宅基地的政策缺失，农村集体建设用地闲置、使用效率低的现象较为突出[102]。

## 三、统筹城乡社会保障的难度还较大

（1）现有制度不统一、不衔接的矛盾比较突出。现行城镇职工、城乡居民、机关事业单位养老保险制度分立，影响到养老保险制度的公平性和关系的转移接续。大部分市（州）的城镇职工医保、城镇居民医保、新农合存在制度分设、管理分割、资源分散的格局，难以适应人口城乡之间的快速流动。

（2）整体保障水平偏低、差异大。2013 年全省城乡居民基础养老金标准每人每年只有 660 元，仅为 2012 年农村居民人均生活消费支出的 12.3%、城镇居民人均消费性支出的 4.4%。城乡居民养老保险和企业职工基本养老保险之间待遇差距大，这一全国性问题在四川省也比较突出。城乡医疗保障水平还有差距，城乡居民抗大病重病能力仍然不强。农民工养老保险参保率较低，中小微企业由于缴费负担重，存在未缴和断档现象。

（3）社会保险统筹层次不一。企业职工基本养老保险已经实现了省级统筹，失业保险、工伤保险在市级统筹基础上已开始建立省级调剂金制度，城镇居民医保、生育保险还处于市级统筹层面且不规范，新农合大部分地区还处于县级统筹层面。城镇职工医保在省内可转移，但各市州在缴费标准、年限认定上不统一。各险种统筹层次差异，造成经办管理服务特别是基金运行管理分散，社保基金存在结构性缺口。

## 四、农业转移人口市民化进展缓慢

（1）城镇户籍对农民的吸引力不强。由于城镇对进城农民缺乏长远生计保障，加之农民担心失去农村土地等诸多权益，对城市生活缺乏稳定预期，很多农民愿意在城镇生活但不愿转为城镇户口。

（2）农民市民化政府投入成本较高。据中国社会科学院测算，西部地区一个农民转移为县城居民，政府约需支付成本 10 万元。从四川情况来看，成都市的成本相对较高，其他市（州）稍低。据南充市初步测算，农民市民化涉及的社会保障补差、教育设施增加、公共服务配套、公租房建设和市政设施配套等，每人约需 6 万元。

## 五、农村金融服务体系建设仍需加强

（1）农村金融机构单一。由于涉农贷款的特殊性，国有商业银行"弃乡进城"倾向十分明显，涉农金融服务网点逐步萎缩。农村新型金融机构较少、实力较弱，支持农村新型金融机构发展的政策措施不足。

（2）农村融资市场发育缓慢。农村产权抵押融资缺乏配套政策，价值评估机构、资源收储和处置机构、风险防范机制缺失。农村征信体系还不完善。新型农村合作金融发展尚待破题。

上述五方面问题是四川省在推进城乡统筹过程中需要加以认真研究并逐条解决的，通过体制机制创新解决当前城乡统筹过程中的一系列问题是一条重要途径。

# 第十四章 "两化"互动、城乡统筹体制机制创新总体思路

在"两化"互动、城乡统筹发展中四川取得了很大成绩，但同时在实践中还存在很多问题和困难。根据党的十八大、十八届三中全会、十八届四中全会和十八届五中全会精神，通过全面深化改革和通过体制机制创新是有效推动"两化"互动、城乡统筹发展的必然选择。习近平在中共中央政治局第二十二次集体学习时指出，加快推进城乡发展一体化，是党的十八大提出的战略任务，也是落实"四个全面"战略布局的必然要求，成功的关键在于健全城乡发展一体化体制机制。

## 第一节 四川省推进"两化"互动、城乡统筹的制度演进

四川省把"两化"互动、城乡统筹确立为全省发展的战略是基于四川省情长期探索的结果。在推进"两化"互动、城乡统筹的过程中，四川省新型工业化、新型城镇化和"两化"互动城乡统筹的体制机制和政策措施经历了一个科学谋划、大胆探索、与时俱进、不断完善的过程。

### 一、推进新型工业化的制度演进

中央从党的十六大开始就提出要走新型工业化道路，从中央的统筹部署，到四川省的探索与创新既是一个由上至下一脉相承的过程，又是一个根据实际情况不断探索，持续创新的过程。

#### （一）党中央的思路和方针

党的十六大报告指出，坚持以信息化带动工业化，以工业化促进信息化，走出一条科技含量高、经济效益好、资源消耗低、环境污染少、人力资源优势得到充分发挥的新型工业化路子[103]。

党的十七大报告指出，要坚持走中国特色新兴工业化道路，坚持扩大国内需求特别是消费需求的方针，促进经济增长由主要依靠投资、出口拉动向依靠消费、

投资、出口协调拉动转变，由主要依靠第二产业带动向依靠第一、第二、第三产业协同带动转变，由主要依靠增加物质资源消耗向主要依靠科技进步、劳动者素质提高、管理创新转变[104]。

党的十八大报告强调指出，坚持走中国特色新型工业化、信息化、城镇化、农业现代化道路，推动信息化和工业化深度融合、工业化和城镇化良性互动、城镇化和农业现代化相互协调，促进工业化、信息化、城镇化、农业现代化同步发展[105]。

## （二）四川省的体制机制创新

近些年来，四川省全面贯彻落实中央一系列重大部署，在推进工业化、城镇化互动发展方面，进行了一系列的体制机制创新，制定实施了一系列相关的政策措施，为推动实现"两个跨越"和全面小康目标，发挥了积极作用，取得了明显的成效。

### 1. 构建了产业兴省工业强省的体制机制

党的十六大以来，特别是省委九届四次全会以来，面对"人口多、底子薄、不平衡、欠发达"的最大省情以及发展不足、发展水平不高的突出问题，四川省提出产业兴省工业强省战略，坚持"一主、三化、三加强"路径，编制出台了《四川省"十二五"工业发展规划》，配套制定了 29 个专项规划，研究出台了《关于推进大企业大集团加快发展的意见》《关于进一步支持中小企业加快发展的意见》《关于促进台资企业加快发展的若干政策意见》《关于加强自主创新促进科技成果转化的意见》《关于印发鼓励和支持民营经济又好又快发展若干政策措施的通知》等若干政策措施。这些政策措施的落实和推进有效支撑全省 GDP 跨上 2 万亿元台阶、进入全国经济大省行列，为四川省由农业大省向工业大省迈进营造了良好的政策环境，同时为四川省今后的产业转型发展、区域经济次级突破和底部县域经济发展壮大构建了比较坚实的体制机制基础。

### 2. 构建了推进产业结构调整升级的体制机制

产业结构调整优化是经济发展的一项长期性重要任务。在后金融危机时代、世界产业体系加速重构的大趋势下，发挥比较优势，强化经济特色，构建现代产业体系，成为提升区域经济竞争力的有效途径。四川省始终坚持把转变发展方式、调整优化结构作为贯穿始终的主线，坚持走新型工业化道路，一是重点发展优势支柱产业，大力培育发展战略性新兴产业。制定出台《四川省"十二五"战略性新兴产业发展规划》，设立 20 亿战略性新兴产业发展专项资金，着力实施"611"计划，加快促进战略性新兴产品的规模化发展；出台了《四川省人民政府关于加快发展服务业的若干意见》，并设立生产性服务业发展专项资金，鼓励现代服务业发展；出台一系列政策措施鼓励发展电子信息、装备制造、能源开发、油气化工、钒钛钢铁、饮料食品、现代中药等七大优势产业。二是构建和完善了强化要素保障的体制机制。强化工业用地保障，通过扩大城乡建设用地双挂钩试点、淘汰落后产能腾空土地、清理园区闲置土地等方式，确保重大产业项目用地需求；降低工业用能成本，实施三州留存电量政策，坚持留存比例（20%）基础上增加绝对量的原则，将范围扩大至乌蒙山区和秦巴山区，实施并扩大鼓励丰水期弃水电量消纳政策，争取并扩大实施直购电政策，加大电煤、天然气、石油等资源开发地优惠。通过这些体制创新推动四川省工业转型升级，促进一二三产业健康协调发展，逐步形成以现代农业为基础、工业为主导、战略性新兴产业为先导、基础产业为支撑，服务业全面发展的现代产业新体系，全面提升产业发展层次和水平，增强产业发展竞争力。

但是，从实施效果来看，四川省支持传统工业转型升级的淘汰机制还不完善。加快传统工业转型升级是四川省新型工业化的必由之路，当前四川省需要加快对传统产业进行淘汰和转型升级，积极扶持培育战略性新兴产业，壮大支柱产业发展规模，但一些地方在推动绿色低碳发展方面采取的政策措施还不够健全，实施力度还不够，个别县域甚至还在为了所谓的 GDP 增长目标，不惜耗费环境和资源，继续走高污染、高消耗的传统工业化道路，在水泥、铁合金、平板玻璃等行业本应该淘汰的落后产能或者生产工艺还在继续，有的地方在培育战略性新兴产业方面，停留在低层次盲目招商，引进的产业项目还未建成就面临落后或者市场前景不佳的局面，这些最根本的原因还在于我们相应的产业发展淘汰机制不到位，市场机制没有得到充分发挥。

### 3. 构建了提升工业可持续发展能力的体制机制

一是优化产业布局，促进产业集中集群集约发展。先后实施"1525 工程""1525 倍增工程""51025 工程"，培育重点产业园区，并设立产业园区产业发展引导资金，引导并鼓励产业园区的集中集群集约发展。二是强化节能减排、化解过剩产能工作。成立节能减排工作领导小组，并出台了《四川省"十二五"节能减排综合性工作方案》；针对"高端不足、低端过剩"的矛盾，出台《关于化解产能过剩矛盾促进产业结构调整的实施意见》，同时，省财政设立了淘汰落后产能专项资金，加强政府激励，支持淘汰落后产能企业职工安置、企业转产以及债务清偿等工作。这些制度安排促进四川省产业结构不断升级、产业层次和水平不断提升，产业发展跨入了一个新阶段；推动四川省产业结构高级化、产业发展聚集化、产业发展竞争高端化，有利于四川省抢占新一轮竞争的制高点，在加快经济转型升级中争创发展的新优势。

## 二、推进新型城镇化的制度演进

中央提出走中国特色的城镇化道路是当前和今后一段时间的主要任务，四川的人均 GDP 和城镇化水平与全国平均水平还有很大差距。如何在西部地区加快推进新型城镇化，四川省必须根据实际情况不断探索，持续体制机制创新。

### （一）党中央的思路和方针

党的十六大第一次正式地、系统地在中央文件中界定了城镇化的基本内涵，并第一次将工业化与城镇化并列。2004 年 3 月，国务院印发《关于进一步推进西部大开发的若干意见》中指出，要办好乡镇企业，大力发展县域经济，加快城镇化进程，促进农村富余劳动力转移就业。促进西部地区传统优势产业参与国内外竞争，充分发挥国防科技工业优势，推广应用信息技术，在有条件的地方发展高新技术产业，把发展优势产业和调整改造西部老工业基地结合起来，提高老工业城市的经济实力和竞争能力，探索一条适合西部地区的新型工业化道路。

在党的十七大修订的党章中，又第一次在党的基本纲领中，正式提出中国特色新型城镇化道路。时任国家主席的胡锦涛同志强调，走中国特色的城镇化道路，努力形成资源节约、环境友好、经济高效、社会和谐的城镇发展新格局。

党的十八大进一步将"两化"互动上升为"四化"同步。报告指出，坚持走中国特色新型工业化、信息化、城镇化、农业现代化道路，推动信息化和工业化深度融合、工业化和城镇化良性互动、城镇化和农业现代化相互协调，促进工业化、信息化、城镇化、农业现代化同步发展[105]。

### （二）四川省的体制机制创新

2003 年 3 月，省委、省政府认真贯彻落实党的十六大和中国共产党四川省第八次代表大会精神，以西部大开发为机遇，出台《关于加快城镇化进程的意见》。该《意见》指出，要把握坚持现代化导向、坚持产业支撑、坚持可持续发展、坚持城乡协调发展等六项基本原则，加快四川省城镇化进程。同时，该《意见》还明确提出四川省城镇化发展目标：到 2020 年，全省城镇化率达到全国平均水平，初步建成完善的现代化城镇体系；形成一批经济发达、功能完备、特色鲜明、综合竞争力强的现代化城市。各级各部门要从调整优化城镇经济结构、加大城镇基础设施建设力度、加强城镇管理力度等八个方面着手，大力实施城镇化战略。

2007年12月,四川省省委九届四次全会明确提出把联动推进新型工业化、新型城镇化作为当前和今后一个时期全省工作的战略重点。全会提出,要努力把四川建设成为辐射西部、面向全国、融入世界的西部经济发展高地。要加快推进新型工业化,发展现代产业体系,建设工业强省,以工业跨越带动全省跨越发展。推进新型城镇化,按照城乡统筹、布局合理、节约土地、功能完善、以大带小的原则,以科学规划为龙头,以增强综合承载能力为重点,以区域中心城市为依托,以城市群发展为主体形态,推进工业化与城镇化的良性互动,培育新的经济增长极。

随后四川省提出了培育四大城市群和五大经济区、建设天府新区和绵阳科技城、建设区域性大城市和重点中小城镇等政策措施,并出台了《四川省主体功能区规划》。

从以上制度安排来看,过去一段时间四川省在推进人的城镇化方面的制度安排不够完善。相比于以土地城镇化为主要内容的传统城镇化,新型城镇化的核心和最显著特点是人口城镇化。这就要求在推进新型城镇化过程中要做到产业的发展、就业的转移、公共服务的提供和人口的聚集、城镇功能及开发边界的划定等诸要素相统一。当前四川省个别地区在加快推进新型城镇化的过程中,依然存在着一些传统的城市建设思想观念和行为模式,存在着以圈地建高楼为导向的现象,有的地方在做大城镇规模的同时,对产业发展考虑得少,对就业岗位的生成考虑得少,对基本公共服务考虑得少,个别地方甚至在统计数据上弄虚作假,为了所谓的城镇化率考核指标而应付了事,这些主要症结还在于对新型城镇化的本质和核心要求没有真正理解和把握。

为此,四川省政府于2013年5月,出台了《关于2013年加快推进新型城镇化的意见》,并在全省加快推进新型城镇化工作会议上,颁布了《2013年四川省加快推进新型城镇化重点工作实施方案》。两个文件突出六大重点工作和五大改革措施:从教育到医疗,从社会保障到旧城危旧房和棚户区改造,涵盖了城镇居民生活的方方面面;从就业到住房,从户籍改革到公共服务均等化,铺平了农民工进城的道路;从新区建设到小城镇建设,从资金筹集到社会管理,提升了城镇的承载能力。四川省推进新型城镇化,已经从原来的以城镇化支撑工业化发展转变为以人为核心的城镇化发展。2013年9月,四川省人民政府印发《进一步加快推进新型城镇化八条措施》,提出充分发挥信贷和投融资平台作用、多渠道筹集旧城危旧房和棚户区改造资金、加大小城镇建设投入、加大小城镇建设用地保障力度、大力发展小城镇特色产业、创新小城镇行政管理体制、加快城镇市政基础设施建设、加大人才保障力度等八条推进城镇化发展的措施。这些制度安排的出台和实施为有效推进四川省城镇化水平,促进大中小城市协调发展提供了有力的指引和工作保障。

### 三、推进城乡统筹一体化发展的制度设计

四川省推进统筹城乡一体化发展是在党中央、国务院加快推进现代化进程的重大战略部署下，为破除体制机制障碍，努力实现公共资源的城乡均衡配置，赋予农民真正意义上的财产权利、民主权利和社会权利，实现包括劳动力在内的城乡各类生产要素自由流动，形成城乡经济社会发展一体化新格局而开展的一项全新的工作。

2003 年 1 月，中央农村工作会议指出，必须统筹城乡经济社会发展，把解决好农业、农村和农民问题作为全党工作的重中之重，放在更加突出的位置。要坚持"多予、少取、放活"的方针，发挥城市对农村的带动作用，实现城乡经济社会一体化发展。同年 10 月，十六届三中全会做出关于统筹城乡经济社会发展的重大部署。全会强调，要按照统筹城乡发展、统筹区域发展、统筹经济社会发展、统筹人与自然和谐发展、统筹国内发展和对外开放的要求，更大程度地发挥市场在资源配置中的基础性作用，为全面建设小康社会提供强有力的体制保障[106]。在这一背景下，四川省先后制定并实施了深化户籍、社会保障、基本医疗保险制度改革，全面放开除成都市以外的城市、城镇落户限制，全面推行居住证制度，建立统一的城乡居民养老保险制度，推动基本医疗保险制度城乡统筹，完善农民工住房保障制度，推进农业转移人口市民化等一系列政策措施，有力地推进了四川省城乡统筹工作。

2003 年 10 月，为认真贯彻落实十六届三中全会和中国共产党四川省第八次代表大会精神，成都市在双流县召开了推进城乡一体化工作现场会，把城乡一体化正式作为全市的重大战略部署全面推进，揭开了统筹城乡发展序幕。2004 年 2 月，出台《关于统筹城乡经济社会发展推进城乡一体化的意见》，提出了统筹城乡经济社会发展、推进城乡一体化的指导思想、总体要求、主要任务和奋斗目标，在全省率先展开统筹城乡发展实践。2005 年 12 月，成都市提出把推进城乡一体化作为成都经济社会发展总体战略的建议，次年被纳入成都国民经济和社会发展"十一五"规划。自 2005 年以来，成都相继实施重大项目年、加快产业发展年、"三新"突破年[①]等工作部署，有力地推进了城乡一体化战略的实施。

2007 年 6 月，在国家发展改革委的大力支持下，国务院批准确立成都为全国统筹城乡综合配套改革试验区，为成都加快统筹城乡发展提供了重大的历史机遇。以此为契机，省委、省政府确定了自贡、德阳、广元 3 个省级试点市和 17 个试点县，扎实推进统筹城乡改革试点工作。试验区及试点市、县坚持统筹

---

① "三新"突破是指实现工业新跨越，增创服务业新优势，开拓现代农业新局面。

城乡、"四位一体"科学发展总体战略，深入推进重点领域和关键环节的体制机制改革，加快推进城乡一体化，促进城乡经济社会协调发展。2008 年 8 月，省委、省政府批复各省级试点市总体方案，要求更多地探索出各具特色的新进展、新亮点，逐步构建城乡经济社会发展一体化新格局，为全国统筹城乡发展闯出新路子。

从局部来看，成都国家级试验区进行了全方位的制度创新，坚持规划引领，探索形成了"三项核心制度改革"①"三个集中"②"四大基础工程"③"六个一体化"④等系统经验和做法，对统筹城乡改革发展具有普遍意义和共性价值，为四川省乃至全国统筹城乡综合配套改革提供了借鉴，发挥了示范带动作用。自贡、德阳、广元三个省级试点市因地制宜，积极探索各具特色的统筹城乡发展路径。自贡市围绕"一活二变三化"，激活土地、资本和劳动力等生产要素，大力推动农民生产和生活方式转变，统筹推进城乡规划一体化、基本公共服务均等化和经济社会权利平等化，对大城区带小农村的丘陵地区统筹城乡改革发展路径进行了探索，思路较为系统，成效较为明显。德阳市坚持城市率先崛起、农村整体推进、城乡协调互动的思路，通过推动城乡规划编制、做强产业支撑、加强农村基础设施建设和强化区域重点镇建设，为推进统筹城乡改革发展打下了基础。广元市通过建设现代工业园、特色农业产业园、生态文化旅游园和新型职业教育园，推进农村经营方式、农民身份、农村生活条件和农民生活方式转变，统筹城乡规划编制、公共资源配置、社会保障体系建设、社会管理和生态建设，积极探索以"四园驱动"⑤"四个转变""五个统筹"为核心内容的山区统筹城乡改革发展路径，在山区林业综合开发、特色农业产业园区建设等方面取得积极成效。

## 四、推进"两化"互动、城乡统筹制度的评价

新时期推进"两化"互动、城乡统筹发展的制度安排针对性强，契合四川经济社会发展实际，有力促进了四川省经济社会协调发展，取得了很大成绩。但与此同时，还有一些不协调和不完善之处。

---

①三项核心制度改革是指农村产权制度、户籍制度和社会保障制度改革。

②"三个集中"是指工业向集中发展区集中、农民向城镇和新型社区集中、土地向适度规模经营集中。

③"四大基础工程"包括农村基层民主政治建设、农村产权制度改革、农村土地综合整治和村级公共服务及社会管理改革。

④"六个一体化"是指城乡规划一体化、城乡产业发展一体化、城乡市场体制一体化、城乡基础设施一体化、城乡公共服务一体化、城乡管理体制一体化。

⑤四园驱动是指现代工业园、特色农业产业园、生态文化旅游园、新型职业教育园。

## （一）"两化"互动、城乡统筹制度安排的成绩

"两化"互动、城乡统筹制度安排贯彻了工业反哺农业、城市支持农村的战略思路。农业是安天下、稳民心的产业，实行工业反哺农业的政策，就是更好地贯彻落实发展农业生产、保障粮食安全的根本要求。四川省作为农业大省，加快农业发展始终是四川省产业发展和保障民生的基础，这些年来通过让广大农民平等参与现代化进程、共同分享现代化成果，坚持把国家基础设施建设和社会事业发展重点放在农村，着力在城乡规划、基础设施、公共服务等方面推进一体化，着力促进农民增收，保持农民收入持续较快增长，形成以工促农、以城带乡、工农互惠、城乡一体的新型工农、城乡关系，在推动对四川省实现全面同步小康目标的过程中起到了不可替代的作用[105]。

通过深入推进新农村建设和扶贫开发，发展多种形式规模经营，改革征地制度，完善现代农业发展体制机制，促进了城乡要素平等交换和公共资源均衡配置，全面改善了农村生产生活条件，促进了非农产业从农业中独立和农村剩余劳动力不断向非农业部门转移，为推进工业化提供了原材料供给和充足的人力资源保障，为推进城镇化所需的人口和生产要素的空间聚集提供了实现的可能。同时，农业现代化为工业化、城镇化发展提供了广阔的市场，尤其在农机、农药、化肥等方面的需求大幅增加，伴随着农民收入水平提高，也推动了消费需求的增长，这些都为工业产品、城镇产业发展提供了良好的市场机会。

## （二）"两化"互动、城乡统筹制度安排的不足之处

当前四川省"两化"互动、城乡统筹发展取得了显著成绩，但是区域发展的不平衡、不协调、不可持续等问题依然突出。其中一部分原因是体制机制创新不到位，制度安排不完善。

（1）在推进农村产业发展方面的制度力度不够。在"重工业和重城市"的发展历程中，造成了城乡二元结构以及工业化、城镇化对农业现代化的带动和反哺效应并未真正形成。四川省依然属于农业大省而非农业强省，长期以来停留在传统的"靠天吃饭"的农业发展阶段，多数农民依然属于小农经济，农业发展缺乏规模性、高效性与灵活性，现代农业的产业化发展远未形成，尤其是工业反哺农业、城市支持农村具体的政策细则不明确，在广大农村除农业以外的其他产业的发展规划、空间布局及扶持政策，还有待完善和

进一步加强。

（2）在充分发挥农村各类人力资源作用方面的制度力度不够。农业科技教育和劳动力素质的提高是农业实现现代化并由传统农业向现代农业、粗放型农业向集约高效型农业转变的关键。长期的工业化、城镇化进程吸引了大量优质高素质或有潜力的劳动力进入城市，进而出现了村庄空心化、人口老龄化、农村人才流失严重等突出问题，严重阻碍了农业现代化进程。而各级政府还没有制定明确的政策导向和具体有效的措施，来真正支持和鼓励各类技术人才及管理人才向农村集聚，对现有一些技术人员和管理人员的财政补助力度也不够大，这些都直接导致了农村人力资源的缺失。

（3）在支持农村公共服务方面的制度力度不够。在国家经济快速发展的当前，国家对"三农"的扶持力度不断加大，但很多地方"三农"资金使用和监管不规范，大量"三农"资金效用没有发挥好，用于保障和改善农民群体的公共服务方面的政策扶持更是薄弱环节，如农村道路、水利设施建设、农业技术员培训和农民现代化种养殖技术培训、农业机械化和科技推广应用、农村医疗卫生条件改善等方面，都还需要更明确的政策规定和更多资金投入。

（4）个别地方存在"两化"互动制度执行机制不完善的现象。"两化"互动要求在时间上同步推进、空间上产城一体、布局上功能分区、产业上三产融合。一些地方在推进"两化"互动过程中，或过度强调工业主导而忽略通过工业化带动城镇化，或过度强调城镇化而忽略以城镇化来推动工业化，结果导致工业化和城镇化没有形成协调发展的态势，主要原因是在实践层面未把"两化"互动的相关政策真正落实到位，在执行中走了样、变了形。

（5）推进统筹城乡一体化发展的配套政策措施还有待进一步完善。例如，确权颁证配套政策不完善，产权流转交易服务体系不健全，导致农民的财产权利难以实现；农村用地制度改革尚需政策配套，主要表现在被征地农民的保障机制尚不健全、城乡建设用地增减挂钩试点政策还需完善、盘活农村集体建设用地的机制还不健全等方面；现有统筹城乡的社会保障制度不健全，难以适应人口城乡之间的快速流动；现有支持农村新型金融机构发展的政策措施不足，导致农村金融机构单一，农村金融市场发展缓慢，新型农村合作金融发展尚待破题。

（三）对当前体制机制创新的启示

　　四川省"两化"互动、城乡统筹发展战略是在中央大政方针指引下，在继承多年来历届省委、省政府提出的发展战略和基层创造的实践的基础上，着眼于宏观形势的分析判断，着眼于四川长远发展的需要，提出的具有创新性思维的新的战略。因此，在政策制定上，既要保持政策的连续性，又要体现创新发展。要以科学发展观为指导，深入贯彻落实党的十八大和十八届三中全会精神，以科学规划为引领，以新型工业化为主导，以新型城镇化为载体，以农业现代化为基础，以信息化为支撑，以城市新区、产业园区和新村建设为重点，打造一批集成运用"两化"互动、城乡统筹理念、思路和举措的发展平台，构建全面深入推进产城融合、城乡一体发展的体制机制，加快建设具有区域特点的现代产业体系、现代城镇体系和现代城乡形态。

首先，各级各地要进一步完善事关本系统、本地区经济社会长远前途的发展战略，认真领会推动新型工业化和新型城镇化良性互动发展的深刻内涵，坚定不移地贯彻落实工业强省、产业兴省的发展理念，坚持以新型工业化为先导、以新型城镇化为依托，来科学谋划本地的经济社会发展，制定并认真实施好更加有力有效的政策措施。一方面，要根据全省城镇发展体系规划，结合实际制定更有针对性的政策。按照国家主体功能区的要求，修编四川省城乡发展和土地利用总体规划，进一步完善优先开发、重点开发、限制开发区与禁止开发区的各项政策，进一步完善四大城市群发展规划和城乡基础设施、公共服务、环境保护等各项专项规划，制定实施相应的配套政策，尤其是要加快出台实施促进成都平原城市群一体化发展、壮大川南城市群、加快推进川东北城市群、积极培育攀西城市群的具体政策，推动四川省城镇组团式发展。另一方面，要根据主体功能区规划，进一步完善产业发展规划，明确四川省五大经济区的发展方向、重点和目标。综合考虑资源优势、区位条件和产业基础，立足不同区域发展定位，加快制定实施区域产业布局优化的政策框架，因地制宜出台发展工业经济的具体策略，推动区域间产业差异化、特色化、集群化协调发展，为四川省建设重要战略资源开发基地、现代加工制造业基地、农产品深加工基地和科技创新产业化基地提供强大的产业政策支撑。尤其要在"51025工程"重点产业园区培育、传统产业转型提升、特色优势产业发展、战略性新兴产业培育、淘汰落后产能等方面，从整合和优化配置工业发展所需的政策、资源和要素角度出发，进一步细化实化一些政策举措，发挥好政策叠加效应，推动四川省产业结构转型升级发展。

其次，推进"两化"互动、城乡统筹发展更多需要加大体制机制扶持力度。促进"两化"互动、城乡统筹发展是一个复杂的系统工程，必须多角度全方位着力，更多地从政策层面出台实施一些更具针对性和可操作性的硬性措施，在项目资金上给予更大力度的扶持。一是要以发挥市场决定性作用为导向，统筹制定实施"两化"互动、城乡统筹发展的市场政策体系。大力发展各类生产要素市场，加快完善反映市场供求关系、资源稀缺程度、环境损害成本的生产要素配置和资源价格形成机制，建立城乡统一的公共资源交易平台。深化土地要素配置和差别化用地机制改革，推进工业用地弹性出让年限管理制度改革，建立低效利用土地退出机制。二是要坚持服务"三农"方向，创新实施"两化"互动、城乡统筹发展的财政金融政策体系。加快实施省以下分税制财政体制改革，建立完善事权和支出责任相适应的制度。进一步完善转移支付制度，加大对革命老区、民族地区和贫困地区的转移支付力度，切实加强乡镇基本财力保障，认真清理和规范税收优惠政策。探索农村信用社改革发展的新模式，加快城市信用联社和农村信用联社服务职能转型，支持改制组建农村商业银行。加大政策支持和资金投入，有序发展社区银行、村镇银行和农村资金互助社，提高社会最基层单元的金融创新实力。三是要坚持产业导向和项目导向，加快建立完善"两化"互动、城乡统筹发展投入政策体系。要按照城乡发展一体化的理念，从全省层面统筹布局发展特色产业，建立实施产业引导基金，支持做强区域和地方的产业支撑，尤其是要更多考虑在广大农村和城乡结合地带如何加大产业政策的引导与扶持。要真正做实项目这个载体，在省、市、县、乡等各个层级都要统筹安排好项目清单，通过项目建设来牵引新型工业化、新型城镇化和农业现代化联动发展。

# 第二节　十八届三中全会的体制机制创新

2013 年 11 月 12 日，中国共产党第十八届中央委员会第三次全体会议讨论通过了《中共中央关于全面深化改革若干重大问题的决定》，深刻剖析了我国改革发展稳定面临的重大理论问题和实践问题，阐明了全面深化改革的重大意义和未来方向，提出了全面深化改革的指导思想、目标任务、重大原则，描绘了全面深化改革的新蓝图、新愿景、新目标，合理布局了深化改革的战略重点、优先顺序、主攻方向、工作机制、推进方式和时间表、路线图，汇集了全面深化改革的新思想、新理论、新举措，形成了改革理论和政策的一系列重大突破，是我国新的历史时期起点上全面深化改革的科学指南和行动纲领。该《决定》提出了一系列体制机制创新措施，对四川省深入推进"两化"互动、统筹城乡发展具有重要的指导作用和现实意义。

## 一、完善城镇化健康发展体制机制

坚持走中国特色新型城镇化道路，推进以人为核心的城镇化，推动大中小城市和小城镇协调发展、产业和城镇融合发展，促进城镇化和新农村建设协调推进。优化城市空间结构和管理格局，增强城市综合承载能力。

推进城市建设管理创新。建立透明规范的城市建设投融资机制，允许地方政府通过发债等多种方式拓宽城市建设融资渠道，允许社会资本通过特许经营等方式参与城市基础设施投资和运营，研究建立城市基础设施、住宅政策性金融机构。完善设市标准，严格审批程序，对具备行政区划调整条件的县可有序改市。对吸纳人口多、经济实力强的镇，可赋予同人口和经济规模相适应的管理权。建立和完善跨区域城市发展协调机制。

推进农业转移人口市民化，逐步把符合条件的农业转移人口转为城镇居民。创新人口管理，加快户籍制度改革，全面放开建制镇和小城市落户限制，有序放开中等城市落户限制，合理确定大城市落户条件，严格控制特大城市人口规模。稳步推进城镇基本公共服务常住人口全覆盖，把进城落户农民完全纳入城镇住房和社会保障体系，在农村参加的养老保险和医疗保险规范接入城镇社保体系。建立财政转移支付同农业转移人口市民化挂钩机制，从严合理供给城市建设用地，提高城市土地利用率。

## 二、加快构建新型农业经营体系

坚持家庭经营在农业中的基础性地位，推进家庭经营、集体经营、合作经营、企业经营等共同发展的农业经营方式创新。坚持农村土地集体所有权，依法维护农民土地承包经营权，发展壮大集体经济。稳定农村土地承包关系并保持长久不变，在坚持和完善最严格的耕地保护制度前提下，赋予农民对承包地占有、使用、收益、流转及承包经营权抵押、担保权能，允许农民以承包经营权入股发展农业产业化经营。鼓励承包经营权在公开市场上向专业大户、家庭农场、农民合作社、农业企业流转，发展多种形式规模经营。

鼓励农村发展合作经济，扶持发展规模化、专业化、现代化经营，允许财政项目资金直接投向符合条件的合作社，允许财政补助形成的资产转交合作社持有和管护，允许合作社开展信用合作。鼓励和引导工商资本到农村发展适合企业化经营的现代种养业，向农业输入现代生产要素和经营模式。

## 三、建立城乡统一的建设用地市场

在符合规划和用途管制前提下，允许农村集体经营性建设用地出让、租赁、入股，实行与国有土地同等入市、同权同价。缩小征地范围，规范征地程序，完善对被征地农民合理、规范、多元保障机制。扩大国有土地有偿使用范围，减少非公益性用地划拨。建立兼顾国家、集体、个人的土地增值收益分配机制，合理提高个人收益。完善土地租赁、转让、抵押二级市场。

## 四、推进城乡要素平等交换和公共资源均衡配置

维护农民生产要素权益，保障农民工同工同酬，保障农民公平分享土地增值收益，保障金融机构农村存款主要用于农业农村。健全农业支持保护体系，改革农业补贴制度，完善粮食主产区利益补偿机制。完善农业保险制度。鼓励社会资本投向农村建设，允许企业和社会组织在农村兴办各类事业。统筹城乡基础设施建设和社区建设，推进城乡基本公共服务均等化。

## 五、赋予农民更多财产权利

保障农民集体经济组织成员权利，积极发展农民股份合作，赋予农民对集体资产股份占有、收益、有偿退出及抵押、担保、继承权。保障农户宅基地用益物权，改革完善农村宅基地制度，选择若干试点，慎重稳妥推进农民住房财产权抵押、担保、转让，探索农民增加财产性收入渠道。建立农村产权流转交易市场，推动农村产权流转交易公开、公正、规范运行。

## 六、健全促进就业创业体制机制

建立经济发展和扩大就业的联动机制，健全政府促进就业责任制度。规范招人用人制度，消除城乡、行业、身份、性别等一切影响平等就业的制度障碍和就业歧视。完善扶持创业的优惠政策，形成政府激励创业、社会支持创业、劳动者勇于创业新机制。完善城乡均等的公共就业创业服务体系，构建劳动者终身职业培训体系。增强失业保险制度预防失业、促进就业功能，完善就业失业监测统计制度。创新劳动关系协调机制，畅通职工表达合理诉求渠道。

促进以高校毕业生为重点的青年就业和农村转移劳动力、城镇困难人员、退役军人就业。结合产业升级开发更多适合高校毕业生的就业岗位。政府购买基层公共管理和社会服务岗位更多用于吸纳高校毕业生就业。健全鼓励高校毕业生到基层工作的服务保障机制，提高公务员定向招录和事业单位优先招聘比例。实行激励高校毕业生自主创业政策，整合发展国家和省级高校毕业生就业创业基金。实施离校未就业高校毕业生就业促进计划，把未就业的纳入就业见习、技能培训等就业准备活动之中，对有特殊困难的实行全程就业服务。

## 七、深化城乡居民社会保障、医疗和教育等改革

要建立更加公平可持续的社会保障制度，整合城乡居民基本养老保险制度、基本医疗保险制度。健全农村留守儿童、妇女、老年人关爱服务体系，健全残疾人权益保障、困境儿童分类保障制度。要深化医药卫生体制改革，深化基层医疗卫生机构综合改革，健全网络化城乡基层医疗卫生服务运行机制。要深化教育领域综合改革，大力促进教育公平，健全家庭经济困难学生资助体系，构建利用信息化手段扩大优质教育资源覆盖面的有效机制，逐步缩小区域、城乡、校际差距。统筹城乡义务教育资源均衡配置，实行公办学校标准化建设和校长教师交流轮岗，不设重点学校重点班，破解择校难题，标本兼治减轻学生课业负担。

# 第三节 "两化"互动、城乡统筹体制机制创新思路

以十八届三中全会的精神为指引，"两化"互动、城乡统筹体制机制创新的内容十分丰富，包含经济、社会、文化、生态各个领域，根据实践经验总结和体制机制创新总体思路，"两化"互动、城乡统筹政策包含如下一些内容。

## 一、创新"三位一体"①的现代城镇体系体制机制

通过体制机制创新，按照以人为核心的新型城镇化发展要求，根据四川省不同地区自然地理条件、经济社会发展基础、环境承载能力和主体功能区定位，优化成都平原、川南、川东北、攀西四大城镇群国土空间开发与保护，构建以城市群为主体形态的现代省域城镇体系，分类推进首位城市、次级突破城市、县域中心城市的城镇体系建设，构建多点多极支撑发展的"三位一体"的现代城镇体系。

## 二、构建创新驱动的城乡现代产业体系体制机制

综合考虑四川省不同地区资源优势、区位条件、产业基础和发展阶段，充分把握国际国内产业大调整的历史机遇，通过政策创新和体制机制创新，实现从要素投入驱动向全面创新驱动转型发展，构建现代农业、新型工业和现代服务业三次产业融合发展体系，深入实施"工业强省、产业兴省"的相关政策，加快推进首位城市、次级突破城市、底部基础县域现代产业体系构建，建设发展动力转型、

---

① "三位一体"的现代城镇体系是指宜业宜商宜居的现代城镇体系。

发展速度换挡、发展质量提高、发展成果共享、发展格局开放的产业体系新格局。

## 三、创新促进城乡协调发展的体制机制

完善城镇化健康发展体制机制,推进城乡要素平等交换和公共资源均衡配置,加快构建城乡基本公共服务均等化政策,建立城乡新型基层治理、农业转移人口权益保障、要素资源在工农间、城乡间公平自由流动等政策,健全城乡统一的建设用地市场,完善城乡一体的人才支持政策,推动"四化"同步发展政策体系建设。

## 四、构建"四化"同步①发展的体制机制

坚持信息化带动工业化,大力推进信息化和工业化深度融合。创新促进工业化和城镇化良性互动,产城间资源综合利用水平的体制机制。通过体制机制创新促进城镇化和农业现代化相互协调,以新型城镇化作为实现城乡发展、共同繁荣的重要途径,加快推动城乡发展一体化。加快构建信息化与农业、工业、服务业三次产业融合发展体系,打造不同区域"四化"同步发展体系。

## 五、建设城乡一体的人才培养和干部选拔机制

根据政府职能转变和党的干部队伍建设要求,健全城乡一体的行政管理体制,构建统筹协调的农村基层组织工作运行体制机制。树立推进城乡一体化发展的用人导向,推动人才资源优先向重点产业分布,梯次推进区域人才发展,统筹建设不同类型人才,形成结构合理的城乡一体化人才队伍。

---

① "四化"同步:坚持走中国特色新型工业化、信息化、城镇化、农业现代化道路,推动信息化和工业化深度融合、工业化和城镇化良性互动、城镇化和农业现代化相互协调,促进工业化、信息化、城镇化、农业现代化同步发展。

# 第十五章 创新"四化"同步与"两化"互动体制机制

"两化"互动是"四化"同步的基础,"四化"同步是"两化"互动的扩展。进入 21 世纪以来,我国"四化"发展的协调性不断增强,但是按照同步发展的更高要求,还存在明显的缺陷:一是信息化与工业化融合不够;二是工业化与城镇化互动不足;三是城镇化、工业化与农业现代化协调不力,农业现代化明显滞后。因此,需要按照十八届三中全会的指引,对"四化"发展进行体制机制创新,促进"四化"同步协调发展。

## 第一节 工业化带动城镇化体制机制创新

城镇化的进程需要非农就业的发展和经济的发展作为支撑,通过城镇经济的总量做大、质量提高、实力增强,积极创造就业岗位,扩大城镇就业容量,引导、吸纳农村人口向城镇有序转移。工业化带动城镇化需要一系列的体制机制创新,理清工业化带动城镇化的路径的思路,排除阻挠工业化带动城镇化的一系列体制机制障碍,加快推进工业化带动城镇化[107]。

### 一、建立统筹产业规划和城镇规划机制

产业规划和城镇规划的实施必须遵守五大原则:整体效益原则、可持续发展原则、产业规划和城镇规划有机结合与相辅相成原则、因地制宜和特色规划优先原则、统筹管理和有效组织原则。工业化城镇化在上述规划原则的基础上,以资源有效配置理论为中心,以经济学边际效益最大化为指导方针,着力突出"一个中心,三大平台,六方互动"的工业化城镇化规划战略。

(一)以空间集聚、资源配置边际效益最大化为中心

工业化城镇化的规划战略就是要借助于政府计划协调,遵循市场资源配置边际效益最大化的规律进行资源配置,以市场资源配置为主要手段,而工业化城镇

化规划的首要目的就是找准市场资源有效配置的载体，以成本最低化、效益最大化为目标，而空间集聚、各种资源互补利用是实现这一目标的有效或是唯一途径。

## （二）规划搭建"工业园区、城乡统筹部、村落"三大平台

### 1. 城乡结合部是资源配置"切入点"和"首选区"

在统筹城乡发展，推进工业化、城镇化和农业现代化的进程中具有重要的地位和作用，是资源配置的"切入点"和"首选区"。这个特殊的区位条件，使它处于城市辐射的前沿，接受中心城市强有力的经济、文化辐射的前沿，往往相对农村地区具有较为完善的城镇化工业化的发展基础，在土地流转、住民思维和城市规划方面都具有较为开放的接受性，容易新规划、新部署的开展。

### 2. 产业园区是资源配置主要载体

产业园区最根本的作用应为资源配置的有效载体，主要原因为工业园区具有集中的地理区域特征，可以实现资源配置成本最小、最科学配置手段的目标。同时，随着产业园区的效应的发展，产业园区带来的文明溢出效应和城镇辐射效应也会随之发挥出来。

### 3. 现代农村村落是城市的神经元

村落是现代村镇的实现基础。基于村落理念的规划与修建可以将工业化和城镇化的发展核心，即基础设施建设等要素合理地渗透到农村中，可以在保持乡村田园形式的基础上，实现城市文明的渗透。同时，村落的集聚特性便于资源的集中和有效配置，是工业化和城镇化工作的三大平台之一。

## （三）实现六方互动的战略目标

工业化城镇化工作在城乡结合部、工业园区与村落三大平台的载体中，其战略目标为实现大企业与小企业的互动、工业园区与工业园区的互动、城镇与工业园区间的互动、工业园区与村落之间的互动等几大互动。

### 1. 大企业与小企业的互动

大企业与小企业的互动即为配合现代大企业为了进一步发展核心业务，而把辅助模块外包，实现管理绩效最大化的现代企业发展趋势，通过产业园区可以辅助大企业发展的小企业集聚起来，发挥产业集聚的协同作用，最大化的延伸延长

产业发展的战略性以及可持续发展的目标。

### 2. 工业园区与工业园区的互动

产业结构调整是社会经济发展的客观要求和必然结果。互动推进工业化城镇化，必须紧扣产业结构调整这个主题，充分发挥市场配置资源的基础性作用，加强产业政策引导，实现资源优化配置。推进工业园区成链发展、关联发展、集聚发展、集约发展、合作发展。积极实施大企业大集团"两个带动工程"，加快中小企业和区域经济发展。要整合区域资源，建立协调发展机制，通过产业基地、集群和园区建设，促进城市间产业合理布局和优势互补，增强辐射带动作用。

### 3. 城镇与工业园区间的互动

城镇与工业园区间的互动体现在两个方面，一是工业园区可以通过就业人口的涵属以及工业文明本身的文明渗透以及政府基础设施的配套推进城镇化的发展；二是城镇化的发展即代表着城市基础设施的完善、城镇人口的固定以及城镇居住人员的文明程度的提高。可以间接地为工业园区的发展提供高素质的劳动力与第三产业服务人员，两者相得益彰、互为补充。

### 4. 工业园区与村落之间的互动

工业园区与村落之间的互动即为通过科学的规划手段，建立起顺畅的工业园区和村落之间的资源配置通道，实现交通、通信、基础设施、教育、文化、娱乐等资源的合理流动，缩小城乡消费差异，还可通过政策等强势资源的倾斜，均衡贫落地区与发达地区的差异，实现工业园区与村落之间的互动，即工业化和城镇化战略目标的实现。

## 二、建立统筹利用政府和市场作用机制

### （一）小政府与大政府的可动性战略选择

随着过去数年政治和经济的双重需要，政府对企业的干预和对市场的干预日益增多，从小政府逐渐转为大政府。政府掌握了土地、财税、金融等重要的市场资源，有选择地进行政策倾斜，导致了一大批大而空、大而弱的企业，在经济转轨过程中，造成了巨大的损失。而解决目前浙江困境的恰恰是回归小政府，因为历史已经证明，依靠政府拔苗助长式的帮扶，不能培养出真正优秀的大企业。

## （二）以三业创值为手段创新优化政府行政考核体制

建立以产业、就业、创业为指标的政绩考核体系。政府职能的转化与政绩考核密不可分，在工业化城镇化互动的工作方面，要求政府职能及政府工作重心以满足两化互动的核心，即产业、就业与创业。政绩考核指标作为指导政府职能的重要手段，其考核指标体系也要依据产业、就业与创业三大方面为指标设计依据，并投入实施。

## （三）政府主导规划，市场化运作实施

构建区域经济的最终目的就是要促进商品流、服务流、人流、信息流的自由流动，使地区间资源配置最优化。从经济学的角度来说，只有市场起主导作用才能达到这一目的。工业化城镇化合作要避免产生"调高招虚"的现象，本质是要建立让市场发挥作用的机制，消除一切阻碍要素流动的因素，如地方保护主义、不合理收费项目、不透明的审批程序。

而在工业化城镇化的发展过程中，科学规划是主要前提，而规划的科学高效要靠政府部门主导完成，但具体的运作应以市场化的运作手段来进行，避免行政误区，专断化与武断化的低效率行为。在这方面，其他省市的一些先进经验可以参考。

## （四）开展金融创新，拓宽企业融资渠道，创新地方宏观调控措施

一切产业的发展都需要金融及相关财政的改革，只有积极进行金融创新，拓宽企业的融资渠道，充分发挥地方政府的金融财税调控政策可以推动地区工业化城镇化的发展。可以从以下几个方面着手：第一，充分发挥地方政府的金融调控能力，配合本地区工业化城镇化的规划。在国家统一的财政体制下，银行机制实行的也是中央银行统一管理下的调控方式，但是是否地方政府可以通过发布对本地银行的贷款方向和资金投向的时段性指导意见，对本地企业进行支持。第二，积极通过创新拓宽企业融资渠道。政府可以通过允许资产置换、土地置换等方式找出一条将产业扩张升级与城镇规划和旧城改造相结合的路子。鼓励各级地方政府进行金融创新，但要加强监管。第三，适当允许地方政府负债，提高地方财政资金运作能力。

## 三、建立统筹发挥内力和外力作用机制

两化互动的发展需要统筹内力和外力的作用，形成外力推动内力，内力吸引外力，两力互动的机制，以加速实现两化互动的目标。

## （一）外力推动内力

外力推动内力是指通过政府和市场有形的手和无形的手的调控，构建起通过外部的投资软环境和产业链发展的运作机制促进企业内力发展。外力推动内力的手段主要可以从工业园区定位、准入门槛设定和配套产业发展与城镇投资软环境的打造及城市竞争力的提升两个方面分析。

### 1. 工业园区的定位、准入门槛设定和配套产业发展

一方面，工业园区的定位与配套产业发展的建设要点主要可以从以下几点进行：①坚持规划先行，努力破解要素制约；②突出项目重点，加快配套设施建设；③适应园区需要，大力发展现代服务业。另一方面，可以通过控制工业园区的产业发展标准，实现外力对内力的提升。工业园区的产业的选择标准，可以从以下五个方面进行：①产业关联度基准。②产业发展潜力基准。③比较优势基准。④技术进步基准。⑤社会环境效应基准。

### 2. 城镇投资软环境的打造及城市竞争力的提升

优化城市投资软环境可以从以下几个方面着手：第一，在招商引资、工业园区改造等方面加大努力，主要工作集中在以下几个方面：①加强引资载体建设，合作共建产业园区。②认真清理现有园区闲置土地，尽快发挥土地资源效益。③采取措施，加快工业园区建设。④筛选招商项目，做到有的放矢。第二，降低收费门槛，营造一个低成本的投资环境。坚决执行已制定的各种招商引资措施，减少收费项目，降低收费标准，营造一个低成本的经商环境。第三，简化审批程序，提高办事效率和服务水平。第四，建立项目跟踪服务制度，做好项目跟踪落实工作。第五，加快"大通关"建设，提高口岸整体通关效能。主要工作集中在以下几个方面：①加快推动加工贸易联网监督工作。②深化口岸现场通关作业流程改革。第六，加强文明法制建设。主要工作集中在以下几个方面：①依法行政，规范检查。②加大综合治理力度。第七，加强各类人才培训工作，满足外来投资企业用工需求。主要工作集中在以下几个方面：①应需要，完善人才培养体系。②加强劳动力招聘工作。

## （二）内力吸引外力

内力吸引外力是指随着优秀企业的集聚，带动所处区域环境的发展，不仅可以提高集群的质量，还可以延展和扩深所在区域的产业的链的发展。两化互动的内力吸引外力举措可以从大企业的入驻带动产业集群的发展和强大企业的入驻带

动城镇文明的普及与发展方面进行论述。大企业在产业集群中的发展的作用是非常明显的，大企业的带动可以带动整个产业集群的发展。同时，可以通过大企业的裂变，走出不同特色的大企业带动大集群发展的路子。企业裂变不是简单的重复建设，而是产业、产品结构的拓展和升级，是体制、机制的改革和创新，是催生、做大产业集群的重要方式。这种方式可能更适合株洲的土壤。因此，促进企业裂变，对于推动产业集群建设，从而提升工业企业的竞争力，增强工业经济的整体实力具有非常重要的意义。

## 四、建立新农村与工业化城镇化互动发展的机制

### （一）用统筹城乡发展战略促进新农村建设、用工业经济发展促进新农村建设、用小城镇发展战略带动新农村建设

第一，用统筹城乡发展的战略促进新农村建设。建立城乡统筹观念，消除城乡二元化矛盾；树立人人平等的观念，实行城乡统一政策；确立公共财政观念，切实提高"三农"投入。第二，用工业经济发展促进新农村建设。着力发展主导产业，为农业产业化打基础；壮大基地规模，实施产业化经营；着力培育农产品营销市场，增加农民收入。第三，用小城镇发展战略带动新农村建设。突出基础设施建设，加快小城镇发展；大力发展二、三产业、搞活农村经济；加快农村社会事业建设繁荣农村文化。

### （二）统筹农村劳动力职业技术能力培训与失地农民的就业发展工作，促进工业城镇化的实现

政府在牵头进行工业化城镇化的同时，要加大农村失地劳动力的职业技术能力培训力度，鼓励多种形式的农民学校的举办和组织，提高农村失地农民的就业能力，为工业化的发展储备丰富的、有价值的劳动力资源，为工业化城镇化的互动做好劳动力的准备，同时可以解决失地农民的生活问题以及个人素质的成长。

但在失地农民的培训工作需要注意以下几点，第一，失地农民培训要务实避虚。第二，破解失地农民培训的地区性和培训内容、手段的不平衡现象。第三，破解培训对象年龄结构不平衡的现象。

### （三）打破户口及区域性身份限制，在住房、子女教育、医疗及公共服务等方面建立公平机制

目前随着我国内需政策的进一步实施，全国已有十三个省市打破了城乡二元

结构,打破了户籍制度,这一举措具有非常深远的意义,可以解决如下两个问题:一方面,失地农民土地补偿和安置补助费有限,如果用完,连基本的生活都无法保障,则更谈不上供孩子读书,很多孩子面临辍学。在推进工业化城镇化的过程中,打破户口及区域性身份限制,在住房、子女教育、医疗及公共服务方面建立公平机制,出台一系列相关政策满足失地农民在土地外的需要。另一方面,住房是失地农民的一个大问题,按规定拆迁户会得到相应面积的补偿安置房,但安置房的建修往往滞后,还没分得新房,自己的家已被拆了。在巨大的经济压力下,他们不得不迁移流动,无论生计型迁移还是改善型迁移,如果没有一个起码的住所,则对居住地的社会生活没有一个基本的认同感,有成为流民的可能。

# 第二节 城镇化提升农业现代化体制机制创新

从国内外经济史来看,城镇化是农业现代化的载体,新型城镇化发展推动着农业现代化的发展水平,城镇化发展促进了农业产业结构优化调整,促进传统农业向现代农业的迈进[108]。目前,还存在着较多的制约城镇化提升农业现代化的体制和机制障碍,必须大胆创新,全面推进农村和农业体制机制创新,推动城镇化提升农业现代化。

## 一、深化农村产权制度改革,强化土地管理

### (一)继续深化农村产权制度改革

积极推进农村产权确权。坚持农村土地集体所有,稳定农户承包权,放活土地经营权。按照依法、自愿、有偿的原则,鼓励和支持承包经营权在公开市场上向专业大户、家庭农场、农民合作社、农业企业流转,允许以承包经营权入股发展农业产业化经营,探索农民土地承包权多样化实现形式,提高农民土地流转收入。加快培育规范的土地交易市场,为农村及涉农各类产权的流转提供服务,规范推进集体经营性建设用地流转,完善农村宅基地有序退出机制,推动城乡土地资源自由流动,逐步建立城乡统一的建设用地市场。

加快农村宅基地确权登记颁证,保护农户宅基地用益物权。探索农村房屋产权登记和农民住房财产权抵押、担保、转让制度。建立公平合理、自愿有偿的宅基地退出机制。建立已退出宅基地再开发利用机制,合理分配土地增值收益,提高个人收益。

## （二）积极推进用地制度改革

按照中央统一部署，引导和规范农村集体经营性建设用地入市。

（1）优化城乡建设用地格局。以保障城镇化合理用地需求为核心，科学安排城镇新增建设用地。推进城市立体开发，鼓励开发地上地下空间。规范土地储备和融资管理，强化土地储备和供应的调节作用。合理布局工业园区、现代服务业聚集区和城镇发展，推进产业项目向园区（聚集区）集中、人口向城镇集中和农用地向规模化经营集中。构建城市新区和产业园区（聚集区）土地利用良好秩序。

（2）强化节约用地机制保障。按照土地利用总体规划和城乡规划，优化产业和城镇发展的空间布局；实行年度用地计划差别化管理，突出重点，有保有压统筹各业用地；强化节约集约用地，充分挖潜，盘活存量。

（3）深化土地管理制度改革。创新用地保障思路，按照盘活存量、优化增量，充分挖潜、节约集约的原则，科学规划，统筹安排，优先保障保障性住房、重大基础设施、重大产业项目、城市新区等城镇化建设项目用地需要。规范推进城乡建设用地"增减挂钩"试点，切实落实国家在川土地管理改革试点政策，大力开展农村土地综合整治，积极推进城镇低效用地再开发、工矿废弃地复垦利用试点，努力拓展城镇建设用地空间。

## 二、支持农村劳动力转移，实现农业产业化经营

（1）加强农村劳动力技能培训，增强针对性和实效性，提升农村劳动力在城市的生存发展能力。要特别着眼于"新生代农民工"的特点和诉求，大力发展高水平的职业教育，使其能够与现代产业部门更好地对接。

（2）努力增加非农就业机会，以产业的转移来替代农民工的远距离迁徙，促进农民就地就近转移就业，扶持农民以创业带动就业，让其有条件、有可能被迅速纳入城镇化进程中[109]。

（3）在农业生产领域内部挖掘吸纳农村劳动力就业的潜力。一是要抓好新型农民培养工程，建设一支有文化、懂技术、会经营的新型农民队伍，同时培育农民专业合作社、农业产业化龙头企业等新型经营主体，以适应现代农业发展需要；二是要因地制宜发展特色农业和农产品加工业，通过发展具有生态、环保、文化、休闲等功能于一体的特色农业和拉长农业产业链的农产品加工业来吸纳更多农村劳动力进入农业相关的产业中实现就业[110]。

### 三、以创新支撑和引领结构优化升级，为现代农业建设提供制度保障

经济社会结构深刻变化，要求创新农业农村发展的体制机制。在坚持家庭经营基础性地位的同时，推进家庭经营、集体经营、合作经营、企业经营等共同发展的农业经营方式创新，加快构建新型农业经营体系，发展多种形式规模经营，提高农业生产经营组织化程度，为现代农业建设提供制度保障[111]。

充分发挥城镇化对农业现代化的重要引擎作用，大力推动城镇化与农业现代化相互协调，有效带动农村富余劳动力转移就业，为发展农业适度规模经营，推动农业专业化、标准化、规模化、集约化生产，提升农业农村农民的自我发展能力；拉动农产品需求、促进农民就业，有效拓宽农民收入渠道；彻底改变传统的农村土地、资本、劳动力等生产要素单向流动的发展模式，带动城市资金、技术、信息、人才等现代生产要素向农业农村领域延伸，实现城乡要素平等交换，从而加快推进农业现代化发展进程。

## 第三节　建设"四化"同步发展的机制

走中国特色新型工业化、信息化、城镇化、农业现代化道路，促进工业化、信息化、城镇化、农业现代化同步发展，需要体制机制创新。改革那些孤立推进工业化、信息化、城镇化、农业现代化的体制机制，构建联动推进工业化、信息化、城镇化、农业现代化的体制机制。

### 一、"四化"同步发展的新路径

#### （一）利用产业结构调整联动推进"四化"同步

产业结构调整是社会经济发展的客观要求和必然结果。联动推进工业化城镇化，必须紧扣产业结构调整这个主题，充分发挥市场配置资源的基础性作用，加强产业政策引导，实现资源优化配置。推进农业产业化经营，加快传统农业向现代农业转变。以工业理念发展农业，拉长农产品生产加工链条，完善农产品流通体系，提高农业产业化经营水平。扶持农业产业化龙头企业发展，鼓励龙头企业与农民合作建设专业化、标准化、规模化基地，建立稳定购销关系，完善利益分配机制。充分发挥以工促农、以城带乡的作用，统筹城乡经济社会发展。坚持走新型工业化道路，以信息化带动工业化，以工业化促进信息化，加快工业结构调

整，推进经济发展方式的根本转变。按照七大优势产业发展要求，做大做强电子信息、装备制造、能源电力、油气化工、钒钛钢铁、饮料食品、现代中药等优势产业和航空航天、汽车制造、生物工程等潜力产业，积极培育新材料产业。大力实施"一县一园区、一园一主业"的布局调整，推进工业园区成链发展、关联发展、集聚发展、集约发展、合作发展。积极实施大企业大集团"两个带动工程"，加快中小企业和区域经济发展。推动自主创新，大力提高原始创新、集成创新和引进消化吸收再创新能力，提升产业技术水平，增强产业产品核心竞争力。坚持市场化、产业化、社会化方向，促进服务业全面快速发展。以优化结构、扩大供给、提升产业竞争力为着力点，大力发展现代和新兴服务业，改造提升传统服务业，不断提高服务业比重和吸纳就业能力。进一步调整区域产业布局，"四大城市群"要整合区域资源，建立协调发展机制，通过产业基地、集群和园区建设，促进城市间产业合理布局和优势互补，增强辐射带动作用。

## （二）利用承接产业转移联动推进"四化"同步

抓住国际国内产业加快转移的机遇，充分发挥本地产业基础和比较优势，积极主动地"引鸟入笼"、承接产业转移，在深化合作、扩大开放中联动推进工业化城镇化。立足我省实际，既要"筑巢引凤"，更要"筑巢养凤"，既要"腾笼换鸟"，更要"提笼寻鸟"。围绕我省特色优势资源加工和七大优势产业的缺失、薄弱、关键链条，加强与国际、国内转移产业对接，鼓励引进大型骨干项目、高新技术项目、主导产业带动项目、企业配套项目和企业集群项目，重点引进世界500强、国内100强和行业50强企业。广泛开展区域合作。以长三角、泛珠三角、环渤海湾、成渝经济带为重点，充分利用多边区域合作（"9+2"泛珠三角合作、六省区市合作）、双边合作（川浙、川渝、川京、川粤、川港等）机制以及"西博会""西洽会""渝洽会""中国—东盟博览会"等合作平台，不断深化我省与东中西地区的产业对接和经济技术合作。加深同各地商会、专业协会、中介组织、对口援助省市的衔接与沟通，引进、培育、发展一批专业投资中介服务机构，探索投资促进专业化、市场化、国际化、信息化运作新机制。积极探索沿海地区在我省合作建设产业转移示范园区，发展共建共享、收益分成的"飞地经济"。大力实施企业"走出去"战略。主动应对国内外市场竞争格局的新变化，积极开拓国内外市场，鼓励优势企业在国外投资设厂，建立研发机构，开辟国外新市场，推动我省企业、产品进入国际市场。

## （三）利用体制机制创新联动推进"四化"同步

体制机制创新是联动推进工业化城镇化最根本、最有效、最持久的促进因素。

要进一步完善市场经济体制，建立健全统一、开放、竞争、有序的现代市场体系。建立和完善资本、土地、劳动力、技术等生产要素市场体系，完善反映市场供求关系、资源稀缺程度、环境损害成本的生产要素和资源价格形成机制，消除行政壁垒，打破地区封锁，引导生产要素跨区域合理流动。深化企业改革。深入推进国有企业公司股份改革，完善法人治理结构，健全现代企业制度，优化国有经济布局和结构，增强国有经济活力、控制力、影响力。加强国有资产监管，完善国有资产监管机制，建立国有资本经营预算制度，确保国有资产保值增值。继续深化以省属"八大公司"为重点的改革，抓好破产兼并、主辅分离、军工脱困等改革试点。加大城镇建设投融资体制改革力度。建立城镇建设投资主体多元化、融资方式多样化、运作方式市场化体制。深化投资体制改革，规范政府投资行为，保障企业投资自主权。深化审批制度改革，规范审批程序，提高审批效率。推进财税体制改革，设立联动推进工业化城镇化发展基金。加快金融体制改革，引导金融机构开展金融创新，提高服务效率。积极探索户籍制度改革，打破身份限制，促进人口自由流动和合理配置。

## （四）利用特大城市布局联动推进"四化"同步

按照"一枢纽、三中心、四基地"建设目标，依托区域性中心城市着力打造城镇群、培育产业集群。抓紧编制实施成都平原城镇连绵区、川南城镇密集区、攀西和川东北城镇发展区等四大城镇群发展规划，依据城镇群发展规划和各自比较优势，优化调整全省工业产业布局规划，在全省范围重点打造成都平原、川南、攀西和川东北四大城镇群经济区，全面提升城镇群区域竞争力，积极构建以四大城镇群经济区为主体形态的城镇化工业化主导辐射区。以城乡统筹配套改革试验为抓手，结合灾后恢复重建，重点打造位于地震灾区的成都平原城镇群经济区，促进成都平原地区城镇群和产业集群的进一步形成，使之成为引领全省经济发展的增长点。进一步优化城镇体系结构，到 2012 年，在成都平原地区形成以成都一个特大城市为核心，绵阳、德阳两个大城市为骨干，其他若干中小城市和小城镇为基础的城镇体系结构。发挥区域中心城市科技资源集中、产业基础较好的优势，加快发展七大优势产业，带动区域整体经济发展和提升。

## （五）利用旧城改造建设联动推进"四化"同步

按照政府主导、市场运作、因地制宜、布局合理、综合开发、配套建设的原则，加快旧城改造步伐，更新城市功能，提高城市综合效益。要突出重点，分类指导，分步实施，着力改变城市面貌，改善人居环境。进一步加大城市中心区改造力度，重点发展高度商业，积极配套辅助系统，增强吸引力，避免空心化。坚持拆迁与保护并重，采取"建筑更新＋功能置换＋商业运作"的开发模式，加强对城市古建筑、文化遗址、历史街区进行修葺和保护，提升城市文化品位。积极推进城中村改造，打破二元经济体制壁垒。通过规划调整把严重工业污染区置换为居住、商业、绿地或其他城市功能，大型工业区要依托产业基础，进行产业重塑，鼓励同类或关联度高的企业进驻，延伸产业链，再次形成产业集群效应，促进产业升级，增强竞争力。加快旧城工业外迁进度，防止旧城功能老化，促进地方产业结构调整，提高城市土地配置效率，改善城市环境质量。

## 二、构建"四化"同步新机制

### （一）建立统筹产业规划和城镇规划机制

按照统筹城镇与产业协调发展规划，积极落实我省区域发展战略。深化省域城镇体系规划，抓好四大城镇群规划，优化省域城镇结构体系，优先发展大中城市，集约发展中心镇，构建以成都特大城市为核心、区域大城市为骨干、中小城市和中心镇为基础，大中小城市和中心镇协调发展格局。以科学规划为龙头，以增强城镇综合承载能力为重点，完善城镇功能，为工业化城镇化提供更好的发展平台；将各类工业园区建设纳入城镇总体规划统筹布局，实现工业园区建设与城镇规划的有机衔接。发挥省工业化城镇化工作领导小组的作用，定期召开城市规划与产业规划对接会议，统筹协调解决在城市规划和产业规划中出现的重大问题和突出问题。

### （二）建立统筹利用政府和市场作用机制

坚持市场导向与政府推动相结合，充分发挥政府"有形的手"和市场"无形的手"的作用。以市场机制配置资源为基础，以企业为主体，充分发挥中介机构作用，促进工业化城镇化建设与市场的有效对接。充分利用资本市场，积极吸引信贷资金、民间资金、企业投资、社会其他资金等各方面资金投入重大产业项目、工业园区、物流配送中心、区域性技术中心、产品展示交易市场、城镇基础设施等建设，建立和完善以资金融通、信息服务、市场开拓、人才培训和劳动力中介为主要内容的城镇服务体系。政府加强工业化城镇化建设规划引导、环境营造、平台搭建、信息服务，健全和完善与工业化城镇化相适应的财税、用地、行政管理和公共服务等管理制度，完善和落实工业化城镇化的各项政策保障机制、工作运行机制和协调机制。突破行政区划的束缚，按照工业化城镇化发展的客观规律，综合协调解决有关产业布局、资源整合配置、大型基础设施建设布局、区域环境整治等重大问题，实现工业化城镇化建设资源共享、相互联动、共同发展。

## （三）建立统筹发挥内力和外力作用机制

坚持增强内在自主增长能力与承接产业转移能力相结合。按照大企业带动大产业，大产业催生中心城镇发展的理念，推动能源、资金、运输、土地等要素向大企业大集团集中，积极打造一批重点行业和领域的"产业旗舰"，以大企业做大做强带动区域经济发展，带动中小企业配套发展，促进人流、物流、资金流、信息流、技术流的集聚，形成产业、市场、城镇三位一体、良性互动的工业化城镇化发展新格局。实施开放带动战略，充分发挥本地产业基础和比较优势，充分利用当前发达地区产业转移加快的有利时机，扩大开放，积极主动地承接产业转移，依托既有产业基础和优势，通过承接产业转移，形成新的产业链和产业集群，以提升我省产业层次，优化产业结构，在深化合作、扩大开放中推进工业化城镇化。

## （四）建立统筹产业和城镇基础设施建设机制

按照综合配套、适度超前、保障有力的要求，加强基础设施联建共享，以经济运行最优化为导向，转变基础设施建设理念，在联动推进工业化城镇化中，必须围绕我省七大优势产业发展需要，强化相应基础设施建设，城市化建设的基础设施要与之相适应，重点围绕区域优势产业发展，加强城市基础设施建设，加快综合交通运输和通信网络建设。在总体规划指导下，加快城市供水、污水处理、垃圾处理、集中供热、城市道路和公共安全等各项城市基础设施建设，使大中城市基础设施状况显著改善，逐步形成比较完备的现代化城市基础设施体系。统筹规划、合理布局，实现各种运输方式有机衔接，发挥组合效率和整体优势，形成便捷、通畅、高效、安全的综合交通运输体系。不断提高基础产业和基础设施的保障、承载能力，突破瓶颈制约，为我省进一步加快发展创造条件。

# 第四节　创新特色产业和工业园区体制机制

四川还处于加快发展工业化和城镇化的双加速时期，必须加快发展工业，首先是要加强工业发展的基础，加快特色优势产业的发展。而四川发展特色优势产业必须重点突出集群发展和集约发展，培养特色优势产业集群和特色优势产业园区，优化集群和园区两方面的体制机制。

## 一、优化特色优势产业集群体制机制

### （一）特色优势产业集群培育中的园区建设

园区建设是西部特色优势产业集群发展的重要载体，也是政府规划和引导特色优势产业集群发展的重要手段。在园区建设中，各省政府要在规划建设的初期就引入循环经济观念，使产业集群的发展建立在经济效益和社会效益并举的基础上，从而既达到推动西部经济发展，又符合国家主体功能区定位的要求。因此，生态园区和循环经济园区是西部发展特色优势产业集群的基本要求。

### （二）特色优势产业集群培育中的技术平台建设

四川发展特色优势产业集群的关键，是在技术上实现比其他地区更高的资源利用效率，更低的环境污染，更大的利润空间。这些关键点的突破，都必须建立在技术突破的基础上。因此，四川发展特色优势产业集群，必须首先实现技术平台的建设，使得产业集群能够通过持续的技术创新，解决制约其发展的根本原因。

### （三）特色优势产业集群培育中的产业链延伸

四川发展特色优势产业集群，要充分贯彻产业链思想。通过沿产业链上下游延伸，扩展产业集群的规模和内涵，实现资源价值在本地地区的精深开发，最大限度地减少不必要的资源运输的成本，同时实现资源的深度循环利用，最大限度地减少环境污染。因此，要跳出产业集群抓产业集群发展，既要规划建设具有重要影响力的特色优势产业集群，更要在该产业集群附近规划发展具有重要配套作用的配套产业集群。

## 二、发展生态工业园区的体制机制

### （一）遵循生态工业园区发展的总要求

四川资源承载力弱，环境保护的压力大，在生态工业园区的总体发展要求方面，应该充分权衡经济发展与环境保护的需要，将工业生产过程中输出的大量废弃物作为工业生产的物质、能量再加以充分的利用，从而寻求资源利用率的最大化，缓解工业园区重视生产，忽视环境的做法，使得生态工业园区协调发展。

## （二）完善园区的生态管理体系

生态工业园区的建设是根据"生态链"的要求而展开的，这使得其管理不再单纯地局限于某一产品或产业内部的管理。在管理体系的设计上，也应该立足于生态工业园区的发展要求，建立起完善的生态管理体系，包括管理流程的生态化，使得各产业部门、各产品部门加强协调和互动；环境管理的生态化，注重园区的生态环境建设，尽可能地建设 ISO14000 环境管理体系，降低环境的污染，加强低碳排放要求。

## （三）完善政策扶持体系建设

生态工业园区的建设是一个系统工程，不仅对资本有着较高的要求，而且对人才、政策扶持依赖也比较大。特别是四川比较落后的地区，对政策的依赖十分明显。由于四川的生态工业园区整体上比较落后，处于建设的初期，所以政府各级层面，应该加强对生态工业园区建设的科学规划与布局，引导生态工业园区科学、协调发展，出台相应的财税政策、信贷政策、产业扶持政策、产品品牌培育政策、人才引进和培育政策，予以支持生态工业园区的发展。

# 第十六章 完善城乡基本公共服务均等化制度安排

"两化"互动、城乡统筹要求实现基本公共服务均等化，而传统体制形成了公共服务城乡分离的二元结构，只有通过体制机制创新，改革传统体制机制，才能实现公共服务均等化。具体包括构建城乡一体的公共教育体制、城乡一体的公共就业服务体制、城乡一体的公共医疗卫生体制、城乡一体的社会保险体制和城乡一体的公共文化服务体制等"五个一体"中的体制机制。

## 第一节 城乡一体的公共教育体制机制创新

公共教育政策的本质决定了政策的制定应该以社会公众利益为其旨归，社会公共利益毫无异议是教育公共政策制定的出发点和归宿点，具有制定主体的公共部门性、动态性和博弈性特征[112]。城乡一体的公共教育政策是保障城乡教育均衡发展的政策。这一政策措施主要保障条例的制定、机会均等化的获得和城乡教育资源均衡配置等三个方面予以完善。

### 一、加快制定《四川省城乡一体化公共教育保障条例》

城乡一体化公共教育保障条例是城乡公共教育法制建设的重要一步，标志着城乡一体化教育进入一个新的发展期。通过城乡一体化公共教育保障条例，使得城乡一体化教育不受政府和个人因素的影响而顺利推进。对于促进城乡一体化公共教育健康、持续发展具有十分重要的意义。

在四川省城乡一体化公共教育保障条例制定中，一是在条例中要明确受益对象和范围，主要指乡镇和城市的公共教育对象，也就是九年义务制教育对象；二是在城乡一体化公共教育保障条例中，明确城乡一体化公共教育的指导思想、工作重点，主要推进措施及保障一体化的手段；三是在保障条例中应明确规定对违背城乡一体化公共教育的地方政府责任人、学校实施严格的处罚。

### 二、建立和完善城乡教育机会均等化体制机制

城乡教育机会均等化政策是促进教育平等、实现教育公平的关键因素。教育

机会是指人们通过办学和施教使个体接受教育的可能性。教育平等是不同个体之间接受教育的可能性和现实性方面的相同性。教育机会均等是指人们特别是公共教育接受的可能性的相同性[113]。在城乡教育机会均等化政策中，一是制定让公共教育接受者起点公平的教育政策，这是尊重人的教育权利的基点上的平等，也就是说，受教育者在入学机会上是平等的，不受性别、种族、出身和贫富因素的影响。二是落实教育过程的公平。教育过程的公平是指接受教育的个体都有机会获得适合个人特点的教育机会，因此制定城乡一体的公共教育资源配置体系、教师授课过程中对学生公平的考核办法以及师生关系互动的公平考核等都是必需的保障手段。三是教育结果的公平。教育结果公平是教学质量、评价方式、就业机会均等的反映，是教育公平的最终目标，是教育质量高低的终极反映。

在政策的制定上，一是重视教育教学效果在授课对象中应该有一个公正公平的反映，即教育主体在教育对象上应该是无差别的个体，每一个接受教育的学生都应该均等地获得相应的机会。二是在教学过程中教师、学生、教学内容、教学方法手段、教学环节等的评价应该是一个比较一致的认同。三是在就业的机会上是平等的。这意味着对每一个接受教育的学生而言，就业机会都排除了其他外部因素的干扰，在他们的心目中都有一个一致的评价。

## 三、建立和完善城乡教育资源均衡配置体制机制

城乡教育资源是指各级政府用于教育的经费和学校设施等可量化的财、物等有形的"硬件"资源，以及学校的教师等不可量化的人力资源和教学水平、管理水平、教育机会等无形的"软件"资源[114]。城乡教育均衡配置是为了解决教育方面的公共问题和实现一定的教育公平目标，通过决策和计划，对全社会的价值做权威性的分配而采取的一系列公平行动，要求教育资源在城市和乡村配置的均衡性和合理性。在政策上，一是投入资金的均衡配置。既要保持财政对教育经费的投入占国民生产总值的比例应当随着国民经济的发展和财政收入的增长逐步提高，保证教师工资和学生人均公用经费的逐步增长，又要保证公共教育经费占GDP 的比重处于一个稳定的区间，同时还要保证中小学教育适度比例的增长。二是投资对象的均衡。由于发达的地区拥有较好的教育资源，所以这一政策主要是针对落后地区，应尽快在图书馆、教育教学资源等方面进行倾斜，建立发达地区对贫困地区的教育补偿机制。三是要建立城乡一体的教师流动机制。这种流动机制包含三个部分：①农村教师流入机制，鼓励城市优秀教师向农村流动；②农村教师稳定机制，通过情感与激励等方式鼓励优秀教师在农村开拓自己的事业；③农村教师培训机制，实施对口帮扶、输送到发达地区免费培训，以及聘请优秀教师到落后地区培训等多样化的方式培训农村教师。

城乡一体的公共教育政策的制定有利于在实践中教育资源的公平配置，而不是再从效率的角度考虑教育资源配置，其目的是给每一位愿意接受教育的孩子都创造一个良好的平台，做到教育的机会公平。

# 第二节　城乡一体的公共就业服务体制机制创新

公共就业服务是在发达国家和转型国家普遍建立起来的提高劳动力市场搜寻匹配效率的公共制度。公共就业服务是指以政府为主导，社会各方共同参与，通过就业服务机构帮助劳动者获得就业岗位和提升就业能力，帮助用人单位寻找合格劳动力的一系列服务性工作的总称[115]。国际劳工组织明确规定的公共就业服务功能包括招聘和安置工人、方便职业和地理流动、收集和分析劳动力市场数据，与失业保险部门合作，支持经济和社会计划等。城乡一体的公共就业服务是统筹城乡就业，促进城乡就业一体化的重要举措。这一政策体系的设计应立足于建立城乡统一的就业登记管理制度、完善城乡一体的就业培训制度、城乡就业扶持援助制度和就业均等的制度等方面。

## 一、建立城乡统一的就业登记管理制度

城乡统一的就业登记管理制度是打破外来务工人员与本地人员身份界限的重要举措。在体制机制构建上：

（1）将就业登记作为就业公平的前提和基础。城乡一体的就业登记制度就是改变原有的对农村就业市场不闻不问的状态，将城乡劳动力、大中专学生全部纳入就业登记和积极就业政策的覆盖范围，建设城乡一体就业登记工作统一平台，个人基本信息录入城乡统一的就业信息库。

（2）严格规范企业用工流程，促进城乡一体就业登记工作顺利推进。将已经登记的城乡劳动力和大学生纳入就业优先的范畴，农村劳动力凭身份证，城市劳动力凭求职证，大学生凭派遣证（报道证）等由用人单位在就业登记平台办理招用手续。

（3）实施城乡统一就业政策。改变城乡分割的就业政策，取消对农村劳动力就业的限制性规定，充分发挥市场在资源配置过程中的决定性作用下，实行城乡劳动力平等竞争、同等就业、同工同酬[116]。

## 二、完善城乡统一的就业培训制度

完善城乡统一的就业培训制度，有利于提升城乡就业人员的整体素质，提高

城乡劳动力的就业质量。在完善城乡统一的就业培训制度方面：

（1）建立统一的城乡就业培训平台。建立以劳动保障厅、局等为牵头负责，其他各部门协调推动的城乡就业培训管理体系，通过建立就业培训学校、与社会机构合作培训和向中等职业技术学校、高等院校联合培训等方式，开展城乡劳动者的就业培训。

（2）加强职业教育培训，抓紧给各行业、各类别、各层次的人才充电，提高城乡就业的素质和专业文化水平，使其在就业中能够尽快地适应市场竞争的需要。

（3）鼓励就业与创业培训相结合。通过政策激励，鼓励那些符合条件的城乡就业人员和自主创业者，在规定期限内免交登记类、管理类、证照类和培训类费用。扩大创业培训范围。在市场准入、税费减免等方面给予支持，对困难企业在职职工、返乡的农民工、城镇失业人员和新成长劳动力在取得培训结业证书后，给予专门定点帮扶。

（4）建立就业培训机制。加强政府公共教育培训机构的职能建设，推动公共培训职能机构由解决就业向促进就业方向转变，完善公共就业培训的地方性法规和政策，完善公共教育培训经费的来源机制与投入机制，完善公共教育培训机构的评估体系以及就业信息化管理。

## 三、建立城乡统筹的就业扶持援助制度

（1）明确就业扶持援助的主体。统筹城乡的就业扶持援助制度是针对城乡就业困难人员、零就业家庭、特困失业人员、低保家庭以及有就业能力和就业愿望的刑释解教人员等建立统一的就业扶持援助，对自愿申请登记的援助对象分类登记，建立工作台账，实施"一对一"就业服务帮扶。

（2）明确就业援助和扶持援助的具体内容。根据相关的政策规定，就业援助是指各级人民政府通过建立健全就业援助制度，采取有针对性的税费减免、贷款贴息、社会保险补贴、岗位补贴等帮扶措施，通过鼓励企业吸纳、自主创业、灵活就业和公益性岗位安置等途径，使就业援助对象有效接受公共就业服务、享受就业扶持政策，确保零就业家庭成员中至少一人实现就业，最终达到就业援助对象全部实现就业（创业）的帮扶行为。扶持援助是指通过财政、金融、社会企事业帮助等政策措施扶持那些符合条件的城乡人员，促进其再就业。

（3）加大力度宣传与登记。采取多种形式大力宣传就业援助政策，使城乡每一位援助对象都及时了解就业援助服务内容和相关政策。对城乡每一位符合条件的就业困难人员都能够进行登记认定，每一位有就业愿望的人都能够按规定进行失业登记。

## 四、建立城乡就业均等的保障制度

城乡就业均等的保障制度是城乡就业无差别的保障制度，这一制度就是上下联通、制度完善、服务规范的就业均等保障体制。在这一制度建设上，**一是**完善软硬件设施，打造基础过硬的"效能平台"。建立城乡各类人员的数据库信息系统，实现办公设备自动化、数据采集自动化和信息自助查询发布数字化，形成完善的城乡统一均等的基层信息平台建设。二是统一制度和标准，打造优质服务的"规范平台"。规范一致的流程和标准是平台良性运转、高效服务的重要保障。平台建设需要服务制度统一、服务流程统一和服务标准统一。**三是**建立覆盖信息化网络，打造资源共享的"互联平台"。就业信息平台的互联互通和数据共享是平台服务能力提升的重要内容。在这一平台上，要求网络覆盖"零遗憾"，协同办公"零距离"，资源共享"零障碍"。四是就业保障一体化，打造一站服务的"民生平台"。建立扩大就业、预防失业的长效机制，拓展用工服务，维护和谐稳定的劳动关系，化解基层用工矛盾。

城乡一体的公共就业服务政策有利于保证每一个愿意就业的人都能够找到需要的就业岗位，是为愿意就业的劳动者提供一个就业机会公平的平台。

# 第三节 城乡一体的公共医疗卫生体制机制创新

公共医疗卫生具有明显的公共产品性质和公益性特征。其富有效率的供给既可以提升社会的健康水平和福利，又可以促进社会的和谐发展。2007年党的十七大报告明确要求坚持公共医疗卫生的公益性质，这意味着公共医疗卫生服务的均等性和公平性发展策略。城乡一体的公共医疗卫生有利于整合城乡卫生资源、促进城乡公共医疗卫生服务一体化发展。在政策措施上，以保障城乡公共医疗卫生资源均衡配置、建立统一的城乡公共医疗卫生服务能力建设、医疗保障建设和建立城乡公共医疗卫生服务一体化制度。

## 一、保障城乡公共医疗卫生资源均衡配置

四川省医疗卫生资源长期处于一个大型医院设备优良但常年人满为患，社区和农村医疗机构就医方便但检验手段落后，公共医疗卫生资源配置长期不均。从政策层面来看，公共医疗卫生资源的均衡配置：

（1）统筹规划与管理城乡公共卫生资源。为了实现城乡公共医疗卫生资源的均衡配置，需要对城乡卫生资源实行统一规划布局，建立村、镇、县、市和省五

级公共卫生服务联动机制。在各级医疗卫生机构设置专门组织负责公共卫生项目，落实相应的责任和监督公共医疗卫生资源的配置与使用。

（2）突破城乡公共卫生资源均衡配置的体制障碍。通过规范人员编制、经费保障、管理体制及机制创新等，实现城乡公共卫生机构统一管理，提高机构的运转效率及预算资金的使用效率。

（3）建立落后地区公共医疗卫生倾斜机制。尽可能地在村、镇建立区域性公共卫生服务中心或服务站，将四川省发达地区的公共卫生资源尽可能地向落后地区倾斜，补充和完善落后地区的公共卫生医疗设施，加强落后地区公共卫生服务的专业力量，夯实落后地区公共卫生专职工作人员的中坚力量，并根据需要建立一支各种突发事件及专项工作的卫生应急队伍。加大对落后地区公共卫生经费的财政投入，经费主要用于农村卫生机构的标准化建设，完善农村卫生服务体系装备、补贴乡村医生在农村地区从事公共卫生工作。

## 二、加强农村公共医疗卫生服务能力建设制度

医疗卫生服务能力反映了客观的保障能力或者满足医疗需求的能力，农村公共医疗卫生服务能力建设是保障农村公共医疗卫生服务获得的关键。在政策设计上：

（1）不断提高农村公共医疗卫生服务的综合管理水平。提高农村公共医疗卫生的基础设施水平，推进基层医疗卫生机构的管理水平和管理能力，加强农村公共医疗卫生服务的体系和网络建设，改善农村卫生服务条件，完善农村医疗卫生机构的财政保障机制。

（2）加强农村公共医疗卫生人才队伍建设。不断培训农村基层的人才队伍，通过选派优秀的医疗人员到基层参与医疗服务。通过对口帮扶、住院医师规范化培训、乡镇卫生院职业医生招聘等项目，培养培训基层医务人员。

（3）运用现代信息技术提高农村公共医疗卫生服务水平。充分运用现代信息技术的高效、安全、快捷的特点，建立农村公共医疗卫生信息、医疗信息、服务信息共享的农村医疗服务网络体系，及时跟踪、反馈农民健康信息。

## 三、建立统一的城乡公共医疗保障制度

（1）建立统一的社会基本医疗保险。建立覆盖广泛、相对完善的基本医疗保险，提高基本医疗保险的保障水平，特别是新农合的筹资标准和保障水平，规范基本医疗保险的基金管理。

（2）完善城乡医疗救助制度。医疗救助是保障城乡居民生存权和健康权的最

后防线，是医疗保障中最低层次的防线。在医疗救助中重点解决特殊的救济对象、低保人员、"三无"人员、农村灾民等弱势群体。

（3）逐步建立补充性的公共医疗保险。整体上城乡基本医疗保险还比较单薄，而且各项的基本保险的基数比较低。因此应该在城乡探索多元的公共医疗保险。补充的重点不宜搞补充医保，重点在基本医疗保险封顶线以上的费用、门诊高额医疗费用、目录外个人自付费用。

## 四、建立城乡公共医疗服务一体化制度

（1）建立城乡公共医疗服务一体化的管理制度。推进城乡医疗体制改革创新，强化责任制，在基层医疗人才培养、激励机制、人员编制和基础设施建设等方面不断加强，不断建立比较完善的农村基层医疗服务体系，提高基层医疗服务的管理水平。

（2）建立城乡公共医疗服务一体的长效机制。制度是保障管理者及其个体行为一致的基本准绳。健全、完善的城乡一体的公共医疗服务需要统一的规章制度予以约束。在这一制度建设中，需要推进基本医疗保障制度建设，建设多层次的医疗保障服务体系，规范各级医疗机构的管理水平，联动和协调各级医疗机构的服务能力，建立各级医疗服务机构服务效率最大化的体制机制。

（3）建立城乡公共医疗服务一体化的信息共享平台。在网络信息时代，信息技术已经突破时间和空间的制约，使得资源的共享成为可能。四川省的部分地区，特别是农村基层医疗机构信息基础设施不完善，信息化利用率低。因此，应高度重视信息网络建设，公共医疗服务的信息化平台建设，提高公共医疗服务水平和能力。

公共医疗卫生的公共性导致市场失灵是其客观现实，但广大老百姓对其需求又是刚性的，如何协调供需之间的矛盾，这显然需要政府补位。建立城乡一体的公共医疗卫生服务政策有利于从根本上缓解看病难、看病贵等问题，满足城乡广大人民群众对医疗卫生的利益诉求。

## 第四节　城乡一体的社会保险体制机制创新

社会保险是一个事关国民经济全局的重大问题。1998年以来逐步确立了政府主导、责任共担建制机制，强调政府、用人单位、个人以及社会各方共同承担社会保险责任。社会保险在促进经济发展和社会稳定方面做出了重要的贡献。合理的社会保险政策有利于发挥稳定器的作用，但不合理的社会保险有可能造成社会的紊乱，阻碍社会的进步。我国城乡社会保险的不均衡、不协调和不统一使得城

乡社会保险二元结构异常突出，造成农村社会保险严重滞后。城乡一体的社会保险政策的重点是建立城乡一体的社会保险制度、城乡一体的社会救助制度、城乡一体的多元养老保险制度等。

## 一、建立城乡一体的社会保险制度

城乡一体的社会保险制度就是形成城乡统一的社会保险制度，以打破城乡分割的二元体制，并实现城乡保险自由的迁移，赋予农民和城市市民同等的国民待遇。在具体的城乡一体的社会保险制度方面：

（1）建立统一的"自助+救助"的社会保险模式。这一模式是以自助型为主导，救助型为底限的复合型城乡一体化社会保险体系。在自助型中，要求建立全省统一的个人社会保障编码和个人账户，要求城乡所有劳动者按收入的一定比例依法缴纳社会保障金。在救助体系中，通过立法明确城乡居民申请和享受社会救助的基本权利；制定全省统一的、城乡一体化的最低生活保障线，以维持基本生活为限，救助对象为所有生活无依靠、自己无法克服又不能从家属和各类保险公司方面获得资助的人们，以保证维持最低基本生活。

（2）建立配套的社会保障预算。将社会保障作为财政转移支付的重中之重。由于地区差距的存在，利益分歧和经济差别的存在，所以在全省范围内建立统一的预算体系。在财政上建立独立的社会保障预算，同时规范社会保障供给范围，控制支出标准，以丰补歉与积极平衡，逐步扩大收支规模。

（3）加强城乡一体社会保险资金的监管。完善城乡一体社会保险资金的监管制度，建立健全内部控制制度、信息披露制度和重要情况报告制度。不断完善相应的工作机制，加强监督队伍建设，充分发挥行政监督、专门监督和社会监督的协同作用。

## 二、建立城乡一体的社会救助制度

按照相应的规定，只要是个人不能解决基本生活需要或者个人的收入不足以解决其基本需要都有权获得国民救助，全体国民都享有社会救助的基本生存保障权利。在建立城乡一体的社会救助制度上：

（1）建立城乡最低生活保障制度、困难群众医疗救助制度、大病医疗救助制度、新型合作医疗制度、贫困助学制度、住房救助制度、五保供养制度、就业援助制度、扶贫帮困制度、法律援助制度、特困群众水电援助制度、自然灾害应急预案制度、边缘群众救助制度、监督管理制度。

（2）整合城乡救助资源。充分协调政府部门、群众团体、企事业单位和社会各界人士的力量，整体筹划，整体实施。在加大政府救助资金的同时，积极倡导社会救助，形成多元化的救助资金物质筹措渠道。整合各部门的资金、物力、人力资源，盘活救助资源，形成社会广泛参与、运转协调、管理规范的社会救助服务网络，推动社会救助工作向社会化发展。

（3）优化救助机制。根据不同地区的实际情况设立救助项目，减少在本地不适应的救助项目，增加一些与当地经济发展相适应、与财政收入相适应、与救助对象的需要相适应的救助项目，体现城乡共性，突出重点，面向各类困难群众，用制度来规范各项救助程序，实现城乡一体化救助制度。

（4）不断完善救助体系。进一步完善救助体系，细化救助制度和方法。一方面可使更多的需要救助的群众纳入救助范围，另一方面也使救助工作更具有可操作性，切实保障社会弱势群体的就医、就业、就学、住房、基本生活和基本权益。健全救助工作机制，建立救助受理制度；建立救助公示制度，建立救助评审评议制度；建立救助人员分类管理制度，建立救助渐退制度；建立承诺告知制度，建立劳动就业培训制度，建立公益劳动制度；建立准时准确上报制度，坚持民主公开、分类管理、分类施救，完善受助对象有进有出，补助水平有升有降的动态管理机制，杜绝人情救助。做到符合条件的一个不漏，不符合条件的一个不救，充分发挥社会救助的政策效应。

## 三、建立城乡一体的多元化养老保障制度

（1）夯实家庭保障能力。家庭保障能力具有稳定性、自发性，但受到家庭保障意识、个体资金能力的影响，在家庭保障方面，应该大力宣传，将闲余资金的一定比例用于家庭保障之中。同时提高家庭居民的人均收入，这是从根本上提高家庭保障能力的重要手段。

（2）积极探索社区养老的多种形式。这一养老模式以社区照顾和社区服务为主，通过一定方式筹集养老保障资金，用公开规范的方式为社区的老年成员提供帮助，是一种自助和社会型相结合的养老保障，目前在四川省城乡基层广泛存在，但形式比较单一，应该不断探索多样化的社区养老方式，对于改善城乡基层老年人的生活，弥补家庭养老保障的不足将发挥着巨大的作用。

（3）探索城乡一体养老的市场化运作体系。尽管养老具有政府公共职能性质，但这仅限于基础性和普适性。随着城乡居民收入的增长，对养老的质量诉求有所表现，因而养老的市场化运作形式是必要的。在手段上，不断探索农村养老储蓄和养老理财、养老保险和商业保险的多种形式，形成系统而完善的城乡一体养老的市场化体系。

# 第五节　城乡一体的公共文化服务体制机制创新

公共文化服务是在政府主导下，以税收和财政投入方式向社会整体提供文化产品及服务的过程和活动[117]。城乡一体的公共文化服务政策是繁荣社会主义先进文化与和谐文化的政策支持，是落实全面建设小康社会的重要举措，在政策体系中要构建城乡文化阵地网络均等化制度、公共文化资源城乡交流共享机制、公共文化服务投入长效机制、公共文化服务基础设施共享机制和公共文化服务人才队伍建设体制等。

## 一、构建城乡文化阵地网络均等化制度

文化阵地是文化发展的主战场，是文化传播的重要源头。信息化的高速发展，使得网络产业成为文化发展的重要阵地。网络信息技术在文化传播中的地位和作用日益突出。但由于经济发展基础和条件存在比较大的差异，城乡网络资源配置并不均等，城市网络资源的质量明显优于农村地区，而广大农村地区甚至还没有网络的存在，导致网络资源配置极不均等，影响农村地区利用网络推动文化建设的积极性。网络均等化配置，需要加强农村网络基础设施建设，普及农村网络基础知识。

## 二、建立公共文化资源城乡交流共享机制

公共文化资源配置均等化水平的高低直接关系着最广大人民群众基本文化权益的保障和实现，直接关系着政治、经济、社会及文化"四位一体"统筹协调发展和可持续发展，直接关系着文化事业与文化产业的相互促进和共同繁荣。公共文化城乡交流共享机制的建立是基于城乡一体的公共文化平台，也包括公共文化的载体、平台等硬件设施的建设，还包括人才、项目、内容等软件配套建设方面。

## 三、建立公共文化服务投入长效机制

随着人们收入的不断增长，物质文化生活水平的不断提高，对公共文化的需求与日俱增，但公共文化服务的投入已经不能满足公共文化服务增长的需要。特别是农村公共文化服务的基础设施水平落后，网络不发达，甚至缺失，因此建立公共文化服务投入的长效机制十分重要。在这一机制方面：

（1）保证财政的一定比例用于公共文化服务建设。加大财政对公共文化服务

的倾斜力度，合理界定各级财政的出资责任，平衡公共文化服务的财政投入结构，保证财政的合理比例用于公共文化服务建设，提高财政资金的使用效率。

（2）建立公共文化服务投资基金。公共文化服务投资基金采用股权投资的方式，通过市场化的运作，重点投资于公共文化服务领域。

（3）吸引民间资本进入公共文化服务领域。鼓励和支持民间资本以投资、项目合作等方式，积极参与公共文化建设中；鼓励民间资本捐建或捐修修建公共文化服务软、硬件设施。充分发挥公共财政的导向性功能，采取政府采购、项目补贴、定向资助、贷款贴息、税收减免等方式，引导民间资本进入公共文化领域。

## 四、建立公共文化服务基础设施共享机制

公共文化基础设施的建设不仅能惠及民生，改善群众文化生活，还能有效地完善城乡公共服务功能，提升文化品位。但城市偏向的发展战略导致城乡公共文化服务基础设施分布不均衡，因此建立公共文化服务基础设施共享机制十分重要。在相应的措施上：

（1）充分利用文化信息资源共享工程服务于公共文化。文化信息共享工程是采用现代化的信息技术手段，对我国优秀的文化信息资源进行数字化加工和整合，充分利用现代信息技术实现文化资源在城乡共享。这一工程在城乡公共文化服务中发挥着十分巨大的作用，是文化资源共享的基础性工程。

（2）定期举办送文化下基层活动。以各地区主管文化广电的机构为组织单位，联合各个部门，定期举办各类丰富多彩的文化下基层活动，丰富基层群众的文化生活。

（3）加强落后地区公共文化服务基础设施建设。落后地区由于网络等的不发达，电视信息技术比较落后，文化基础设施共享的硬件建设较差。这需要从省一级政府到地方各级政府实施财政倾斜。不断加大硬件投入，为城乡公共文化服务共享提供一个均等的平台。

## 五、建立公共文化服务人才队伍建设体制

公共文化服务人才是传播公共文化的重要参与者和文化价值的传递者。但四川省公共文化服务人才队伍还比较稀缺，因而建立合理的公共文化服务人才队伍建设体制就具有十分重要的作用。在具体政策措施上：

（1）明确公共文化服务人才队伍的建设目标、建设重点和建设保障手段。基于四川省和地市州公共文化服务人才的实际状况，人才队伍的数量应该是总量明显增长，人才队伍结构不断优化，高素质人才队伍需要不断充实。人才建设的重

点是培养适应经济发展需求的多元化人才、高素质人才，促进落后地区人才队伍数量的增长和质量的提升。在保障手段上应加强政府的人才队伍建设职能，加大对人才队伍建设的投资力度。

（2）建立多元化公共文化服务人才队伍。不断提升现有公共文化人才队伍的素质和水平，根据发展需要适当增加公共文化服务人员的编制。在各类高等院校或职业学校，以及社区发展文化辅导员、文化志愿者和文化活动积极分子充实公共文化服务人员的数量，夯实服务水平和能力。

（3）建立多元的公共文化服务人才培养机构。在完善国有公共文化服务机构的职能，提高公共文化服务效率的同时，鼓励民间资本和个人投入公共文化人才队伍的建设中，也鼓励不同类型的高等院校、中等职业技术学校经过备案或审批后从事公共文化服务人员培训，甚至直接从事公共文化服务工作。

城乡一体的公共文化服务是基层服务建设的重要内容。城乡一体的公共文化服务建设能够满足城乡居民对公共文化的基本需求，有利于政府惠民亲民的政策导向，是城乡一体化发展的必要环节。

# 第十七章 创新城乡基层治理体制机制

针对"两化"互动、城乡统筹发展中对基层治理的新要求，创新乡村基层治理体制机制和城乡社区治理体制机制。乡村基层治理以加强党的建设、完善村民自治、提升基层管理水平、健全协调机制为主；城乡社区治理政策以完善社区治理结构、多元力量参与社区建设、社区组织建设等措施为主。

## 第一节 乡村基层治理机制创新

乡村治理是以乡村政府为基础的国家机构和乡村其他权威机构，为了维持乡村秩序、促进乡村发展，依据乡村法律、法规和传统习俗等，给乡村社会提供公共服务的活动，是乡村多元主体协调同公共管理乡村的过程[118]。2014 年中央一号文件[14]强调了完善乡村治理制度的重大意义、方向和路径，在健全乡村治理制度和机制工作中，提出加强农村基层党的建设，完善村民自治制度，提高基层管理服务水平，加强组织领导，健全工作协调机制。

### 一、加强农村党的建设

强化党组织的领导核心作用，巩固和加强党在农村的执政基础，深入开展党的群众路线教育实践活动，推动农村基层服务型党组织建设。加强农民合作社、专业技术协会等的党建，创新和完善组织设置，理顺隶属关系。加强农村基层党组织带头人队伍和党员队伍建设，提升村干部"一定三有"①保障水平，确保农村基层党组织定权责立规范，村干部收入有保障、干好有希望、退后有所养。总结宣传农村基层干部先进典型，树立正确舆论导向。加强城乡基层党建资源整合，建立稳定的村级组织运转经费保障制度。加强农村党风廉政建设，强化农村基层干部教育管理和监督，改进农村基层干部作风，坚决查处和纠正涉农领域侵害群众利益的腐败问题和加重农民负担行为。

---

① "一定三有"是基层党组织为了提高基层班子的凝聚力、影响力和战斗力开展的活动。"一定"是指定权责立规范；"三有"是指收入有保障、干好有希望、退后有所养，简称"一定三有"。

## 二、完善村民自治制度

（1）完善和创新村民自治机制。深入推进村务公开、政务公开和党务公开，实现村民自治制度化和规范化。探索不同情况下村民自治的有效实现形式，农村社区建设试点单位和集体土地所有权在村民小组的地方，可开展以社区、村民小组为基本单元的村民自治试点。

（2）建立健全民主选举制度。要严格按照《中华人民共和国村民委员会组织法》和《四川省村民委员会选举条例》的规定，严格依法进行选举。要坚持公平、公正、公开和直接、差额、不记名、秘密写票的原则，真正做好每届换届选举工作。在选举活动中，要尊重和保障村民的提名权、推选权、选举权、投票权和罢免权。对选举中出现的违法违纪事件，要依法严肃查处。

（3）建立健全民主决策制度。民主决策制度以村民会议和村民代表会议为主要形式，真正做到凡村里的大事尤其是与农民切身利益密切相关的事项，都要提交村民会议或村民代表会议讨论，按多数人的意见做出决定。要进一步规范议事程序，完善议事办法，提高议事质量。要指导各地依照法律法规和中办发[2004]17号文件精神，结合本地实际，制定村民代表会议规则，明确村民代表的权利和义务。涉及村中发展的重大事项，应及时召开村民会议或村民代表会议"一事一议"。村民会议每年应至少召开1～2次，村民代表会议每季度应召开1次。

（4）建立健全民主管理制度。以村民自治章程和村规民约为主的管理制度要充分发动和依靠群众，制定符合本村实际的村民自治章程和村规民约，明确村民的权利和义务，村级各类组织之间的关系和工作程序，以及经济管理、社会治安、村风民俗、村容整洁、婚姻家庭、计划生育等方面的要求，使村级管理做到行之有规、处之有据，实现村民和村委会成员自我约束、自我教育、自我管理。

（5）建立健全民主监督制度。民主监督制度以村务公开、民主理财与民主评议干部、民主评议村委会工作为主要内容。要建立健全村务公开监督小组和民主理财小组，积极有效地开展民主监督工作。做到凡是农民群众普遍关心和涉及他们切身利益的问题，都按期如实公开。同时要加强对村务公开事前、事中、事后的监督，使民主监督落到实处。要建立和完善民主评议制度。村委会成员的工作，要由村民会议或村民代表会议进行民主评议或民主测评。评议或测评可结合年终工作进行，每年1次。评议中，村委会成员都要写述职报告，凡2次以上被评为不称职干部的，应给予训诫或启动罢免程序。

（6）完善和丰富管理民主。四川省是一个地理条件差异较大、人口分布极不均衡的省份。推进管理民主，一定要结合各地农村的实际，按照党中央、国务院和四川省委、省政府的要求，采取切实措施，扎实做好各项工作。尤其是经济发达地区，要突出村级财务管理重点。建立健全民主理财、村干部离任和任期内的审计制度，加强对集体资金的使用管理进行跟踪监测。各地要在总结推广本地区好的经验和做法的同时，进一步加大制度创新、形式创新、监督保障措施创新的力度，将工作不断引向深入。

## 三、健全工作协调机制

推进乡村治理的工作事关农村的长远发展，需要各级党委政府和职能部门从战略与全局的高度出发，把乡村治理工作作为一件大事，列入重要议事日程，切实加强领导、密切配合，将工作做好做实，完善乡镇干部直接联系服务群众机制，建立推进乡村治理工作的协调机制。各级协调（领导）机构要定期或不定期组织有关部门深入各地对乡村治理工作进行监督检查。要把推进乡村治理工作作为深化乡镇行政体制改革和完善乡镇政府功能的重要考量因素。新闻媒体要加大宣传监督的力度，为推进乡村治理创造良好的社会舆论氛围，把乡村治理工作做实、做好。

# 第二节　城乡社区治理机制创新

党的十八大指出在城乡社区治理、基层公共事务和公益事业中实行群众自我管理、自我服务、自我教育、自我监督，是人民依法直接行使民主权利的重要方式，明确要求改进政府提供公共服务方式，加强基层社会管理和服务体系建设，增强城乡社区服务功能，充分发挥群众参与社会管理的基础作用，指明了社区建设的方向、原则和任务[105]。

城乡社区是城乡一体化后的基本单元，社区稳定和谐是社会稳定和谐的基础。在城乡一体化背景下，加强社会管理的基础在社区，依托在社区。随着工业化、信息化、城镇化、市场化、国际化的深入发展，我国正处在社会结构深刻变动、利益格局深刻调整、思想观念深刻变化的重要时期，社区日益成为各种利益关系的交汇点、各种社会矛盾的集聚点、社会建设的着力点和党在基层执政的支撑点。在这种新的形势下，必须通过体制机制创新，构建城乡一体的社区管理体制机制。在"两化"互动、城乡统筹过程中，城乡基层正在发生广泛而深刻的变革，创新体制机制，是研究新情况、解决新问题的重要基础和手段，是引领和谐社区建设深入持久发展的不竭动力。通过增强创新能力，把创新贯穿于和谐社区建设工作的各个环节、各个领域，努力在和谐社区建设的领导体制、工作机制和参与机制上求突破、求发展，构建党委领导、政府负责、民政部门组织协调、相关部门协同配合、社会力量广泛参与的工作格局[119]。

# 一、完善社区治理结构

## （一）加强社区组织建设

城乡社区是党执政的基础单元，城乡社区党组织是落实党的路线方针政策和各项工作任务的战斗堡垒。十七届四中全会《中共中央关于加强和改进新形势下党的建设若干重大问题的决定》明确要求，发挥党组织在建设文明和谐社区中的领导核心作用。党的十八大进一步明确要求创新基层党建工作，夯实党执政的组织基础。夯实党的执政基础、增强党在基层的执政能力，必须抓住城乡社区这个根本，必须坚持社区党组织在和谐社区建设中的核心地位，必须发挥社区党组织在和谐社区建设中的领导作用。

### 1. 落实党建工作责任制

强化农村、城市社区党组织建设，加大非公有制经济组织、社会组织党建工作力度，全面推进各领域基层党建工作，扩大党组织和党的工作覆盖面，充分发挥推动发展、服务群众、凝聚人心、促进和谐的作用，以党的基层组织建设带动其他各类基层组织建设。

### 2. 健全党的基层组织体系

加强基层党组织带头人队伍建设，加强城乡基层党建资源整合，建立稳定的经费保障制度。以服务群众、做群众工作为主要任务，加强基层服务型党组织建设。以增强党性、提高素质为重点，加强和改进党员队伍教育管理，健全党员立足岗位创先争优长效机制，推动广大党员发挥先锋模范作用。严格党内组织生活，健全党员党性定期分析、民主评议等制度。改进对流动党员的教育、管理、服务。提高发展党员质量，重视从青年工人、农民、知识分子中发展党员。健全党员能进能出机制，优化党员队伍结构。

### 3. 夯实党的执政基础

健全社区党建和社区工作协调机制，建立社区党组织与社区新经济组织、新社会组织中的党组织联席会议制度，创新城乡社区党组织设置和活动方式，加强基层组织配套建设，形成推进社区党建的整体合力。切实加强社区党员队伍建设，退休人员、复转军人、大中专毕业生、失业人员、流动人口中的党员归属于所在社区党组织管理。

## （二）加强社区队伍建设

城乡社区工作者是和谐社区建设的重要组织者、实践者、推动者。推动和谐社区建设，必须培养和造就一支政治可靠、业务过硬、作风扎实、结构合理的社区工作者队伍。要加强对城乡社区工作者的法制和政策教育，不断提高他们管理社会事务、协调利益关系、开展群众工作、处理矛盾纠纷、维护社会稳定的本领。对成绩突出、居民满意的社区工作者，要及时给予表彰和奖励，以典型力量推动工作开展。广大社区工作者要加强自身学习、提高自身素质，不断提高为社区居民服务的能力和水平，多为社区居民办实事、解难事，做社区居民的贴心人，不辜负社区居民的信任和期望。

（1）依法依章选齐配强社区"两委"班子成员，鼓励高校毕业生、复转军人等社会优秀人才到社区工作，优化社区工作队伍人才结构。根据党的政策和国家有关法律的规定，对城乡社区党组织、群众性自治组织以及其他需要选举产生的基层组织成员实行民主选举，把热爱社区工作、群众拥护的人，选进社区组织的领导班子。提倡社区党组织成员与自治组织成员通过民主程序实行交叉任职，鼓励年轻干部和大中专毕业生到城乡社区建功立业。加大从优秀社区工作者中考录公务员力度。推荐优秀社区工作者担任各级党代表、人大代表、政协委员和劳动模范，推动建立选任基层领导干部与社区任职经历挂钩制度，打通社区工作者成才进步的上升通道。

（2）推进社区服务人才队伍建设工程，加快社区工作者培训基地建设，按照分级组织、分类推进、分步实施的原则，加强对社区工作者的教育培训，各地要为社区工作者培训教材编写和完善提供素材和建议。及时组织对新当选或新任社区工作者开展业务培训和岗位轮训，每人每年受训时间一般不少于 20 小时，不断提高他们管理社会事务、协调利益关系、开展群众工作、处理矛盾纠纷、维护社会稳定的本领。逐步推进社区工作者的专业化、职业化，继续推动落实社区党组织成员、群众性自治组织成员及其聘用的服务人员的生活补贴、工资、保险等福利待遇问题，建立完善城乡社区工作经费和人员待遇正常增长机制。对成绩突出、居民满意的社区工作者，要及时给予表彰和奖励，鼓励他们在社区工作中创造优秀业绩。加强社区工作者管理，制定、实施社区工作者管理办法。

（3）加大社区工作专项经费投入，主要用于社区"两委"主要成员、招聘社区工作者（含社区工作助理）等人员的生活补贴、工资、保险和社区办公、服务经费等开支。

### （三）推动各类组织参与社区建设

#### 1. 引导居民组织和社会组织推动社区建设

社区社会组织在社区公共服务中的介入，可以解决整齐划一的公共服务制度所不能覆盖的、琐碎的、个性化的群众需求，形成小规模公共服务产品服务供应的新模式，提升政府公共服务能力。同时，在服务过程中，也将促进社区社会组织的能力建设。

（1）完善社区组织和社区居民的参与机制，发挥社区居民的主体作用和社区组织的支持作用，充分调动社区内机关、团体、企事业单位等一切力量，广泛参与和谐社区建设，最大限度地实现社区资源共有、共享。要通过多种方式和途径把社区居民组织动员起来，带领他们依靠自己双手建设美好家园，创造幸福生活。

（2）发展老龄、文教、卫生、科普、慈善、体育、妇女、青少年、群众纠纷调处、安全保障、残疾人服务等传统社会组织，也要适应环境和形势的变化，积极培育外来人口融合、单位共建、邻里互助等社区社会组织。

（3）建立社会组织参与社区建设的支持体系。鉴于绝大多数社区社会组织规模小、资金缺、运作不规范，要在准入门槛、财力支持、规范管理等方面进行制度突破和创新，建立强有力的社会组织参与社区建设的支持环境，引导其更好地参与社区建设。建立社会组织规范化创建制度。基层政府要对社会组织的章程、财务、自治事务等方面加强指导和监管，引导其规范运作。通过引导企业定向捐赠公益性社区社会组织，政府向社会组织购买服务，福彩公益金项目资助制度等途径向社区公益性社会组织提供资金支持。建立公益创投机制，充分发挥社区社会组织作用，并引导其他社会组织和专业社会工作人才进社区。建立基层社会组织备案管理制度，明确基层政府为社会组织的备案机关，明确符合条件的社区工作站、社区居委会和村民委员会为基层社会组织业务主管单位。

#### 2. 推动社区志愿服务组织参与社区建设

社区志愿者队伍不断扩大，社区志愿服务对政府公共服务的补充作用日益凸显，已经成为政府关注、群众需要、社会支持、充满生机的事业，成为社区精神文明建设的窗口。要加强制度建设，形成科学有效的社区志愿服务管理体制和运行机制。

（1）积极推行社区志愿者注册登记制度，走规范化专业化道路。同时建立注册志愿者的招募机制，采取系统招募、行业招募、区域招募、项目招募等条块结合的方式，不断扩大注册志愿者队伍，形成不同年龄层次、不同专业结构、不同行业分布、能够满足各阶层需求的志愿服务队伍。建立区域统一的志愿者资料库，对服务队伍进行合理划分，整合志愿者资源，积极开展社区自我服务和互助服务。

（2）定期发布志愿服务活动信息，根据不同阶段、不同领域的实际情况，侧重不同主题，确定相应宣传重点，保持良好的宣传态势，千方百计扩大志愿服务的知名度，营造人人争当志愿者，个个义务做奉献的良好氛围。

（3）加强项目建设，创新服务载体，把志愿服务事业做实做大做好，推动环保护绿、扶老敬老、图书援建、历史风貌建筑保护、文明出行平安交通、社区"五老"（老干部、老党员、老教师、老工人、老先进）网吧义务监督等志愿服务项目。为支持志愿服务事业的各界人士建立表彰和激励机制，确保志愿服务记录的真实性、及时性、准确性和完整性，为激励回报和表彰提供充实依据。

## 二、提升社区服务和管理功能

社区服务是保障和改善民生的重要依托，必须把服务居民、造福群众作为社区建设的主要任务。

（1）提高服务设施的可及性。加快推进社区综合服务设施建设，在每个社区建设集便民服务、文化、教育、治安、社会保障等功能于一体的社区综合服务站，实现政府公共服务全覆盖。力争"十二五"期末社区综合服务设施覆盖率达到90%，逐步扩大社区服务设施网络覆盖。要提高社区服务设施使用效率，按照服务活动场所最大化的原则合理布局，在标识使用、窗口设置、设备配置、环境装修等方面体现服务宗旨。

（2）健全社区公共服务体系。大力开展就业再就业和社会保障服务，通过提供就业再就业咨询、培训、岗位信息服务，加强创业项目推介、创业指导宣传和社区公益性岗位开发等，完善社区公益性岗位储备制度和就业援助长效机制，对就业困难人员提供针对性的服务和援助。实现零就业家庭动态消零，为有劳动能力和就业愿望的失业人员提供就业服务，为有职业技能培训意愿的失业人员提供政府给予补贴的职业技能培训。完善城市社区医疗卫生服务体系，提高社区卫生服务人口覆盖率，配齐社区医护人员。推进社区养老服务，建立日间照料中心或老年人娱乐室，通过政府购买服务、社区提供低偿服务或志愿者服务等方式，解决社区60岁及以上"三无"（无经济来源、无劳动能力、无赡养人或赡养人无赡养能力）老人、低保和低保边缘家庭、"三老"（老烈属、老伤残军人、老复员军人）优抚对象中生活半自理、不能自理老人的养老困难问题。全面落实临时救助、城市医疗救助和低保边缘家庭救助制度，实现困难群众帮扶率达到100%。

（3）切实搞好道德、科教、文体、法律进社区活动，加快实施农家书屋、社区书屋工程，逐步实现城乡社区全覆盖。推进文明家庭、文明楼宇、文明小区、文明村创建活动。积极创建学习型家庭、学习型社区，丰富城乡居民精神文化生活。加强社区教育平台建设，完善学校、家庭、社区相结合的未成年人教育网络，逐步实现青少年校外思想道德教育、法律教育、新市民教育、科普教育普及率达到 100%。统筹各类教育资源，鼓励社区单位文化体育设施向社会开放。

## 三、加快农村社区建设

农村社区建设是社区建设工作的短板，要加快推进农村社区建设。生活方便、环境优美、管理有序，使农村群众有良好安全感、认同感和归属感，是新农村建设的明确要求，更是农村社区建设工作的题中之意。

（1）制定新型农村社区规划，提高农村社区综合配套水平，使基础设施向农村延伸，公共服务向农村覆盖，公共财政投入向农村倾斜，努力实现社区建设城乡同步。要科学测算、合理确定农村社区设置，稳步推进撤村并点工作[120]。整合资源，构建农村社区组织体系。在党支部的领导下，依靠原村两套班子，搞好社区组织落实工作。同时以利民、便民为原则构建社区服务中心的组织体系。适应农民生活需要，加快推进农村社区服务中心建设，服务设施辐射半径以方便群众为宜。统一在社区中心地带设立综合服务大厅，将公共服务送进社区。建好"六站五室四栏三中心二厅一场地"（"六站"即党员服务站、农技服务站、计生服务站、劳动保障站、医疗服务站、救助服务站；"五室"即办公室、调解室、阅览室、活动室、避灾室；"四栏"即公开栏、信息栏、宣传栏、阅报栏；"三中心"即社区综合服务中心、社区卫生服务中心、群众娱乐服务中心；"二厅"即村民议事大厅、便民服务大厅；"一场地"即根据户数设置户外活动场地，为农民群众开展多方面、多渠道的服务提供可靠的保障）[121]。活动场具备一些必要的建筑物硬件，包括各村依据实际建造的公园、篮球场、健身设施等。努力为群众提供方便，使之成为群众的集聚处，办事的便利点，活动的总平台。加强镇综合文化站、村文化活动室管理，充分利用社区文化站（室）、文化大院、文化广场等场所，开展丰富多彩、健康有益、群众喜闻乐见的文化、体育、科普、教育、娱乐等活动。

（2）提升农村社区服务和保障水平。加快农村社区服务体系建设，提高农村医疗卫生服务和保障水平。加快实施镇卫生院新建、扩建工程，镇卫生院房屋及基础设施标准化达标率达到 100%；逐步提高新型农村合作医疗筹资标准和保障水平。健全农村社会保障、福利救济、养老等保障和救助服务体系，扩大农村低保覆盖面，做到应保尽保，"五保"老人供养标准不低于当地村民平均生活水平。完善市场服务。按照多元化投入、市场化运作的方式，推进社区服务社会化，在各农村社区建立村级连锁超市等便民设施。

（3）加强农村社区工作人才队伍建设，重点引进具有大专以上学历的专业人才到农村社区工作。开展志愿服务。通过建立社区志愿者协会组织，引导群众有组织地开展社区公共事务管理、治保调解、扶贫帮困和文体活动。实施村容村貌整治工程，优化社区环境。开展以硬化、亮化、绿化、净化、美化为重点的村庄环境综合整治。推广清洁能源，开展"绿色家园"创建行动，有条件的农村社区建设垃圾集中处理系统、农村社区污水集中处理系统、农户沼气池建设工程、秸秆气化集中供气工程建设，解决农村卫生环境脏乱差问题，改善农村人居和生态环境。

（4）建立农村社区建设帮扶机制，开展基层政府和城市社区帮扶农村社区建设活动。明确规定帮扶机构在农村社区建设中的具体职责和任务，实行党建联席会议、工作绩效评价和监督通报等制度，在人力、政策、资金、技术等方面重点向农村社区倾斜，合力推进农村社区建设工作的步伐，确保帮扶工作取得实效。

# 第十八章 完善城乡统筹的土地制度

土地制度是指在特定的社会经济条件下土地关系的制度安排，是一个国家人地关系的制度安排，包括土地所有制度、土地使用制度和土地管理制度。土地制度是一切社会形态中最重要、最基本的制度。"两化"互动、城乡统筹推进过程中，必须根据具体情况进行体制机制创新。

## 第一节 完善农村土地承包制度

《关于全面深化农村改革加快推进农业现代化的若干意见》对当前及今后一个时期"两化"互动、城乡统筹的农村土地体制机制创新做出了部署安排，提出了明确的思路措施。"两化"互动、城乡统筹要求进一步完善农村土地承包制度，而确权颁证是基础，然后进行新型经营体系改革和盘活经营权改革，搭建交易平台是载体。

### 一、完善农村土地承包经营权确权颁证体制机制

农村土地承包经营权包括农民对承包地的占有、使用、收益和发展等权利。农村土地承包经营权的权属不清晰是"两化"互动、城乡统筹推进的制约因素之一，也是农村土地流转、规模经营、新农村建设的制约因素。农村土地承包经营权确权登记颁证是解决农村土地承包经营权的权属不清晰的有效途径。农村土地承包经营权确权登记颁证是一项创新工程，必须构建与之相配套的土地档案制度和完善土地确权登记试点制度。

（一）建立规范的确权登记制度

为了进一步规范确权登记操作，推进确权登记工作，要制定规范的确权登记工作流程。参考成都市农村土地承包经营权确权登记步骤：①国土资源部门将第二次全国土地调查中明确的农村土地权属界线、耕地和园地自然分块界线套合在正射影像图上作为工作底图；②乡镇政府及村组，在国土资源、农业部门指导下，以农户为基本单位组织实测后，将承包地块落实到工作底图上并编号，绘成"鱼

鳞图"；③国土资源部门结合"鱼鳞图"和第二次全国土地调查成果，进行内业数据处理，形成耕地保护基金基础台账和拟公示图纸；④乡镇政府组织村民小组公示耕地保护基金基础台账和载明农户姓名、地块位置、地块编号、地类及面积等内容的确权图纸；⑤经公示，村民无异议并签字后，农业部门据此发放《农村土地承包经营权证》[122]。

## （二）建立土地档案管理制度

全面开展农村土地承包合同档案的清查和归档工作，高度重视年农村土地承包工作中文件材料的形成和归档建设，从源头上杜绝归档工作的随意性，着重解决土地承包方案、承包合同、承包台账不齐全、管理不规范等问题。实际工作中坚持"四个原则"：坚持统一领导，坚持分级管理，坚持集中保管，坚持科学分类，严格执行土地承包档案管理规定，建立健全整理立卷、分类归档、安全保管、公开查阅等制度。逐步建立起电子化、信息化的农村土地承包经营权登记簿信息系统。

## （三）完善确权登记试点制度

从实际出发，按照国家关于开展农村土地承包经营权登记试点工作的意见的部署要求，坚持依法依规、尊重历史、改革创新、确保稳定的原则，搞好农村土地承包经营权登记试点，在具体工作中要明确工作安排，把握关键环节，高质量做好农村土地确权登记颁证工作。实现"四统一"和"五到户"：做到承包地面积坐落、承包合同、经营权证登记簿、经营权证书相统一；做到承包地分配到户、承包地边界登记到户、承包合同签订到户、承包经营权证书发放到户、基本农田标记到户。通过先期试点积累经验，实现以点带面、稳步推进，为实现农村土地承包经营权登记的全面铺开打好基础。

## （四）构建确权登记的财政保障制度

确权登记需要一定的经费支出，2014年中央一号文件对经费保障提出了具体要求，为此，要建立经费保障的制度安排，继续加大对省级登记证书印制经费的支持力度，将证书印制经费纳入财政年度预算予以保障；同时，在省级均衡性转移支付中，将农村土地确权登记作为保障重点予以支持。省级财政将加强跟踪督导，对各地转移支付资金安排序列、使用范围进行重点督查，督促各地落实责任，强化对农村土地确权登记颁证等重点工作的经费保障。

## 二、建立和完善新型土地承包经营体制机制

《关于全面深化农村改革加快推进农业现代化的若干意见》中提出要赋予土地承包经营多项权能，而这些权能是需要新的体制机制来保障和实现的。因此，加快构建新型农业经营体制机制意义重大。

### （一）加快构建新型农业经营体制机制

坚持家庭经营在农业中的基础性地位，构建促进家庭经营、集体经营、合作经营、企业经营等共同发展的农业经营体制机制。坚持农村土地集体所有权，依法维护农民土地承包经营权，发展壮大集体经济。稳定农村土地承包关系并保持长久不变，在坚持和完善最严格的耕地保护制度前提下，赋予农民对承包地占有、使用、收益、流转及承包经营权抵押、担保权能，允许农民以承包经营权入股发展农业产业化经营。鼓励承包经营权在公开市场上向专业大户、家庭农场、农民合作社、农业企业流转，发展多种形式规模经营[14]。

### （二）建立培育新型农业经营主体的良性机制

农村土地经营制度的完善要靠新型经济主体来参与、推动和实施。建立长期稳定的农业职业技能培训机制、农业创业培训机制和农业实用技术普及性培训机制，鼓励农村发展合作经济，扶持发展规模化、专业化、现代化经营方式。在安排良田改造、现代农业发展、农业产业化发展等项目资金时，有限考虑农民专业合作社、龙头企业、家庭农场等新兴农业经营主体，允许财政补助形成的资产转交这些农业经营主体自己持有和管护，允许经营主体之间开展信用合作。鼓励和引导工商资本到农村发展适合企业化经营的现代种养业，向农业输入现代生产要素和经营模式。

## 三、搭建土地流转交易平台

城乡二元结构是制约城乡一体化的主要障碍。要打破城乡二元结构，就土地管理而言，应为城乡土地流转建立统一的交易平台，土地流转将是盘活农村资源的重要契机，建立健全完善的农村土地流转交易平台对提高农村土地利用率和产出率，提升现代农业发展水平，促进社会稳定发展具有重要意义。

## （一）构建"一平台四体系"的新型管理体制和服务机制

建立农村土地流转信息化网络交易平台，建立农村土地流转价格评估体系，建立农村土地流转政策保障体系，建立农村土地流转监督服务体系，健全农业社会化服务体系。稳定农业公共服务机构，健全经费保障、绩效考核激励机制。采取财政扶持、税费优惠、信贷支持等措施，大力发展主体多元、形式多样、竞争充分的社会化服务，推行合作式、订单式、托管式等服务模式，扩大农业生产全程社会化服务试点范围。通过政府购买服务等方式，支持具有资质的经营性服务组织从事农业公益性服务。扶持发展农民用水合作组织、防汛抗旱专业队、专业技术协会、农民经纪人队伍。完善农村基层气象防灾减灾组织体系，开展面向新型农业经营主体的直通式气象服务[14]。

## （二）形成农村土地适度规模经营机制

土地规模化经营是农业现代化发展的必然选择。引导农民采取多种形式进行农场土地流转，按照依法、自愿、有偿的原则，鼓励和引导农户通过转包、出租、转让等形式向农业合作社、专业大户、家庭农场、农业产业化龙头企业流转。同时，引导各类农业经营主体参与农村土地流转，鼓励有资金、懂技术、善经营、会管理的专业大户、家庭农场、农民合作社等农业规模经营主体和返乡创业人员，按照产业布局规划，围绕优势产业集中连片经营农民流转的土地，建立规模化、标准化的生产基地。创新土地适度规模经营流转机制，强化对土地适度规模经营主体帮扶指导。

## 第二节　完善农村宅基地管理制度和耕地"占补平衡"制度

宅基地是农村的农户或个人用于住宅基地而占有、利用本集体所有的土地。耕地"占补平衡"是指《土地管理法》规定的国家实行占用耕地补偿制度，非农建设经批准占用耕地要按照"占多少，补多少"的原则，补充数量和质量相当的耕地。规范农村宅基地管理和耕地"占补平衡"制度，对于统筹城乡发展，促进节约集约用地，维护农民的合法权益，推进社会主义新农村建设，保持农村社会稳定和经济可持续发展具有重要意义。

## 一、完善农村宅基地管理制度

近年来，随着农村经济的快速发展，农民生活水平不断提高，加上新农村建设、土地综合整治、集体土地流转等新方针政策的出台与实施，农村宅基地管理成为顺利推进"两化"互动、城乡统筹的重点、热点和难点问题之一。在新形势下必须构建新的农村宅基地管理体制，改变传统的管理模式，实现管理目标。

（一）加强宅基地建房用地管理

加强规划对农村村民住房建设的管控，结合土地利用总体规划调整完善，有序编制村级土地利用总体规划和村庄建设规划。固化村民宅基地标准，控制本集体经济组织宅基地总规模，优化用地布局，建立激励机制。实行定人定面积、节约给奖励的原则，初次分配无偿使用，对超出规定面积的部分有偿使用。引导农村村民新建房屋相对集中，采取统规统建、统规自建、统规联建等方式成片建设，新建房屋原则上不批准单独建设，建房选址应当符合镇（街道）土地利用总体规划和镇（村）建设规划，不得占用基本农田。住建部门负责城镇规划区范围内农村村民建房的规划选址、定点及建房安全工作的监管。国土部门负责农村村民建房用地的审批和管理。农村建房占地标准按每人 30 平方米，另附属设施用地标准按每人 20 平方米计。符合法定面积标准的，村民依法无偿取得宅基地使用权；超出规定面积的部分实行有偿使用。在法定面积标准内节约使用土地的，也可由集体经济组织依法用于其他建设。

（二）规范宅基地审批管理

农村村民建房需要使用宅基地的，应以书面形式向本村民小组提出申请，村民小组受理申请到实地查勘，村民委员会、村民小组签署意见，并在 5 个工作日内报送所在地政府核查。政府接到村民委员会提交的建房申请后，国土资源和村镇建设办公室、村（社）干部应当在 5 个工作日内到申请建房用地现场实地踏勘核实拟建房是否符合规定，根据现场踏勘情况出具核查意见，并在政府和村民委员会公示栏内分别进行为期 5 天的公示。公示期满无异议的，政府对农村村民建房申请使用存量宅基地的，在 5 个工作日内审批；对农村村民建房申请使用新增建设用地的，经审核同意后，申请建房户方可开工建设。建房审批完成 5 个工作日内，国土资源和村镇建设办公室、村（社）干部等到实地放样定界，划定范围。房屋建设完工后，申请建房户应及时向政府提出验收申请，经验收合格后，村民自愿申请，不动产权登记中心及时办理不动产权登记发证工作。

## （三）加强宅基地日常监管

为了加强宅基地日常监管，要构建各部门通力合作，各负其责，共同推进农民建房工作的体制机制。农口部门负责农村建房用地安排和农房两改①项目房屋分配工作的监督和管理。对农村建房用地安排和分配的方案进行相应的业务指导，监督农村建房工作的民主公平。规划部门负责农民集中居住区布点规划的修编工作，指导各地规划编制及调整工作，合理布局农民建房空间规划。国土部门负责农民建房审批和备案管理，定期组织开展业务培训；对镇（街道）的村民建房用地管理进行监督、检查和指导，主要内容为建房用地审批、耕地保护、耕地占补平衡、年度土地利用计划执行、供地进度等情况。基层地方政府要切实担负起当地农民建房的审核或审批以及管理职能，要严格执行村民建房用地标准，规范审批流程，建立批前资格审查预公示、集体会审、批后结果公示等制度，实现审批提速增效；要负责编制好各项规划，明确用地规模和布局；要负责开展土地执法监察，严格落实土地巡查责任制，建立健全土地整治监察网络，形成综合整治共同责任机制，切实落实耕地保护责任；要做到建筑放样到场、基槽验线到场、施工过程到场、竣工验收到场的"四到场"制度；严格落实建房管理"四公开"制度，做到建房用地指标公开、建房审批程序公开、建房申请条件公开、建房审批结果公开[123]。

## （四）明确权属，完善宅基地退出机制

农村宅基地有偿退出应坚持"自愿有偿、以人为本、地利共享"的原则，充分尊重农民意愿，保障其知情权、参与权、收益权和监督权，做到农民愿意、农民满意、农民受益，促进社会公平和谐稳定发展。对于空闲或房屋倒塌、拆除两年以上未恢复使用的宅基地，或因扶贫、避险、生态绿化等原因自愿退出的宅基地，在政府主导下，通过房屋补偿、住房保障、社会养老保障等激励政策，鼓励农民自愿退出。农民自愿退出的宅基地由村民委员会收回重新分配给本集体经济组织村民原地使用，或复垦为耕地，并将复垦形成的建设用地指标在县域内调整使用。同时，在确保建设用地总量不增加、耕地质量有提高的前提下，按照封闭运行、部分先用、及时复垦的原则，先行使用部分宅基地复垦建设用地指标[124]。

---

① 农房两改即农村住房制度改革和住房集中改建，是指按照新型城镇规划体系、农民集中居住区布点规划要求，组织农村村民对村庄及农村住房进行集中改建的行为。

## 二、完善城乡建设用地增减挂钩制度

城乡建设用地增减挂钩是实现耕地保护，推动城乡统筹发展的重要举措，是推进"两化"互动、城乡统筹，确保新型城镇化过程中耕地保护红线的制度安排。进一步做好增减挂钩工作，必须以促进农业现代化和城乡统筹发展为导向，以增加高产稳产基本农田和改善农村生产生活条件为目标，以切实维护农民权益为出发点和落脚点，扎实有效推进城乡建设用地增减挂钩试点，推进农村土地整治工作，提高国土资源管理利用水平，促进城乡统筹发展。

### （一）优化增减挂钩项目区设置

#### 1. 开展跨区设置项目区试点

选择条件成熟的市开展市辖区跨区设置增减挂钩项目区试点，结合城市总体规划，着眼于新型城镇化推进和用地布局调整优化，统筹设置拆旧建新项目区。积极争取国土资源部支持，扩大试点范围。

#### 2. 允许符合条件的地方在省域范围内设置挂钩项目区

为扎实推进精准扶贫，对纳入《中国农村扶贫开发纲要（2011—2020 年）》连片特困地区中的秦巴山区、乌蒙山区等区域，纳入国家相关规划的生态移民搬迁地区，以及其他经国土资源部批准的地区，在保障本县域范围内农民安置和生产发展用地的前提下，部分结余指标可优先在市域范围内挂钩使用，也可在省域范围内挂钩使用。

#### 3. 优化镇（乡）挂钩项目区设置

在扩权试点县重点镇（乡）探索开展县域范围内固定建新区、不固定拆旧区挂钩试点。在同一镇（乡）范围内调整村庄建设用地布局的，由国土资源厅统筹安排，纳入增减挂钩管理。

#### 4. 强化规划管控和指标流向管理

严格按照土地利用总体规划、土地整治规划，并与城乡规划、产业发展规划和新型城镇化规划相衔接，充分考虑城乡建设、产业集聚、生态涵养等空间布局，科学确定拆旧建新规模和布局，合理安排城镇和农村建新用地比例。加强挂钩周转指标管理，严格控制规模，强化事中事后监管，确保拆旧与建新规范有序实施。

严格限制挂钩指标和结余建设用地指标流向特大城市中心城区。

（二）在增减挂钩中切实保障农民权益。

### 1. 尊重农民意愿

维护农民主体地位，保障农民个人、集体经济组织和相关权益人的合法权益，做到农民自愿、农民参与、农民受益、农民满意。增减挂钩选点布局必须充分听取农民意见，农民不愿参与或参与后意愿发生变化的，不得强迫其参加；新村选址、住房建设、土地互换、安置补偿、收益分配等，应依法举行听证论证，并经参加人员确认结果；要及时公开资金安排使用和收益分配等，接受监督。

### 2. 强化权属管理

增减挂钩项目启动前，要做好权属调查核实、土地互换协商和争议调处工作；项目实施完成后，要依法办理土地确权和变更登记手续，发放土地权利证书。拆旧复垦形成的农用地的经营使用，由集体经济组织自主确定，不得违背农民意愿随意调整复垦地块所有权和土地承包经营权。

### 3. 尊重历史文化

增减挂钩试点改革应与当地经济发展水平和农业产业发展相适应，与城镇化进程和农村人口转移相协调，因地制宜、循序渐进，方便生产生活。要充分保护当地乡村风貌、历史文化和生态环境，防止大拆大建，不得拆建具有历史价值、人文价值、景观价值的村落。

### 4. 合理安排建新用地

结余的建设用地指标，应优先用于农民新居、农村基础和公益设施，并留足农村非农产业发展建设用地空间，防止片面追求增加城镇建设用地指标。

## 三、完善耕地占补平衡制度

我国基本农田保护制度要求对基本农田实行特殊保护，明确基本农田保护的布局安排、数量指标和质量要求；按照"占多少、垦多少"的原则，实施基本农田占补平衡制度；基本农田保护区的责任制，形成县级以上地方人民政府、乡（镇）人民政府、农村集体经济组织或者村民委员会相互制衡的责任书制度。四川省设置了全省基本农田保护面积不得低于1994年耕地面积的80%的保护目标，并根据地形特点和农作物生产特点，将保护区的基本农田进行两级划分，对不同等级的基本农田采取不同的占用审批程序和不同的征地费用标准。

## （一）建立耕地占补平衡与生态协调发展机制

依托耕地后备资源状况调查成果，坚持因地制宜、适度开发、环境保护优先的原则，对后备耕地资源的开发进行严格论证，确保不会对生态环境造成影响。将补充耕地主要途径转移到土地整理和复垦方面，使补充耕地来源与土地开发整理潜力相吻合。田间道路沟渠整治、平整归并零散地块、建设用地整理复垦、废弃矿区复垦及农村人口减少腾出的建设用地的复垦应成为今后补充耕地的主要途径[125]。

## （二）探索省内跨区域的耕地占补平衡机制

四川省行政区域内，各市（州）或县（市、区）非农建设经批准占用耕地，通过在省内本行政区域外补充耕地履行耕地占补平衡义务。天府新区范围的耕地易地占补平衡任务在全省行政区域内完成[126]。

## （三）探索以质抵量实现耕地占补平衡新机制

目前，四川执行耕地保护工作更注重耕地数量保护，在数量上基本实现了占补平衡，但补充耕地的质量难以达到被占用耕地的质量，耕地生态环境保护被忽视，导致耕地污染、耕地沙漠化、水土流失现象严重，全省各地不同程度地存在耕地隐性减少的现状。政府承担耕地保护的行政工作不仅要严格履行耕地数量保护目标，还要特别注重耕地质量保护目标，保证耕地的总体质量和生产能力不下降。因此，在不碰触耕保红线的前提下，在耕地占补平衡任务中划出一定的比例以提高耕地质量等级折抵耕地占补平衡指标的试验，探索耕地占补平衡新途径。

# 第三节　引导和规范农村集体经营性建设用地入市

"两化"互动、城乡统筹实践中推进集体经营性建设用地入市是解决工业化和城镇化发展土地需求的重要途径，也是建立城乡统一的建设用地市场，实现城乡一体化的重要内容。推进集体经营性建设用地入市意味着农村集体经营性建设用地可以同国有建设用地一样直接进入土地市场进行市场化的有偿使用，真正实现同城镇国有建设用地的统一市场、同地同权。它致力于改变长期以来地方政府高度垄断建设用地一级市场的征地供给模式[127]。

## 一、创新农村集体经营性建设用地入市的四种机制

2015 年 1 月，中办、国办联合印发了《关于农村土地征收、集体经营性建设用地"入市"、宅基地制度改革试点工作的意见》，对农村集体经营性建设用地入市制度建设提出了明确要求。建立城乡统一的建设用地市场，需要在以下四个方面进行体制机制改革。

### （一）建立集体经营性建设用地价格市场发现机制

建立农村产权流转综合服务中心，加强县、镇、村三级农村产权流转管理服务体系建设，同步完善流转管理办法和交易规则，实现经营性集体建设用地流转交易稳中有升，积极开展集体经营性建设用地抵押融资试点。

### （二）探索建立集体经营性建设用地有偿使用制度

坚持规划管控和用途管制的原则，选择试点区域开展试点工作，探索采取自主开发、公开转让、参股合作等方式，利用集体建设用地规范发展农产品加工、市场物流、乡村旅游、农业总部等产业项目的路径办法，促进集体经济发展和农民就业增收。

### （三）建立集体经营性建设用地增值收益分配机制

坚持以人为本、地利共享的基本原则，修订完善集体经营性建设用地流转开发相关配套税费收取办法，探索建立兼顾国家、集体、个人的土地增值收益分配机制，推动集体经营性建设用地与国有土地同等入市、同权同责。

### （四）推进宅基地有偿退出试点

完善鼓励农民向城镇转移的配套办法，结合统筹城乡综合改革示范建设，积极开展农户自愿有偿退出宅基地试点，探索采取多种方式，促进有意愿、有能力进城购房落户的农民有序向城镇转移，同步配套完善城乡基础设施和公共服务，着力增强城镇综合承载能力，加快推进人为核心的新型城镇化。

## 二、完善农村集体经营性建设用地入市的相关问题

目前，农村建设性用地入市在法律上还有一些阻碍，如《土地管理法》第四十三条规定任何单位和个人进行建设，需要使用土地的，必须依法申请使用国有土地；第六十三条规定农民集体所有的土地的使用权不得出让、转让或者出租用于非农业建设。因此，顺利推进农村集体经营性建设用地入市必须创新体制机制，需要修改和完善相关法律，构建起保障农村集体经营性建设用地入市的法律环境。

### （一）完善法律法规确保农村集体经营性建设用地入市

农村集体经营性建设用地入市工作如果与现行法律法规有冲突的要预先取得人大的授权。在农村集体经营性建设用地入市全国试点工作中，全国人大颁布了《关于授权国务院在北京市大兴区等33个试点县（市、区）行政区域暂时调整实施有关法律规定的决定》，对相关试点进行授权。暂时停止实施土地管理法第四十三条和第六十三条、城市房地产管理法第九条关于集体建设用地使用权不得出让等的规定，明确在符合规划、用途管制和依法取得的前提下，允许存量农村集体经营性建设用地使用权出让、租赁、入股，实行与国有建设用地使用权同等入市、同权同价。暂时调整实施土地管理法第四十四条、第六十二条关于宅基地审批权限的规定，明确使用存量建设用地的，下放至乡（镇）人民政府审批，使用新增建设用地的，下放至县级人民政府审批。暂时调整实施土地管理法第四十七条关于征收集体土地补偿的规定，明确综合考虑土地用途和区位、经济发展水平、人均收入等情况，合理确定土地征收补偿标准，安排被征地农民住房、社会保障。

### （二）农村集体经营性建设用地入市必须维护农民长远的土地收益

对于农村集体经营性建设用地的入市条件进行必要的审查，未获得农村集体经济组织三分之二以上农户同意，不符合农村集体经营性建设用地入市条件的农村集体经营性建设用地不得入市交易。农村集体经营性建设用地入市必须以提高农民的收入和生存发展能力为前提，为了吸引更多的城乡统筹发展的资金，加快产业结构升级和农村经济增长方式转变，使经济发展更快更好，农民对于农业的依存程度更小。所以要倡导集体经营性建设用地入市之后，农民可以获得

就业、社保等方面的持续收益。倡导农村集体经营性建设用地使用权的受让人充分吸纳当地农民就业；鼓励采取留地安置的方式，村集体可以在该土地上兴建物业获得持续的收益；规定集体经济组织从经营性建设用地出让收入中拿出一部分用于农民多方面的社会保障。避免农村集体建设用地出让后，一卖了之，款项一花了之[128]。

# 第十九章 完善财政金融体制机制

"两化"互动、城乡统筹是一个系统工程,涉及政治、经济、社会、文化等多个方面,在推进过程中必须要创新相应的财政金融体制机制相配合。

## 第一节 完善公共财政转移支付制度

转移支付是实现城乡统筹发展的重要途径,目前四川转移支付结构不够合理,还不能真正成为推进"两化"互动、城乡统筹的有力支柱;一是支撑城乡统筹和区域统筹发展的一般性转移支付规模较小,均等化功能有待强化;二是支撑加速推进新型工业化和新型城镇化的专项支付重点不突出、思路不清晰,一些项目设置不够规范、使用和管理不科学;转移支付信息不够公开透明,绩效评价制度有待完善。

### 一、优化公共财政转移支付结构

针对目前财政转移支付种类多、变动频繁,过渡性特征明显、系统性思维欠缺的问题,不断优化完善一般性转移支付、专项转移支付和特殊转移支付的比例和规模,逐步形成以一般性转移支付与专项转移支付并重,调减税收返还、原体制补助和上缴、结算补助等拨付的转移支付结构。同时,加大对各类转移支付资金的规范管理力度,一般性转移支付主要用于均衡城乡之间发展的不平衡,专项补助根据行业发展和宏观经济调控需要合理调配,特殊支付严格用于对落后地区和民族地区的扶持以及对灾害事故的补助。

### 二、规范公共财政转移支付分配办法

健全以绩效为导向、科学确定转移支付规模和数量的分配办法。一般性转移支付的分配,原则上选取反映城乡收入能力和支出需要的客观指标,如财政收入能力、财政支出需求、地理环境、人口因素、人均收入水平、低收入家庭比例、城乡经济发展水平等,设计科学公式,对城乡间标准收入能力和合理支出需要进行测算,以此确定转移支付的数额。专项转移支付的分配,原则上依据政府引导

意图和地方财政承受能力，设计数学模型统筹安排。同时，加快建立专业机构，从事转移支付方案的确定和资金的拨付等工作，并将各项转移支付纳入政府统筹规划和预决算。转移支付总体安排和各类补助的因素测算、公式设计、标准核实以及支付的各个环节严格坚持公开、透明，既有利于促进城乡联动发展，又避免落后各地区对中央和省级转移支付的依赖，防止各地区出于自身利益进行的转移支付决策和管理，提高转移支付资金使用效率。

### 三、实施转移支付绩效评价

（1）完善评价制度。建立健全转移支付绩效评价制度办法，科学设置一般性转移支付和专项转移支付绩效评价指标体系，加强转移支付绩效目标管理，规范绩效评价程序、方法和标准，提高绩效评价质量和深度。

（2）实施联动评价。省级财政负责对市县使用的转移支付资金实施绩效评价，市（州）负责对所辖县（市、区，扩权试点县（市）除外）使用的转移支付资金实施绩效评价，市县负责对本级使用的转移支付资金进行自评，发挥省、市、县三级整体联动评价效应。

（3）强化第三方评价。通过政府购买服务方式，加强和规范第三方社会专业力量参与转移支付绩效评价，着力提高绩效评价结果的客观性和准确性，确保如实反映转移支付资金使用绩效。

（4）充分应用评价结果。将绩效评价结果同预算安排有机结合，作为转移支付分配的重要依据。各地要认真对照评价结果进行核查整改，切实提高转移支付管理水平和使用绩效，积极试点公开转移支付绩效评价结果，并适时扩大公开范围。

## 第二节　进一步健全农村金融服务体系

近年来，四川省农业现代化发展取得长足进展，但仍滞后于工业化、信息化和城镇化进程，成为现代化建设中最薄弱的环节和短板。加快推进四川省现代化建设，实现从总体小康向全面小康跨越，当务之急是尽快补齐农业现代化"短板"，实现"四化"同步，协调发展。这其中的关键一招，就是加快构建新型农业经营体系，探索完善以农村土地股份合作社为核心，以农村金融服务体系等为重点的"1+4"现代农业发展方式。

### 一、深化农村金融机构改革

深化农村信用社改革，增强资本实力、完善公司治理结构，更好地发挥其支农主力军作用。稳妥推进符合条件的县级联社改制为农村商业银行，探索市（州）政府所在地符合条件的城区机构整合组建农村商业银行。完善农村信用社管理体制，强化省联社服务功能，逐步淡出行政管理。推动农业银行提高"三农金融事业部"改革试点达标率。稳步发展村镇银行，提高民营资本持股比例，开展面向"三农"的差异化、特色化服务。鼓励各涉农金融机构进一步下沉服务重心，切实做到不脱农、多惠农[129]。

## 二、丰富农村金融服务主体

鼓励建立农业产业投资基金、农业私募股权投资基金、农业科技创业投资基金和创意农业投资基金。组建主要服务"三农"的金融租赁公司。规范发展小额贷款公司，鼓励涉农优质小额贷款公司通过引进战略投资者、增资扩股或探索定向发债、资产转让、证券化等方式做大做强。发展农村交易市场和土地评估、产业评估、资产评估等中介组织，探索建立农产品交易中心、农村产权交易中心。

## 三、进一步完善涉农担保机制

探索组建政府出资为主、重点开展涉农担保业务的县域融资性担保机构。鼓励县级政府进一步补充政策性担保机构资本金，吸纳民营资本，组建混合所有制担保机构。建立涉农金融产品风险基金，用于收购到期无法偿还的抵债资产，风险基金承担80%，贷款银行承担20%。同时，建立农村产权流转担保及风险分担机制，每年固定出资额度，作为涉农融资性担保公司的风险准备金，促进银企合作。

## 四、探索发展新型农村合作金融

坚持社员制、封闭性、民主管理的原则，在不对外吸储放贷、不支付固定回报的前提下，积极稳妥推进依托农民专业合作社的农村资金互助合作组织试点。抓紧研究制定设计周密、合理可行的管理办法，落实中央关于地方政府对农村资金互助合作组织的监管责任，在切实防范风险的前提下，探索改善农村金融服务的新途径。启动农村信用体系示范建设试点，按照政府领导、人行助推、多方联动、共建共享、支农惠农的原则，全面推动信贷信息与林权、农房、农地等农村产权信息的有效对接，逐步建立农村信用信息数据库。

## 五、支持农村金融产品创新政策

完善农村金融创新体制机制，鼓励各地探索建立农村产权交易平台，推广成都农村产权交易所运作经验，在县（区、市）建立农村产权交易分所，在乡镇建立农村产权流转服务站，构建市、县、乡三级农村产权流转服务体系，营造农村金融产品创新环境。研究制定农村产权抵押登记实施细则、农村产权流转管理办法、农村房屋价值评估办法，建立分区域的集体建设用地使用权、土地承包经营权基准价制度，明确农村产权价值评估和抵押登记部门与登记流程。试点开展金融仓储业务，对抵（质）押的农村动产实行第三方监管，探索开展农用生产设备、水域、滩涂使用权等抵押贷款，发展应收账款、股权、仓单、存单等权利质押贷款，拓宽农村抵押物范围。

## 第三节　完善城乡统筹的投融资机制

传统投融资体制是一种重城市、轻农村，重工业、轻农业的以城市为中心的体制。在"两化"互动、城乡统筹背景下，构建城乡一体化的投融资机制还面临诸多问题和困难，通过体制机制创新，改善投融资资源配置方式和方向，构建由市场为主导的新型城乡一体的投融资机制。

### 一、促进城乡一体化的投融资体制改革

中央全面深化改革《决定》提出把负面清单管理方式推广到国内市场，平等适用于国有和非国有、内资与外资企业，这既表明以开放促改革，建设高水平市场经济体制的勇气和决心，又为加快完善城乡一体化的投融资体制提供了良好机遇。四川省应加快制定以负面清单为核心的投融资政策方案，依法依规放宽外商投资领域。一是要根据中央、省委精神，制定落实对外投资管理体制改革的具体方案，推动对外投资合作便利化，逐步实现对境外投资实行以备案制为主的管理方式。二是要加强业务统计监测，完善规划引导和信息服务，既引导外商了解我市投资环境和政策，扩大投资规模，又帮助其加强风险防范和应对[130]。三是要从市级审批权限入手进行改革，并选取成都市高新区、天府新区、绵阳市经开区等重点区域实施试点，加快放开外资、民资投资限制。

### 二、城乡一体化的公共设施投融资机制

（1）进一步加大省、市（州）、县（区、市）级财政资金投入，调整支出结构，完善财政分配体制。拓宽投融资渠道，构建政府、市场共同参与的多元化投资格局。整合各部门支农资金，提高资金投资效益。

（2）形成市（州）、县（区、市）、乡镇（街道）地方各级政府支农投资稳定增长的长效机制，预测农村公共设施总投资需求，制定科学合理的长期投资规划和实施计划。

（3）明确政府主体地位，通过立法树立政府在农村公共设施决策中的权威性，强调其在农村公共设施产品的标准制定、价格水平监督及经营特许权实施等领域的主体地位。

## 三、城乡一体化的产业发展投融资机制

（1）根据中央精神，完善推进金融、教育、文化、医疗等领域有序开放，放开育幼养老、商贸物流、建筑设计、会计审计、电子商务、会展旅游等服务业领域外资准入限制，进一步放开一般制造业等的相关政策。

（2）鼓励社会资本在城乡间按照全省产业布局规划合理有序流动，着力培育发展特色产业集群。特别是要鼓励社会资本参与实施园区整合，调整完善产业集中发展区空间定位和产业定位，实现优势互补、错位发展。充分利用工业集中发展区的体制、机制和政策优势，整合园区资源，对全省工业产业发展中具有重要作用和发展潜力的产业聚集地进行科学规划，引导新建企业必须进入集中发展区。

（3）鼓励中小企业与大企业大集团围绕重大产业化项目组织实施构建配套协作关系，不断完善和延伸产业链。引导中小企业加强与大企业大集团分工合作，不断提高中小企业配套能力和水平。

（4）大力宣传四川省产业集群的发展现状、趋势和前景，拓展投资者了解我市产业集群的渠道，扩大我市产业集群的市场影响力和知名度，广泛吸引国际国内投资者来川投资。密切跟踪招商引资重点项目，切实搞好后续服务，引导中小企业主动与重点项目协作配套，营造适合产业集群发展的良好环境。

## 四、改进投资项目核准方式

改进和完善企业投资项目核准办法，简化手续、优化流程、限时办结，提高效率和透明度。凡法律法规没有明确要求必须在项目核准之前办理的审批事项，一律不作为核准前置要件，理顺和解决前置条件相互交叉、互为前置的问题。深入推进并联审批工作，严格实施核准事项公示制，一次性告知申请条件和办理程序，全面公开受理情况和办理结果。积极开展并联评价、联合审查、网上审批、联合验收等，不断提高核准效率[131]。

# 第二十章　完善城乡一体的组织和人才体制

近年来，四川随着经济快速发展和综合实力不断增强，城乡一体化发展已经进入了快车道，城乡分割的二元结构被打破，农村加速融入城市，带来了农村组织结构、经济结构、社会结构的深刻变革和农民的思想观念、利益诉求、生活方式的深刻变化。面对城乡一体化带来的新变化，重构城乡一体的组织体系和管理制度，建立适应城乡一体化工作要求的高素质干部队伍，形成一套相互协调、相互推动的工作机制至关重要。

## 第一节　建设城乡统筹的组织建构

建立城乡一体的组织建构，就是适应工业化、城镇化和城乡统筹发展的需要，通过对部门设置、工作职能职责等方面的调整，打破城乡区域界限，改变城乡组织相互分隔的状况，促进城市管理和服务向农村延伸覆盖，实现城乡组织体系优势互补、相互融合和全面协调发展，最终形成推动城乡一体化的工作合力。

### 一、加强党委政府的组织领导

"两化"互动、城乡统筹能否顺利推进，党委政府的组织领导十分关键。必须发挥党委政府的核心领导作用，加强党委政府对"两化"互动、城乡统筹工作的组织领导，建立健全党委政府领导下的多方参与、部门协作、合力推进的工作机制，才能保证"两化"互动、城乡统筹工作沿着正确的方向推进。

（1）将城乡统筹工作作为党委政府的中心工作来抓。城乡统筹着眼于解决经济社会的主要矛盾，从空间上来看，包含城市和农村的发展，从内容上来看，牵涉经济、政治、文化和社会等各个领域，从时间上来看，是一个历史的长期过程，其重要性、复杂性和艰巨性不言而喻，必须作为地方党委、政府的中心工作来抓，长期坚持不动摇。

（2）加强党委政府对城乡统筹工作的领导，党政一把手亲自挂帅、亲自抓，分管领导具体抓、深入抓。增强干部对城乡统筹工作的重要性、紧迫性的认识，把推进城乡统筹工作成效作为选拔干部、检验干部的重要标准，激发广大干部的主动性和积极性，使他们自觉投身到城乡统筹工作中。

（3）完善城乡统筹的组织建构和工作机制，成立领导小组，负责城乡统筹工作的决策和协调，解决改革中出现的困难和问题。领导小组下设办公室或统筹工作委员会，统筹协调城乡一体化各项改革，推进、督促城乡一体化各项工作的落实。各部门都要围绕推进城乡一体化，切实转变职能，实施城乡一体的管理，促进服务下乡。同时，充分发挥人大、政协的作用，动员社会各方和社会组织参与，形成推进城乡一体化的高效的组织建构和工作机制，增强推进城乡一体化工作的合力。

## 二、健全城乡互动的行政管理体系

我国城乡差距由最初的外在制度引起，逐渐发展为组织内在的自我强化，形成恶性循环。在此背景下，探索城乡一体的组织构建在于打破组织内部现有的传统路径依赖，通过增强城乡一体互动衔接的组织体系和管理机制转型，实现城乡一体化均衡发展的态势。

### （一）基于政府层面的联动整合

大力推进市、县、乡政府组织体系的联动整合建设，实行多级政府组织的上下联动、横向配置，重点解决市、县、乡政府的职能重新配置、事权重新划分、运行机制重新设定、工作方式重新选择等问题。省政府主要通过中长期发展战略指导，强化宏观经济调控职能，弱化微观经济管理职能，优化社会管理和公共服务职能，在推动"两化"互动、城乡统筹发展中持续稳定增加"三农"投入，推动公共资源向农村倾斜。市、县、乡政府在省政府的规划和政策指引下，打破城乡区域界限，改变城乡组织相互分割状况，整合城乡组织资源，形成各级政府组织观念、资源和工作三大统筹，实现城乡组织体系的相互融合和全面协调，形成合力，推动城乡一体化建设。

市政府在城乡一体化发展中的特殊地位在于它既是政策上传下达者，又是城市管理者，这就要求市政府组织体系改革应完全展示自身管理的公共本性，在创造良好的城市经济运行环境和发展秩序的同时，运用好区域调节职能，加强交通、教育、卫生等公共产品和服务的均等化建设，在城乡一体化发展中发挥出推力与拉力交互作用的双重力量。运用好区域调节职能是指市政府通过合理划分各级政府在社会公共事务管理中的职责权，建立纵横结合的责任机制，并适当运用地方财政和税收杠杆，推动城市优势资源向农村延伸，带动常住城镇的农村人口市民化，实现城乡之间公共资源的自由流动和合理配置，以及公共服务的均等化。

县政府是城乡统筹发展的枢纽，其组织体系的改革难度在于它是一种既要与市政府改革相对接，又要与农村基层改革相衔接的组织体系转变。城乡统筹发展中县政府首先要完善相应财政收入制度和管理职能，形成和其所承担的功能相适应的完整的行政管理权，以全面履行经济调节、市场监管、社会管理和公共服务职能；其次要处理好市、县、乡关系，重点解决市、县、乡政府部门层次过多、职能交叉、责权脱节和多头多重执法等问题，明确各部门职责和分工，集中管理力量，提高服务效率。

乡镇政府作为基层政权组织是国家政权的基石，在市、县政府与村民自治组织之间具有承上启下的特殊地位与功能，这一特点客观地决定了它对于实现城乡一体化发展具有关键性的作用。一是理顺县乡事权关系，政府各级部门要充分意识到乡镇是党和国家体系在基层延伸的终端，要延伸下放工作职能，并在下放责任的同时下放权力，让乡镇组织在承担政府职能的同时有行政执法权的支持。二是转变乡镇职能，强化乡镇政府对本辖区内经济社会的规划、协调、服务职能，弱化直接参加生产经营的职能；强化城乡统筹发展职能，弱化传统单一农业管理职能；强化公共事业发展职能，弱化事务和技术性职能，加快推进乡镇政府由行政管理型向公共男公关服务型转变。

## （二）村级基层组织的功能性补位

村级基层组织建设是城乡一体化建设的坚强保障，担负着直接联系群众、宣传群众、组织群众、团结群众，把党的路线方针政策落实到村组的重要任务。当前城乡一体化发展对农村基层组织关于集体经济管理功能、社会资源功能、公共服务功能等需求已远超出现行村级组织的功能供给，这就需要村级组织健全村级基层治理组织体系，构建以村党组织为领导核心，村民会议为最高决策机构，村民议事为日常决策监督机构，村委会为执行机构，集体经济组织为独立市场法人，工会、共青团、妇代会、民兵等村级组织广泛参与、充满活力的村级治理机制。

（1）规范制度建设，调整和规范村民委员会职能，在新型村级治理机制下，村委会职责得到规范和限制：对村民会议和村民议事会负责并报告工作，承接政府委托和购买的社会管理与公共服务，并办理公共事业、调解纠纷、协助维护社会等村级自治事务。

（2）成立村民常设议事机构和村务常设监督机构，村民议事会受村民会议委托，在授权范围内行使村级事务的决策权，从村民议事会成员中选举一定比例人员组成村务监督委员会，行使监督权。

（3）完善集体经济组织的经营管理体制，将集体经济组织逐步从村委会中剥离，成为独立的市场主体，各地因地制宜可设立资产管理委员会、农业经合组织或股份合作社、股份有限公司等集体经济组织形式，独立面对市场，开展经营服务活动，为推进农业适度规模经营，提高农业综合效益创造条件。

（4）优化村级治理运行机制，强化村党组织对村民议事会的领导，加强村级组织配套建设，开展政务公开，完善村级民主选举、民主议事决策和村务监督机制，并通过健全村党组织领导的村民自治机制进行功能补位，弥补农民社会公共福利的缺失，满足农民生活中的需求。

## （三）新型农村社区组织的系统性建构

社区是城乡一体建设的重要载体和组成部分，随着城乡一体化的推进，还会有更多的农民向农村新型社区集中，所以要在推进农村社区建设的同时，从政府层面扩大以城带乡、统筹兼顾的辐射面，健全和完善农村社区组织，在更大范围内接受城市公共产品建设的延伸和辐射。一是理顺社区管理体制，建立协调机制，在社区层面上形成协调统一的综合管理体制。二是缩小城乡社区经费保障差别，可以将农村社区的工作经费纳入市财政预算，逐步过渡到城乡社区经费保障一体化。三是完善社区自治组织功能，建立健全以社区党组织为核心，以社区成员代表大会为民主决策机构，以社区议事监督委员会、业主委员会等为议事机构，以社区居民委员会为执行机构的社区居民依法自治模式，并强化议事、监督功能，拓展决策听证会、民事协调会、民主评议会等工作载体，以切实维护农村居民合法利益。四是理顺政府和社区关系，按照政府依法行政，社区依法自治的原则，明确各自职责，界定政府部门必须独立承担的行政管理职能、社区自治的职能和需要社区协助的职能之间的关系，赋予社区综合管理职责，增强社区自治功能[132]。

# 三、构建统筹协调的农村基层组织工作运行平台

党的十八大报告指出，要创新基层党建工作，夯实党执政的组织基础。作为党的基层组织的重要组成部分，农村基层党组织在推动发展、服务群众、凝聚人心、促进和谐等方面发挥着重要作用。构建统筹协调的农村基层组织工作运行平台是创新基层党建工作，夯实党执政的组织基础的重要途径。

## （一）以区域融合为纽带的统筹城乡党建工作平台

以一定的区域范围作为整体，对各领域党建工作实行统筹规划、通盘部署、协调联动、整体推进。开展区域化党建，是新形势下加强和改进党的建设的有效举措。近年来，随着四川经济社会发展和城镇化进程进一步加快、传统的党建模式已经不能适应区域经济社会统筹发展的新情况，认真贯彻落实党的十八

大精神，大力开展区域化党建工作，为推动区域经济社会科学发展提供了有力组织保障。

### 1. 加强领导与明确职能相结合，打造统筹城乡党建的辐射平台

从城乡统筹的要求来看，乡镇党委应成为统筹城乡党建工作的连节点、主阵地，要把它们真正建设成为整合条块组织资源，统揽镇村、协调各方的领导核心，赋予镇（街道）党组织在统筹城乡党建工作中应有的职能和作用，使其真正发挥出对各类"政治核心"基层党组织建设工作的辐射功能和支撑作用。要加大区域性、开放型、互动式党建载体的创新力度，把镇（街道）党员服务中心建设成为服务党员、凝聚群众的精神殿堂，成为放大城乡党建资源整合优势的辐射平台。

### 2. 上下联动与区域互动相结合，形成协调推进的工作机制

统筹功能的发挥，还要在空间维度的整合上实施三个联动，协调推进。一要着力上下联动。对中心工作、重点工作，一级抓一级、一级带一级、层层抓落实。二要加强镇与村互动。通过建立党群工作一体化、产业党建团组化、党建工作品牌化等创新举措，充分发挥镇与村之间的联通作用，共同做好党建工作。三要搞好镇内部联动。镇内部要树立"一盘棋"的思想，实现党建工作和经济工作的和谐发展。统筹城乡党建工作是一个涉及全社会方方面面的系统工程，需要整合各种社会力量，要把统筹城乡党建工作纳入构建和谐社会的总体建设之中，形成全面覆盖的统筹机制[133]。

### 3. 动态管理与阵地建设相结合，搭建区域融合的党员服务平台

（1）合理配置公共服务资源。在村、社区党员活动室达标的基础上，采取与社区综合性公共服务平台联建的方式，加强党员服务中心的规范化建设，满足广大党员和农民群众的服务需求。

（2）抓住动态管理这一关键环节，建立健全党员与组织双向互动的责任体系。真正做到对在职党员实行"项目式"管理，对无职党员实行"设岗式"管理，对年老的离退休党员实行"参与式"管理，对失地失业党员实行"关爱式"管理，对流动党员实行"动态式"管理。

（3）建立健全各级流动党员管理站，确保流动党员都能就近找到党组织，为流动党员转接组织关系、参与组织活动、咨询相关政策、接受党组织教育管理提供便利。

（4）以社区党员服务中心为依托，全面落实社区困难党员服务工作，建立健全困难党员帮困互助机制。

## （二）以服务中心为节点的农村新型社区服务平台

要按照以人为本、重心下移、服务前移的要求，完善市（区）、镇（街道）、村（社区）三级服务网络。根据机构、人员、经费、场地、制度、工作"六到位"要求，完成以社区服务中心为节点的服务平台建设，落实行政管理和社会公共服务事务经办职能，从而实现城乡服务平台对接，将社会化管理服务的对象延伸到农民。

### 1. 统筹规划，全面覆盖

坚持整合资源、共建共享，按照"八大服务功能"标准，以建设既办理行政事务，又实施公共服务的综合性社区服务中心为抓手，全力打造农村基层社会管理和公共服务的新平台，确保实现社区服务中心全覆盖。

### 2. 以人为本，完善管理

要进一步发挥社区服务平台作用，借鉴城市社区管理经验，积极探索农村社区服务中心的扁平化管理，推行一人多岗、一岗多责、内外结合、分片包干、信息共享、责任到人的工作方式，逐步实现一口受理、一网协同的工作格局，努力提高综合管理和服务水平。对于政府部门和镇（街道）下沉到社区的各类行政管理和社会公共服务事务，应通过社区事务工作站挂牌的形式，在社区服务中心的服务大厅统一受理。做到社区安全、法制、文化、卫生、环保、人口和计划生育、社会保障、社会事务管理等综合岗位有机整合，确保服务有特色，工作有成效。要结合农村当地实际，围绕居民需要、社区特色、发展目标、乡风民俗、社情民意等情况，积极开展各类便民惠民服务活动。

### 3. 分类指导，创新发展

要按照农村新型社区公益性、准公益性、非公益性等不同项目的属性，进行分类指导。公益性的服务项目，政府给予重点支持或通过购买服务来实现，也可采用捆绑开发、小区整体开发模式来实现。对于非公益性的服务，则完全运用市场化手段来实施。同时，应积极拓展农村新型社区的服务功能和内涵，大胆引进民资和外资，以及国外新型社区的理念和内容，丰富农村社区服务中心内涵。

## （三）以区域协调为导向的农村公共事业发展平台

由于过去农村投入相对不足，村公共事业服务体系仍比较薄弱，建设任务相当繁重。要以区域协调为导向，把构建均衡发展的农村公共事业发展平台作为一项重要战略任务来落实。

### 1. 完善农村公共文化服务组织体系

加强农村公共文化服务组织建设，积极推进农村文化惠民工程，广泛开展农民群众喜闻乐见的文化活动，深入开展文明家庭、文明村镇、文明单位、志愿服务等群众性精神文明创建活动，培养农民健康文明生活方式。

### 2. 发展农村公共教育服务组织体系

加大投入发展农村职业培训教育，加强农村职业教育培训基地建设。继续推进农村基础教育设施建设，巩固和提高农村义务教育质量，依法保障外来务工人员子女接受义务教育的权利。进一步加大对农村家庭经济困难学生的资助力度，保障经济困难家庭子女平等就学、完成学业。健全城乡教师交流机制，鼓励城区教师到农村学校支教。不断提高农村教师素质，逐步提高农村教师工资待遇，改善农村教师工作条件，为全面、有效实现城乡教育均衡发展提供保障。

### 3. 优化农村公共医疗卫生服务组织体系

推进城乡医疗资源纵向整合，加快三级医院优质资源向农村辐射，提升镇社区卫生服务中心的基本医疗卫生服务能力，构建功能完善、规模适度、经济合理的社区卫生服务中心。坚持公共医疗卫生公益性质，加快推进农村医疗保障、医疗服务、社区卫生服务、卫生监督、疾病预防控制、环境卫生管理等一体化进程，推进农民免费体检和健身计划。加快培养农村基层卫生队伍，进一步提高新型农村合作医疗筹资水平和农民医疗保障水平，完善大病减贫医疗费用补助基金等。

### 4. 健全农村就业创业公共服务组织体系

破除城乡就业壁垒，从制度框架的一致性入手，提升农村就业保障能力，实施就业援助和农村劳动力就业创业培训工程，扶持农村居民自主创业，对有创业愿望和具备创业条件的农村劳动力与被征地农民开展免费创业培训。鼓励灵活就业，将公益性岗位的范围延伸至农村基层，对就业困难人员实行援助安置，培育和完善城乡统一开放、平等竞争、规范有序的人力资源市场，加快职业中介服务机构向农村的延伸，为农民转移就业和自主创业提供免费服务，形成城乡一体化的就业创业公共服务组织体系。

### 5. 强化农业科技服务组织体系

农业科技服务组织体系建设是传统农业向现代农业转变的关键，是发展现代农业的重中之重。要加大经费投入,建立农业科技创新基金,支持农业基础性、前沿性科学研究,加强农业技术研发和集成,重点支持生物技术、良种培育、丰产栽培、疫病防控等领域的科技创新。稳定和壮大农业科技人才队伍,引导科技人员深入农村,开展技术服务,培育科技示范户,提高农民科学文化素质和应用科技水平。

6. 构建农业社会化服务组织体系

加快构建以公共服务机构为依托、合作经济组织为基础、农业龙头企业为骨干、其他社会力量为补充,公益性服务与经营性服务相结合、专项服务与综合服务相协调的新型农业社会化服务体系。加强农业公共服务能力建设,创新管理体制,健全区域性农业技术推广、农产品质量监管等公共服务机构,逐步建立村级服务站点。完善农产品市场体系建设,加大设施投入,改善综合服务,增强流通能力。

7. 支持形成农村中介服务组织体系

发展和完善农村中介服务市场,是完善城乡一体化功能的重要内容。要积极鼓励和支持各种中介服务组织,尤其是农业技术推广协会、农业基金组织、各种农村合作社、联合会、民间社团和咨询机构等农村中介服务组织的发展。依据政事分开、政企分开、事企分开的原则,改革中介组织管理体制,使各类市场中介组织在人、财、物关系上与行政机关脱钩,并定位到产权清晰、权责明确、自主经营、自我发展的独立法人实体上来,形成一整套自我约束、自我管理的内在机制,通过广泛的中介服务活动推动农村社会经济的健康发展。

## (四)以电子政务为基础的农村信息化资源平台

农村信息化的发展有利于消除城乡之间信息战略和利用的差别,促进城乡要素互动和城乡经济社会协调发展。应用计算机网络平台和移动通信平台,可以构建城乡组织之间的信息传递互动合作关系,改变城乡信息不对称的状况,提高农村基层组织管理效率,使农民直接得到政府的公共服务,分享各种科技知识、市场信息和公共产品资源信息。

1. 加强农村信息化基础设施建设

建立多方式、多途径、多终端的信息基础网络,整合资源,加快推进电信网、广电网、互联网及移动话音、数据、IP 电话和多媒体业务等的融合,集中建设统一兼容、资源共享、高效适用的各级网络中枢平台,大力提高农村地区宽带的入户率，在全市形成统一、规范、畅通的信息网络体系，缩小城乡数字鸿沟。

### 2. 推广应用网上办公服务系统

转变政府行政管理方式，建设廉洁高效的法治政府，离不开电子政务的广泛应用。要以农村基层需求为导向，积极推广和应用网上办公服务系统，提高政府公共服务水平和工作效率。应用现代化信息网络技术，建立一口受理、网上传递、互联审批、网络监察的办公服务系统，逐步实现网上审批、网上办证、网上咨询、网上下载以及网上求助等服务项目。要按照便民利民、数据共享、限时完成、责任追究的要求，积极扩充政府部门之间共享数据的范围。在完善覆盖城乡政务信息网络系统的同时，还要为农村基层组织定身打造村务管理系统，建设由市（区）到镇（街道）、村（社区）的视频会议系统等，形成城乡一体化的信息网络公共服务平台。使农村广大基层干部能够熟练地在这一管理系统上进行操作，使广大农民能够熟练地通过这一系统参与村务民主管理。

### 3. 加强农村综合服务信息平台建设

要重点建设城乡一体的为农服务综合信息平台和门户网站，开发各类实用信息资源，推进信息在农业生产和购销环节等的应用，建立涉农信息资源的交流共享机制。针对农村经济发展的实际，要抓紧实施农民专业合作组织上网工程，打造农民专业合作社信息平台，建立起全市贯通联网、辐射覆盖服务到广大农民的专业合作社经济信息网络，建立"农业集约化生产管理信息在线采集系统""专家咨询系统""生产经营管理系统""经销商运行系统""环境生态监控系统"等，通过网络开展技术合作和品牌认证，探索出一条符合市场经济规律的政企联动、市场主体、整合资源、互利共赢的农村信息化模式。同时，积极拓展信息技术在农村社会公共领域的应用，推进教育、社区、社保和医疗卫生信息化进程。建设农村信息化教室，开展农业远程教育和网上教学等。

## 四、完善干部选拔任用机制

用一贤人则群贤毕至，见贤思齐则蔚然成风。选什么样的人就有什么样的干部作风，就有什么样的党风。各级党委和组织部门要坚持党管干部原则，做到选贤任能、知人善任、用当其时、人尽其才，把好干部合理使用起来。

### （一）完善党管人才运行机制

进一步加强和改进党对人才工作的领导。各级党委切实履行管宏观、管政策、管协调、管服务的职责，把人才工作纳入议事日程，摆上战略位置，推动人才强省，促进人才发展，建设人才高地。建立党委人才工作"六个一"制度：党委常委会每年听取一次人才工作专题汇报，每年向党外人士通报一次党管人才工作情况，每个党委领导班子成员每年进行一次人才工作专题调研、直接联系一名以上高层次人才、联系一项重要人才工作、联系一个人才工作示范点。把党委领导班子成员人才工作履职情况纳入党政领导干部年度述职内容，接受群众评议和上级组织考核。

充分发挥各级人才工作领导小组宏观指导、综合协调的作用。各级党委都要建立人才工作领导小组，并按要求配备组成人员。省、市（州）人社、科技、国资、经信、统战部门和行业内人才资源规模较大的教育、卫生、农业、民政等主管部门，可根据需要建立人才工作协调机构。建立领导小组例会制度，完善领导小组议事规则和决策制度、督查落实制度，实行领导小组成员向领导小组进行年度述职的制度。

健全党管人才工作格局。强化组织部门牵头抓总职能，注重整合力量、集成资源、创新实践、示范引领，重点制定实施人才规划、研究落实重大政策、组织实施重大工程、协调解决难点问题、联系服务优秀人才、营造良好人才环境。充分发挥人力资源和社会保障部门在政府人才工作综合管理等方面的职能作用。健全人才工作部门分工负责制度，严格落实各职能部门在建设人才强省中的职责。大力调动各人民团体、各民主党派、各类用人单位等社会力量推进人才发展的积极性，实现党管人才在非公有制经济组织和新社会组织的全覆盖，形成党委统一领导、部门各司其职、社会广泛参与的工作格局。

## （二）坚持科学的考察任用干部

把好的干部发掘出来、培养起来，重点在于解决好唯票、唯分、唯GDP、唯年龄四个问题。

（1）唯票问题。根据选任制和委任制的不同特点，探索不同岗位干部产生方式和票数权重。坚持从实际出发，紧密结合干部工作和岗位需要实际，合理地确定人员范围，在民主推荐和民主测评上把好关，综合运用会议投票推荐、个别谈话、延伸考察以及沟通协调等多种方式，真实了解民意，提高民主推荐的质量。不能把得票数作为干部选拔任用的唯一依据，而是作为重要参考，结合平时掌握的情况、班子结构和工作需要，综合性地考虑确定人选。

（2）唯分问题。中组部2013年印发的《关于完善竞争性选拔干部的意见》，根据意见内容，解决干部选择任用中的唯分问题，实际上就是如何在竞争性选拔中科学衡量干部综合能力的问题。除了要严格规范公开选拔和竞争性上岗，还要从实际出发，合理确定竞争性选拔的岗位、数量，不能硬性规定选拔的频次和比例，不能搞一刀切。

（3）唯 GDP 问题。解决干部考察任用中的唯 GDP 问题，实际上是如何引导干部树立正确政绩观的问题。坚持用好干部考核评价，真正使重实际、说实话、办实事、求实效的干部受到重用，使做表面文章、热衷于搞形象工程、政绩工程的干部得到警醒。同时要进一步健全干部考核评价体系，完善地方党政干部及班子绩效考核标准。

（4）唯年龄问题。在干部选拔使用中，不宜把年龄作为使用干部的一个硬性条件，不能把年轻化等同于低龄化，不能简单以年龄来决定干部的进退去留。对那些尽职尽责、踏实干事、精力充沛的中年干部，该使用的还是要使用，同时对于有培养前途、有真才实干的年轻干部，要多让他们挑担子，要墩墩苗，对于看得准的年轻干部，还是可以破格使用的。

# 第二节　统筹推进各类人才队伍建设

人才队伍建设的主要任务是根据全省经济社会发展的人才需求，坚持统筹城乡发展的理念，抓住农村人才发展的薄弱环节，采取以城带乡、政府引导、利益联结、政策激励等措施，大力引导城镇人才服务农村，构建人才发展城乡互动格局，推动城乡人才一体化。

## 一、加快聚集各类人才

实施引进海内外高层次人才"千人计划"，如表 20-1 所示。适应创新驱动发展对高层次创新创业人才的迫切需要，以企业和园区为重点，面向海内外支持引进一批高层次创新创业人才和优秀团队，促进一批重大科技成果转化和产业化，孵化一批高成长性的科技型企业，打造一批快速发展、竞争力强的高新技术企业集群和产业集群。

表 20-1　引进海内外高层次人才"千人计划"

| 目标任务 | 引进重点 |
| --- | --- |
| 引进 100 个左右顶尖团队、1000 名左右（含"柔性"引进 500 名）高层次人才来川创新创业 | 符合四川省产业发展方向，能促进产业转型升级、加快发展的人才团队；在各类园区创业发展，具有较大市场潜力和产业化前景的领军人才；骨干企业急需的高级经营管理人才和掌握关键技术的研发专家；能推动企业和产业突破性发展的科研院所、高校科技领军人才；能促进金融、商贸流通等现代服务业和教育卫生等公共事业创新发展的高层次人才；实施"天府高端引智计划"，加大"柔性"引才聚智力度 |

实施天府科技英才培养支持计划，如表 20-2 所示。以科技创新创业领军人才、中青年科技人才、科技创新苗子、科技创新团队为重点，构建系统的科技人才培养体系，加大培养支持力度，分梯次、集成式推进科技人才队伍建设，快速提高四川省科技人才和科技创新的整体实力。

表 20-2　天府科技英才培养支持计划

| 目标任务 | 主要措施 |
| --- | --- |
| 每年扶持一批科技创新领军型人才 | 在优势产业、战略性新兴产业、现代农业、现代服务业和公共事业等重点领域，通过实施国家和省级各类科技计划重大项目，每年扶持一批战略科学家和科技拔尖人才；通过科技支撑计划、重大科技成果转化等计划，支持培养对象不少于 100 万元的重大科技项目 |
| 五年支持 150 名科技创业领军人才 | 每年投入 600 万元，在战略性新兴产业和高新技术产业以及现代农业、现代服务业、公共事业等领域，大力培养、扶持急需紧缺的高层次科技创业领军型人才 |
| 资助一批 40 岁左右的中青年科技人才 | 依托省青年科技基金，采取递进培养的模式，与人才所在单位联合资助一批中青年科技人才，开展前瞻性、共性、关键技术研究和推广应用 |
| 资助一批 30 岁以下科技创新苗子 | 设立每年 500 万元专项资金，资助青年学生开展科学技术研究、应用开发、成果转化以及发明创造活动 |
| 每年扶持 20 个、培育 10 个科技创新团队 | 设立每年 1000 万元专项经费，采取"项目+带头人+团队"的方式，给予持续支持 |

实施优秀企业家培养计划，如表 20-3 所示。结合实施国家企业经营管理人才素质提升工程，重点培养"创业型""经营型""技术型"企业经营管理领军人才，加快培养国际化经营管理人才，打造一支工业强省、产业兴省和稳增长、调结构急需的覆盖战略管理、经营管理、技术管理和自主创业的企业家队伍。

表 20-3　优秀企业家培养计划

| 目标任务 | 主要措施 |
| --- | --- |
| 五年培养培训 5000 名企业经营管理领军人才 | 重点从优势工业、现代农业、现代服务业和战略性新兴产业等领域，遴选培训 1000 名国有重要骨干企业、部分中央在川企业和重点民营企业的主要领导人员，2500 名中高级经营管理者及新生代民营企业主要负责人、中小企业创办者，1500 名企业科技创新带头人和管理者 |

实施高技能人才开发计划，如表 20-4 所示。结合实施国家高技能人才振兴计划，建设一批高技能人才培训基地和技能大师工作室，健全高技能人才培养体系，夯实高技能人才培养基础。创新高技能人才培养模式，以高级工、技师、高级技师为重点，加强高技能人才培训，推动企业开展岗前培训和在职职工技能提升培

训，广泛开展各类职业技能竞赛活动。

表 20-4　高技能人才开发计划

| 目标任务 | 主要措施 |
| --- | --- |
| 建成 50 个高技能人才培训基地 | 在大中城市和重点行业，依托具备高技能人才培训能力的技工院校、行业及大中型企业培训中心、其他职业教育（培训）机构建设高技能人才培训基地 |
| 建成 60 个省级技能大师工作室 | 选择技能含量较高的产业，依托大中型骨干企事业单位、行业研发中心以及重点职业院校建设技能大师工作室 |
| 每年培训 7 万名以上高技能人才 | 重点加大优势产业和战略性新兴产业、现代服务业、公共事业等领域的新技师培训力度，提升高技能人才能力素质 |
| 每 3 年举行一次全省职业技能大赛 | 对大赛优胜选手授予四川省职业技能竞赛技术能手称号，并给予奖励，尽快形成代表四川省最高水平的技能竞赛品牌 |

## 二、推动人才资源优先向重点产业分布

实施重点优势产业人才支撑计划，如表 20-5 所示。在优势产业的核心领域和关键环节，以及产业（产品）链薄弱、缺失环节，加快人才培养引进和专业人才技术更新、技能升级，构建与产业链相匹配，覆盖产业发展各环节，经营管理、技术创新、技能创优等各门类人才齐全、高中初不同层次人才合理搭配的产业人才体系，推动七大优势产业、生产性服务业发展壮大和传统产业转型升级。在重点培育产业园区实施人才优先发展战略，加快引进国内外高层次人才和创新创业团队，加快培养优势产业项目急需的创新型科技领军人才和经营管理人才、高技能人才，培育一批新的经济增长点。

表 20-5　重点优势产业人才支撑计划

| 目标任务 | 主要措施 |
| --- | --- |
| 建成一批重点优势产业人才集群 | 采取"市场化配置＋政府引导""自主培育＋招才引智"相结合的方式，吸引各方面人才向重点产业领域集聚；培训 40 万名重点优势产业领域人才；组建"科技研发＋经营管理＋技能创优"人才创业团队；采取"企才"项目合作、单位联合开发、人才外协服务等方式，用活行业领域存量人才 |

实施战略性新兴产业人才集聚计划，如表 20-6 所示。围绕发展壮大新一代信息技术、高端装备制造、新能源、新材料、生物、节能环保六大战略性新兴产业及北斗导航、新能源汽车等重点项目，加快引进培养急需紧缺的科技创新、经营

管理和高技能人才，打造综合实力较强、创新能力领先的西部战略性新兴产业人才高地，占领创新型经济发展制高点。

表 20-6　战略性新兴产业人才集聚计划

| 目标任务 | 主要措施 |
| --- | --- |
| 建成一批新兴产业人才汇聚地 | 以高新技术产业园区、大学科技园等为依托，重点支持企业引进、培养 100 名科技领军人才、150 名优秀企业家和职业经理人、350 名核心技术研发人才和工程技术专家、30 万名高技能人才 |

实施现代农业人才发展计划，如表 20-7 所示。围绕农业和农村经济发展的人才需求，大力加强农村实用人才队伍建设，扩大农村人才总量，激活农业人才存量。结合培育新型农业经营主体，加大加工营销型龙头企业经营者、种养业主（大户）、家庭农场主和新型职业农民的培养、扶持力度，助推农业规模化经营。以农民合作社、农业企业等组织为平台，加快集聚农业科技、农产品加工、市场营销等专业（技能）人才，推动农业科技成果转化和现代农业发展。围绕发展壮大特色农业，因地制宜开展农技推广、科技支农和实用技术（技能）培训，提高农村人才生产、服务水平。

表 20-7　现代农业人才发展计划

| 目标任务 | 主要措施 |
| --- | --- |
| 重点扶持一批规模化经营业主，培养 15 万名新型职业农民、1.5 万名骨干农技推广人才 | 完善农村人才创业扶持政策，推动农村创业人才大量涌现；开展法律法规、经营管理和农业科技培训，提高新型职业农民的生产能力和经营水平；每年对 2 万名基层农技人员进行知识更新培训 |

实施大学生和科技人才创业扶持计划，如表 20-8 所示。在优势产业、战略性新兴产业、现代农业和现代服务业、公共事业领域，每年遴选支持一批大学生接受创业培训，扶持一批科技人才开展科技成果转化，引导更多大学生和科技人才在川创业，培养造就一支产学研紧密结合的科技创新创业人才队伍，变四川省人才优势、科技优势为经济优势、发展优势。

表 20-8　大学生和科技人才创业扶持计划

| 目标任务 | 主要措施 |
| --- | --- |
| 引导更多大学生和科技人才在川创业，培养造就一支产学研紧密结合的科技创新创业人才队伍 | （1）采取省市县共建、政府企业社会共助的方式，建立 100 个省级大学生创业俱乐部，每年为 20000 名大学生和大学生村干部提供创业辅导<br>（2）每年扶持 4000 名高校毕业生自主创业，带动 20000 名高校毕业生在企业就业<br>（3）打造一批创业典型，每年支持实施 300 个以上科技成果转化项目，资助 100 名大学生（含创业团队）和科技人才创业 |

## 三、梯次推进区域人才发展

建设人才高地核心带。围绕提升首位城市，紧扣发展高端产业和产业高端的人才需求，从人才引进、培养、使用政策和人才项目、资金安排等方面，推动优先集聚高端人才、领先发展高端人才，加快人才国际化进程，把首位城市建设成为人才汇聚西部的首选地、带动引领服务其他市州人才发展的辐射极。

打造区域人才小高地。围绕着力次级突破、做强市州经济梯队、做大区域经济板块的需要，支持其他市州发挥区域中心城市人才聚集功能，实行特殊人才政策、实施特色人才工程，加快引进培养与本地发展战略相适应的高层次、急需紧缺人才，形成区域人才汇聚中心。

加快县域人才开发。围绕夯实底部基础，统筹城乡人才开发，紧扣平原县、丘陵县、盆周山区县、民族地区县经济社会发展重点，分类推进县域人才发展，在培养本土人才上下功夫，在城乡人才交流上求突破，夯实县域经济社会发展的人才基础。

推动区域人才合理配置。实施藏区和贫困地区专业人才支持计划，重点面向基层和艰苦地区配置人才，促进人才资源合理布局，如表20-9所示。建设天府新区、绵阳科技城"人才特区"和各级人才优先发展试验区，在全省确立人才优先发展战略布局。建立协调联动机制，提高地区之间的人才开发合作水平，推动首位核心与市州中心、县域基础在高层次人才引进、优秀人才培养、人才智力共享、科技成果转化等方面双向交流、相互融通。

### 表20-9　藏区和贫困地区专业人才支持计划

| 藏区和贫困地区专业人才支持计划的主要内容 |
| --- |
| 少数民族地区干部人才援助行动：每两年从省级部门和内地市选派1000名以上专业技术干部人才与经营管理人才赴少数民族地区开展援助服务，每年从当地选派200名左右优秀干部人才到省级部门、内地市及中央和省属国有骨干企业顶岗挂职 |
| 藏区和贫困地区产业发展紧缺人才培养行动：以规划建设、交通国土、工业经济、水利水电、文化旅游、农牧业开发、生态保护等紧缺专业领域为重点，每年从当地选派100名左右技术骨干到内地发达地区进行半年学习深造和顶岗锻炼，统筹选派100名省级专家组团赴当地开展短期智力服务和人才培养，资助当地培训700名左右紧缺人才 |
| "四大片区"社会发展急需人才支持行动：依托国家"三区"人才支持计划，每年从省会城市和中心城市选派2000名左右优秀教师、医生、科技人员、社会工作者、文化工作者到"四大片区"开展援助服务，从当地选送500名以上专业人才上挂学习 |
| 专家下基层行动：组织专家服务团，选派科技特派员，开展对口支援、转化推广科技成果、公益服务等活动，常年保持一批专业技术人才、1000名左右专家服务基层，建成20个省级专家服务基地 |
| 高校毕业生下基层行动：鼓励引导高校毕业生面向基层就业，逐年提高毕业生基层就业比例；继续实施大学生到村（社区）任职、三支一扶、特岗教师、西部志愿者、免费师范生等项目，每年组织10000名以上高校毕业生到基层服务 |
| 基层短缺专业人才补充行动：落实《关于激励引导教育卫生人才服务基层的意见》，3年内基本补齐基层教育卫生事业单位空缺岗位，每年组织一批教师医生到基层支教支医，加大乡镇机关招考公务员力度 |

## 四、推动人才工作落实

### （一）建立健全人才工作目标责任制

县级以上地方党委和人才工作领导小组实行人才工作目标管理，加强督促考核，通报考核结果。将人才工作纳入地方党政领导班子综合考核评价指标体系。建立地区、行业系统人才发展状况监测评估制度，研究筛选统计指标，委托第三方机构对各市（州）、县（市、区）和部分行业系统的人才发展状况进行定期监测，统一发布数据，加强对各地区、各行业人才工作的引导。

### （二）加大人才发展投入

落实人才投资优先保证的要求，建立健全政府、社会、用人单位和个人多元化的人才投入机制。各级各部门都要加大人才发展资金投入力度，保障本地、本系统、本单位实施的重大人才工程和重点人才项目的需要。鼓励支持企业和社会组织设立人才发展基金。

### （三）建设高素质人才工作者队伍

建立完善覆盖党政部门、大型国企、高校、科研院所等各方面的人才工作机构体系，配齐配强工作力量，把德才兼备的优秀干部充实到人才工作队伍中。深入学习贯彻科学人才观，推动人才工作思想解放和理论创新。加强业务培训、调查研究和实践锻炼，不断提高人才工作者的专业素养和能力素质。

### （四）营造良好舆论氛围

组织发动各类新闻媒体大力宣传党委政府关于人才工作的方针政策，通过舆论引导强化党员干部特别是领导干部、企事业单位管理者和社会大众的人才意识，努力营造"四个尊重"的社会环境。大力宣传党委政府的人才工作，吸引社会各方面广泛关注、广泛参与。大力宣传国内外人才工作先进经验，推动各类用人单位提高人才工作水平。大力宣传创新创业人才先进典型，形成鼓励创新、宽容失败、创业光荣和人人都能成才、人人竞相成才的正确导向。

　　各级党委政府要把实施本规划、加快建设人才高地纳入经济社会发展的总体安排，同时谋划、同时部署、同时落实。组织部门要制定规划任务分解方案，加强督促检查，搞好定期评估，总结推广典型经验，及时协调解决存在的问题。人才工作各职能部门要根据本规划的原则精神，抓紧制定实施细则和配套文件，分年度制定实施计划，把规划提出的政策、项目和各项部署落到实处。

# 参 考 文 献

[1]  卡尔·马克思. 马克思恩格斯文集（第一卷）[M]. 北京：人民出版社，2009.

[2]  陈佳贵，黄群慧，钟宏武. 中国地区工业化进程的综合评价和特征分析[J]. 经济研究，2006（6）：4-15.

[3]  陈佳贵，黄群慧. 工业现代化的标志、衡量指标及对中国工业的初步评价[J]. 中国社会科学，2003（3）：18-29.

[4]  毛泽东. 毛泽东选集（第三卷）[M]. 北京：人民出版社，1992.

[5]  邓小平. 邓小平文选（第二卷）[M]. 北京：人民出版社，1994.

[6]  江泽民. 全面建设小康社会，开创中国特色社会主义事业新局面——在中国共产党第十六次全国代表大会上的报告[EB]. [2002-11-8] http：//www.xinhuanet.com/.

[7]  中共中央. 关于全面深化改革若干重大问题的决定[EB]. [2013-11-12]http：//www.xinhuanet.com/.

[8]  刘文元. 中国新型城市化报告（2012）[R]. 北京：科学出版社，2012：358-360.

[9]  国务院. 关于深入推进城镇化建设的若干意见（国发〔2016〕8 号）[EB]. [2016-2-6]http：//www.people.com.cn/.

[10] 成都市统计局. 成都市 2012 年新型城镇化综合评价监测报告[EB]. [2013-5-7]http：//www.cdstats.chengdu.gov.cn/.

[11] 胡锦涛. 坚定不移沿着中国特色社会主义道路前进，为全面建成小康社会而奋斗——在中国共产党第十八次全国代表大会上的报告[EB]. [2012-11-8]http：//www.xinhuanet.com/.

[12] 中共四川省委. 四川省人民政府关于加快推进新型工业化新型城镇化互动发展的意见（川委发〔2011〕15 号）[N]. 四川日报，2011-10-27.

[13] 中共中央国务院. 关于推进社会主义新农村建设的若干意见（中发〔2006〕1 号）[EB]. [2006-1-1] www.gov.cn.

[14] 中共中央国务院. 关于全面深化农村改革加快推进农业现代化的若干意见[EB]. [2014-1-19] http：//www.xinhuanet.com/.

[15] 邓小平. 邓小平文选（第三卷）[M]. 北京：人民出版社，1993.

[16] 邵彦敏. 农村土地制度：马克思主义的解释与运用[M]. 长春：吉林大学出版社，2012.

[17] 全国人大. 中华人民共和国宪法[EB]. [2006-12-18] www.npc.gov.cn.

[18] 全国人大. 中华人民共和国农村土地承包法（主席令 9 届第 73 号）[EB]. [2006-12-18]www.npc.gov.cn.

[19] 全国人大. 中华人民共和国物权法（主席令 10 届第 62 号）[EB]. [2007-3-16] www.gov.cn.

[20] 中共中央. 关于推进农村改革发展若干重大问题的决定[EB]. [2008-10-1] www.gov.cn.

[21] 国土资源部. 全国土地开发整理规划（2001—2010 年）（国土资发〔2003〕69 号）[EB]. [2003-3-1]www.gov.cn.

[22] 国土资源部. 全国土地整治规划（2011—2015 年）（国土资发〔2012〕55 号）[EB]. [2012-9-5] www.gov.cn.

[23] 国土资源部. 城乡建设用地增减挂钩试点管理办法（国土资发〔2008〕138 号）[EB]. [2009-3-2] www.gov.cn.

[24] 国土资源部. 关于严格规范城乡建设用地增减挂钩试点工作的通知（国土资发〔2011〕224 号）[EB]. [2011-11-6]www.gov.cn.

[25] 国务院办公厅. 国有土地上房屋征收与补偿条例（国务院令第 590 号）[EB]. [2011-1-21] www.gov.cn.

[26] 农业部. 农村土地承包经营权流转管理办法（农业部令 2005 年第 47 号）[EB]. [2005-3-1]

[27] 国务院. 国务院关于调整城市规模划分标准的通知（国发〔2014〕51 号）[EB]. [2014-10-29] www.gov.cn.

[28] 方创琳. 改革开放 30 年来中国的城市化与城镇发展[J]. 经济地理，2009（29）：19-25.

[29] 王娟. 中国城市群演进研究[D]. 成都：西南财经大学，2005.

[30] 刘奇葆. "两化"互动、统筹城乡，走具有西部特色的科学发展之路[N]. 四川日报，2012-8-16.

[31] 王东明. 在省委十届三次全会第一次全体会议上的讲话[EB]. [2013-5-13] www.cdrd.gov.cn.

[32] 习近平. 逐步实现城乡居民基本权益平等化[N]. 京华时报，2015-5-2.

[33] 郑爱文. 经济增长与经济发展协调互动探讨[J]. 江西社会科学，2005（10）：24-28.

[34] 迈克尔·P·托达罗. 经济发展与第三世界[M]. 北京：中国经济出版社，1992.

[35] 郝寿义，安虎森. 区域经济学[M]. 北京：中国经济出版社，2001.

[36] 简新华，杨艳琳. 产业经济学[M]. 武汉：武汉大学出版社，2009.

[37] 张敦富. 区域经济学原理[M]. 北京：中国轻工业出版社，1999.

[38] 陈秀山，张可云. 区域经济理论[M]. 北京：商务印书馆，2007.

[39] 马克思. 资本论（第一卷）[M]. 北京：人民出版社，2004.

[40] 丁任重，李标. 马克思的劳动地域分工理论与中国的区域经济格局变迁[J]. 当代经济研究，2012（11）：16-23.

[41] 张建华，洪银兴. 都市圈内的城乡一体化[J]. 经济学家，2007（5）：12-18.

[42] 王子平，王静芝. 论资源形态与地方经济发展[J]. 经济与管理，2002（3）：17-23..

[43] 王子平，冯百侠. 资源论[M]. 石家庄：河北科技出版社，2001.

[44] 文学，郝君富. 从经济学与政治学双重视角看欧债危机的起因[J]. 新金融，2012（1）：12-16.

[45] 习近平. 谋求持久发展 共筑亚太梦想[EB]. [2014-11-9]http://www.people.com.cn/.

[46] 本书写作组. 十八大报告辅导读本[M]. 北京：人民出版社，2012.

[47] 冯飞，王晓明，王金照. 对我国工业化发展阶段的判断[J]. 中国发展观察，2012（8）：24-26.

[48] 四川日报评论员. 坚定不移走"两化"互动的发展之路——七论认真学习贯彻省第十次党代会精神[N]. 四川日报，2012-6-12.

[49] 中共四川省委. 关于深入贯彻落实党的十八大精神为与全国同步全面建成小康社会而奋斗的决定[N]. 四川日报，2013-5-20.

[50] 刘奇葆. 科学发展，执政为民，为建设西部经济发展高地而奋斗——在中国共产党四川省第十次代表大会上的报告[EB]. [2012-5-16]http://www.scspc.gov.cn/.

[51] 四川日报评论员. 走出各具特色的发展之路——八论深入实施"两化"互动、统筹城乡总体战略[N]. 四川日报，2012-8-9.

[52] 国务院. 全国主体功能区规划（国发〔2010〕46 号）[EB]. [2011-6-21]http：//www.gov.cn/.

[53] 四川省人民政府. 四川省主体功能区规划（川府发〔2013〕16 号）[EB]. [2013-4-16]http：//www.sc.gov.cn/.

[54] 四川省人民政府. 关于加快"一极一轴一区块"建设推进成渝经济区发展的指导意见（川府发〔2009〕37 号）[EB]. http：//www.sc.gov.cn/[2009-10-27].

[55] 国家新型城镇化规划（2014-2020 年）[EB]. http：//www.people.com.cn/[2014-3-17].

[56] 四川省人民政府. 关于加快发展现代农业的意见（川府发【2012】32 号）[EB]. http：//www.sc.gov.cn/[2012-9-12].

[57] 成都市人民政府. 成都市国民经济和社会发展十二五规划纲要[EB]. [2011-4-12]http：//www.sc.gov.cn/.

[58] 中共成都市委. 关于制定国民经济和社会发展第十二个五年规划的建议[N]. 成都日报，2010-12-3.

[59] 四川省人民政府. 四川省国民经济和社会发展第十二个五年规划纲要[EB]. [2011-1-28] http：//www.sc.gov.cn/.

[60] 四川省人民政府. 四川省"十二五"工业发展规划[EB]. [2012-1-6] http：//www.sc.gov.cn/.

[61] 四川省人民政府办公厅. 关于印发四川省"十二五"农业和农村经济发展规划的通知（川府发〔2011〕81 号）[EB]. [2011-12-5] http：//www.sc.gov.cn/.

[62] 四川省人民政府办公厅.关于印发川北经济区发展规划（2014—2020 年）的通知[EB]. [2014-7-14] http：//www.sc.gov.cn/.

[63] 四川省人民政府办公厅.关于印发四川省"十二五"城镇化发展规划的通知（川办发〔2011〕94 号）[EB]. http：//www.sc.gov.cn/[2011-12-31].

[64] 中共四川省委关于深入学习贯彻党的十七大精神的决定[N]. 中国共产党四川省第九届委员会第四次全体会议公报，2007-12-29.

[65] 姜晓萍，黄静. 构建城乡基础教育均衡发展的制度体系：以成都试验区为例[J]. 中国行政管理，2013（6）：26-30.

[66] 刘晓峰. 关于积极推进重庆、成都统筹城乡发展试验区改革创新的建议[J]. 前进论坛，2008（12）：29-31.

[67] 新华社. 如何完善覆盖城乡、结构合理、功能健全、实用高效的公共文化服务体系[EB]. [2011-12-14]www.gov.cn/.

[68] 四川省人民政府. 关于 2013 年推进统筹城乡发展工作的意见（川府发〔2013〕35 号）[EB]. [2013-7-3]http：//www.sc.gov.cn/.

[69] 本书编写组. 新思想·新观点·新举措[M]. 北京：学习出版社，红旗出版社，2012.

[70] 刘著江，马云. 走新型工业化、信息化、城镇化、农业现代化深度融合、互动发展之路[EB]. http：//www.qstheory.cn/zxdk/[2014-2-18].

[71] 苗圩. 优化产业结构是加快转变经济发展方式的重点任务[EB]. www.gov.cn/[2012-11-22].

[72] 中共成都市委政策研究室课题组. 关于成都市推进"四化同步"发展的对策研究[J].西部经济管理论坛，2013（24）：15-19.

[73] 罗炳锦. 用城镇化带动农业现代化[N]. 经济日报，2013-2-17.

[74] 张学忠. 坚持走新型工业化道路奋力推进四川工业跨越式发展 [EB]. http：//www.newssc.org/[2004-5-23].

[75] 谭江琦，范英，陶然. 走新型工业化道路推进跨越式发展[N]. 四川日报，2004-5-23.

[76] 张学忠. 走新型工业化道路加快我省工业发展[J]. 四川党的建设，2004（6）：1-5.

[77] 张学忠. 实施工业强省战略奋力推进四川发展新跨越[N]. 四川日报，2006-4-4.

[78] 陶然，谭江琦，伍江川. 朝着"工业强省"的宏伟目标阔步前进[N]. 四川日报，2006-4-1.

[79] 王海林. 工业发展既要"抓紧转"又要"加快赶"[N]. 四川日报，2014-4-14.

[80] 仲健鸿. 建设制造业强省 四川五大理念解工业转型升级难题[N]. 四川新闻网，2015-11-23.

[81] 王军. 四川："十二五"期间工业投资总量超过 3.3 万亿元[EB]. http：//www.people.com.cn/[2016-1-7].

[82] 傅智能. 湖北绿色发展对策研究[N]. 企业导报，2014-10-1.

[83] 重庆市人民政府关于推进新型工业化的若干意见[N]. 重庆日报，2012-8-22.

[84] 贵州省经济和信息化委员会. 工业强省战略实施情况报告[N]. 贵州日报，2013-10-17.

[85] 四川省政府办公厅. 四川省人民政府关于 2013 年推进统筹城乡发展工作的意见（川府发〔2013〕35 号）[EB]. http：//www.sc.gov.cn/[2013-7-3].

[86] 四川省政府办公厅.四川省人民政府办公厅关于印发四川省2014年统筹城乡发展工作要点的通知（川办发〔2014〕16 号）[EB]. http：//www.sc.gov.cn/[2014-4-9].

[87] 四川省政府办公厅. 四川省人民政府办公厅关于印发四川省 2015 年统筹城乡改革发展工作要点的通知（川办函〔2015〕77 号）[EB]. http：//www.sc.gov.cn/[2015-4-21].

[88] 四川省人民政府办公厅. 四川省人民政府办公厅印发关于大力推进工业强县富县建设夯实底部基础的实施意见的通知（川办发〔2015〕18 号）[EB]. http：//www.sc.gov.cn/[2015-2-17].

[89] 中共四川省委四川省人民政府. 关于加快城镇化进程的意见（川委发〔2003〕4 号）[EB]. www.sc.gov.cn[2003-3-13].

[90] 中共四川省委四川省人民政府. 关于实施经营城市战略的意见（川委发〔2003〕5 号）[EB]. www.sc.gov.cn[2013-3-12].

[91] 四川省人民政府. 关于加快重点小城镇建设的若干意见（川府发〔2003〕21 号）[EB]. http：//www.sc.gov.cn/[2003-7-17].

[92] 江华. 四川启动"百镇建设试点行动"[N]. 城市规划通讯，2013-7-31.

[93] 四川省人民政府. 关于印发进一步加快推进新型城镇化八条措施的通知（川府发〔2013〕47 号）[EB]. [2013-9-12]www.sc.gov.cn/.

[94] 四川省统计局. 四川小城镇建设研究[EB]. [2016-3-2]www.sc.gov.cn.

[95] 中共中央国务院. 国家新型城镇化规划（2014—2020 年）[EB]. http：//www. xinhuanet.com/[2014-3-16].

[96] 四川省人民政府. 四川省新型城镇化规划（2014—2020 年）[N]. 四川日报，2015-4-3.

[97] 四川省政府办公厅四川省人民政府.关于印发四川省进一步推进户籍制度改革实施方案的通知[EB]. [2014-11-27]http：//www.sc.gov.cn/.

[98] 杜蕾. 四川全面放开成都以外城镇落户限制[N]. 四川日报，2014-11-27.

[99] 北京大学国家发展研究院综合课题组. 再看"成都经验"[J]. 财经，2011（1）：18-24.

[100] 李克，刘康. 从成都模式看当前农村金融的困境及出路[N]. 银行家，2011-3-5.

[101] 晚霞编辑部. 新鲜时讯[J]. 晚霞，2013（10）：12-14.

[102] 薛宗保. 基于深化改革的城乡一体化建设研究 ——以四川达州为例[J]. 安徽农业科学，2014（11）：18-22.

[103] 江泽民. 在中国共产党第十六次全国代表大会上的报告[EB]. [2012-8-30]http：//cpc.people.com.cn/.

[104] 胡锦涛. 在中国共产党第十七次全国代表大会上的报告[EB]. [2007-10-25]http：//cpc.people.com.cn/.

[105] 胡锦涛. 在中国共产党第十八次全国代表大会上的报告[EB]. [2012-11-8]http：//cpc.people.com.cn/.

[106] 中共中央. 关于完善社会主义市场经济体制若干问题的决定（2003 年 10 月 14 日中国共产党第十六届中央委员会第三次全体会议通过）[EB]. http：//www.people.com.cn/ [2012-11-30].

[107] 刘奇葆. 以新型工业化与城镇化为动力 加快转变经济发展方式[J]. 求是，2012（3）：21-26.

[108] 陈志峰，刘荣章，郑百龙，等. 工业化、城镇化和农业现代化"三化同步"发展的内在机制和相互关系研究[J]. 农业现代化研究，2012（3）：32-35.

[109] 赵鹏. 同步推进中国工业化城镇化农业现代化[J]. 中共中央党校学报，2011（4）：44-48.

[110] 李家祥，李喆. 城镇化与农村转移劳动力就业[J]. 中国特色社会主义研究，2013（1）：105-109.

[111] 贺军伟. 走中国特色新型农业现代化道路[J]. 中国发展观察，2014（2）：24-27.

[112] 马明. 公共交易政策制定的公益性认识[J]. 现代远程教育研究，2007（6）：33-36.

[113] 杨明. 论实现教育机会均等政策目标的理念和制度创新策略[J]. 浙江大学学报（人文社会科学版），2009（1）：163-172.

[114] 方芳，张昆仑. 论我国公共教育资源公平配置的制度保障[J]. 四川教育学院学报，2011（9）：11-15.

[115] 陈建刚. 完善我国就业公共服务体系的几点建议[J]. 中国行政管理，2005（5）：21-24.

[116] 苏州市人民政府. 关于建立健全农村基本保障体系的意见（苏府〔2004〕93 号）[EB]. [2004-8-1]http：//www.suzhou.gov.cn/.

[117] 章建刚，陈新亮. 中国公共文化服务发展的历史性转折 中国公共文化服务发展报告[M]. 北京：社会科学文献出版社，2007：128-133.

[118] 李正华. 新中国乡村治理的经验与启示[J]. 当代中国史研究，2011（1）：39-43.

[119] 回良玉. 在全国和谐社区建设工作会议上的讲话[EB]. [2009-11-13]http：//zqs.mca. gov.cn.

[120] 基层政权和社区建设司. 民政部关于进一步推进和谐社区建设工作的意见（民发〔2009〕165 号）[EB]. [2009-11-25]http：//zqs.mca. gov.cn.

[121] 本刊编辑部. 资讯超市[J]. 社会工作上半月（实务），2007（12）：5-8.

[122] 陈宁. 耕地保护补偿机制的探索和实践——成都市实施耕地保护基金制度的调研报告[J]. 国土资源通讯，2011（15）：28-33.

[123] 王慧敏. 农村宅基地管理的问题与对策[J]. 现代农业，2013（8）：22-24.

[124] 石鑫，范洁. 我国农村宅基地管理政策梳理与思考[J]. 国土资源情报，2013（10）：49-57.

[125] 岳永兵，刘向敏. 耕地占补平衡制度存在的问题及完善建议[J]. 中国国土资源经济，2013（6）：

64-67.

[126] 胡彦殊. 天府新区建设占用耕地可在全省范围内实行异地占补平衡[N]. 四川日报，2014-12-9.

[127] 宋志红. 集体经营性建设用地入市改革的三个难点[J]. 行政管理改革，2015（5）：37-40.

[128] 饶永辉. 农村集体建设用地流转问题研究[D]. 杭州：浙江大学，2013：267-271.

[129] 四川省人民政府. 关于改革完善省对下转移支付制度的意见（川府发〔2015〕35号）[EB]. [2015-7-9]www.sc.gov.cn.

[130] 四川省人民政府办公厅关于进一步提高农村金融服务水平的意见（川办发〔2014〕37号）[EB]. [2014-6-8].

[131] 四川省人民政府. 关于深化投融资体制改革的指导意见（川府发〔2014〕22号）[EB]. [2014-5-6]www.sc.gov.cn.

[132] 四川省人民政府. 关于深化投融资体制改革的指导意见（川府发〔2014〕22号）[EB]. [2014-5-6]www.Sc.gov.cn.

[133] 江南大学课题组. 无锡发展低碳经济的若干思考江南大学课题组[N]. 无锡日报，2010-12-6.

# 后　记

以丁任重教授为首席专家的研究团队获得了四川省哲学社会科学重大项目四川"两化"互动、城乡统筹体制机制创新研究（批准号：SC14ZD04）。为此，我们组织了四川师范大学、西南财经大学、四川大学、西华大学、成都理工大学、成都信息工程大学、四川农业大学等全省多所大学科研力量，研究过程中得到了四川省委政研室、省委农工委、四川省经信委、省发展改革委、省住建厅、省国土厅、省交通厅、省教育厅、省民政厅、省环保厅、省文化厅、省人社厅、省政府金融办和省社科院的大力支持。

参与编写本书的的人员有丁任重、邱健、彭亮、涂文明、王芳、宋光辉、毛业雄、蒋文春、李小平、王景远、郜筱亮、程宏伟、李标、朱博、贺刚、许明强、刘宇飞、李丽、耿维、许文强、冯杨、彭岚兰、夏阳、鲁译、黄世坤、李晨、宋加斌、蒋志伟、史敦友、周勇、毛卉、文世恩、肖绍富、唐明祥、赵德本、邓军、杨俊杰、彭代明、胡双梅、郑晏华、王波、李彪、初克波、匡后权、杜娟、代勤妮、夏德志、戴作芳、魏伟、张涛、袁艺月、曹庆、丁欣、何四海、武培豪、罗玢然、王媚、张涛、唐永、缪建忠、汪新宇、陈艳、宋小安、郑渊、孙豫瑞、李涛、黄敏、刘铁、邓正权、卯辉等。

在本书编写过程中，肖明辉、黄敏、李荣、陈丽静、胡健敏、魏刚、段莉、张海燕、汪希成、徐莉、邱静、黄善明、赵华等参与了课题的讨论，提供了有价值的参考意见和建议，在此，一并表示感谢。

由于任务重、时间紧，难免存在不足之处，恳请读者批评指正。